영유아 교수방법

이순형 외 공저

Teaching Methods For Children

학지사

머리말

영유아를 가르치는 방법의 기초가 되는 여러 이론에 입각해 구체적 교수학습방법을 10여 년 동안 보육현장에서 사용해 왔다. 근래에 교수학습이론과 방법에 대해 정리해야 한다는 필요성은 느꼈으나 이런저런 일로 작업이 미루어졌다. 마침 영유아보육법 시행령 중 영유아보육교사 자격에 영유아 교수학습방법이 필수 교과가 되었으나 대학 강의 현장에서 사용할 마땅한 교재가 없어 불편하다는 지적을 듣고 지난해 봄에 필자들이 모여 책의 구성체계를 의논한 후 원고 집필을 시작했다.

영유아 교수학습방법은 초·중등교육현장에서 사용되는 일반 교수학습방법과는 다르다. 두 현장에서 사용되는 교수학습방법의 기초 이론은 동일한 이론적 근원에 닿아 있더라도 교수학습의 대상이 다르기 때문에 그들의 발달 적합성을 고려할 때 구체적인 교수학습방법은 다를 수밖에 없다. 따라서 필자들은 영유아의 교수학습에 대한 구체적인 요소별 과정을 보육현장에서 어떻게 표현할 것인지를 논의하고 모색하여 내용을 구성해야 했다.

이 책은 우선 영유아를 대상으로 한 교수학습방법의 개념을 정의하고, 영유아의 발달적 특성에 적합한 효율적 교수학습조건을 담았다. 그리고 영유아의 발달이론에 근거한 교수학습방법을 제시하고 대표적인 3개의 교수학습모델을 제시했다. 그리고 교수학습의 3요소인 영유아, 교사와 학습환경에 대해서 각각의 내용을 살려서 담았다. 그리고 실제 보육현장에서 이루어지는 교수학습활동을 계획 단계부터 운영 단계 및 평가 단계까지를 총체적으로 살펴본 후에, 구체적인 영유아 교수학습방법을 여성가족부에서 공시한 표준보육과정에 준해서 구성했다.

필자들 사이에서도 개념의 무게와 범위가 다른 표준보육과정의 범주를 따를 것인지 아니면 초등교육과정에 일치하는 상식적 범주를 따를 것인지 논란이 있었다. 대학교재는 현실을 따르기보다는 미래지향적으로 일반적 개념을 주체적으로 제시해야 한다는 의견이 있었지만, 대학교육이 미래를 준비하는 것임에 틀림없으나, 독자적 개념체계에 따라 이 책이 구성되면 혹시라도 독자들에게 혼란을 줄 우려가 있다는 이유로 실제 교수학습활동은 표준보육과정의 범주에 맞게 구성했다.

보육현장의 필요에는 공감하면서도 처음으로 내놓는 영유아 교수학습방법이 제대로 알차게 구성되어야 한다는 책임감 때문에 여러 차례 논의를 거치다가 이제야 발간하게 되었다. 앞으로 보육현장에서 활동할 대학생들이 이 책을 통해서 논리적인 이론 틀과 더불어 실제로 현장에서 사용될 구체적 교수방법을 학습하기를 바란다.

2007년 1월

이순형

차 례

제1부 영유아 교수학습의 이해

01 영유아 교수학습의 기초 15

1. 교수학습의 개념과 과정 … 15

1) 교수학습의 개념 / 15
2) 교수학습의 과정 / 17

2. 영유아의 발달 특성 … 19

3. 효율적 교수학습조건 … 27

1) 교사의 조건 / 27
2) 영유아의 조건 / 29
3) 환경의 조건 / 30

02 영유아 발달이론과 영유아 교수학습방법 35

1. 학습이론 … 35

1) 학습이론의 기초 / 35
2) 학습이론의 학습원리 / 37
3) 학습이론에서 본 교사의 교수 촉진 / 38
4) 학습이론으로 본 영유아의 학습 촉진 / 40

2. 인지발달이론 … 41

1) 인지발달이론의 기초 / 41
2) 인지발달이론의 학습원리 / 41
3) 인지발달이론에서 본 교사의 교수 촉진 / 42
4) 인지발달이론에서 본 영유아의 학습 촉진 / 43

3. 정보처리이론 … 44

1) 정보처리이론의 기초 / 44
2) 정보처리이론의 학습원리 / 47
3) 정보처리이론에서 본 교사의 교수 촉진 / 48
4) 정보처리이론에서 본 영유아의 학습 촉진 / 50

4. 성취동기이론 … 51

1) 성취동기이론의 기초 / 51
2) 성취동기이론의 학습원리 / 54
3) 성취동기이론에서 본 교사의 교수 촉진 / 56
4) 성취동기이론에서 본 아동의 학습 촉진 / 58

03 영유아 교수학습모델 61

1. 직접교수모델 … 61

1) 설명법 / 61
2) 개념학습법 / 63

2. 간접교수모델 … 68

1) 탐구학습법 / 68
2) 문제해결학습법 / 74
3) 협동학습법 / 78

3. 프로젝트 접근법 … 82

1) 프로젝트 접근법의 개념 / 82
2) 프로젝트 접근법의 실행 / 83

04 교사의 역할과 영유아 교수학습방법 91

1. 교사의 역할 … 91

1) 상호작용자로서의 역할 / 91
2) 양육자 및 지도자로서의 역할 / 92
3) 교수자로서의 역할 / 93
4) 교류자로서의 역할/ 94

2. 교사의 교수활동 … 95

1) 비지시적 교수활동 / 96
2) 중재적 교수활동 / 97
3) 지시적 교수활동 / 99

3. 교수학습방법의 전략 … 100

1) 예비교수활동 전략 / 100
2) 실제교수활동 전략 / 101

05 학습환경과 영유아 교수학습방법 107

1. 학습환경의 의의 … 107

2. 학습환경의 구성 … 108

1) 학습환경의 구성원리 / 108
2) 활동 영역별 학습환경 구성 / 113

제2부 영유아 교수학습활동의 운영

06 영유아 교수학습활동의 계획 135

1. 교수학습활동의 목표설정 … 135

1) 대상에 따른 목표설정 / 136
2) 기간에 따른 목표설정 / 136
3) 프로그램에 따른 목표설정 / 137

2. 교수학습활동의 계획 … 138

1) 교수학습활동의 선정 / 138
2) 교수학습활동의 조직 / 141

07 영유아 교수학습활동의 운영 159

1. 교수학습활동의 준비 … 159

1) 실내외 자유활동의 준비 / 159
2) 대소집단활동의 준비 / 160
3) 실외놀이활동의 준비 / 161

2. 교수학습활동의 지도 … 162

1) 일상생활지도 / 162
2) 활동 영역별 지도 / 165

08 영유아 교수학습활동의 평가 175

1. 영유아 발달의 평가 … 175

1) 영유아 발달 평가의 의의 / 175
2) 영유아 발달 평가의 과정 / 176
3) 영유아 발달 평가의 방법 / 177

2. 교수학습활동의 평가 … 186

1) 교수학습활동 평가의 의의 / 186
2) 교수학습활동 평가의 접근법 / 186
3) 교수학습활동 개선을 위한 평가의 방법 / 187

제3부 영유아 교수학습활동의 실제

09 기본생활 교수학습활동 193

1. 기본생활 교수학습활동의 개념 및 목적 … 193

1) 기본생활 교수학습활동의 개념 / 193
2) 기본생활 교수학습활동의 목적 / 194

2. 기본생활 교수학습활동의 내용 … 195

1) 내용체계 / 195
2) 내용별 교수학습활동 / 197

3. 기본생활 교수학습활동의 실제 … 198

1) 유형별 교수학습활동 / 199
2) 교수학습활동 지도의 실제 / 201

10 신체운동 교수학습활동 217

1. 신체운동 교수학습활동의 개념 및 목적 … 217
1) 신체운동 교수학습활동의 개념 / 217
2) 신체운동 교수학습활동의 목적 / 218

2. 신체운동 교수학습활동의 내용 … 220
1) 내용체계 / 220
2) 내용별 교수학습활동 / 221

3. 신체운동 교수학습활동의 실제 … 223
1) 유형별 교수학습활동 / 223
2) 교수학습활동 지도의 실제 / 226

11 사회관계 교수학습활동 241

1. 사회관계 교수학습활동의 개념 및 목적 … 241
1) 사회관계 교수학습활동의 개념 / 241
2) 사회관계 교수학습활동의 목적 / 242

2. 사회관계 교수학습활동의 내용 … 244
1) 내용체계 / 244
2) 내용별 교수학습방법 / 246

3. 사회관계 교수학습활동의 실제 … 248
1) 유형별 교수학습활동 / 249
2) 교수학습활동 지도의 실제 / 251

12 의사소통 교수학습활동 265

1. 의사소통 교수학습활동의 개념 및 목적 … 265

1) 의사소통 교수학습활동의 개념 / 265
2) 의사소통 교수학습활동의 목적 / 266

2. 의사소통 교수학습활동의 내용 … 268

1) 내용체계 / 268
2) 내용별 교수학습방법 / 272

3. 의사소통 교수학습활동의 실제 … 273

1) 유형별 교수학습활동 / 273
2) 교수학습활동 지도의 실제 / 275

13 자연탐구 교수학습활동 291

1. 자연탐구 교수학습활동의 개념 및 목적 … 291

1) 자연탐구 교수학습활동의 개념 / 291
2) 자연탐구 교수학습활동의 목적 / 292

2. 자연탐구 교수학습활동의 내용 … 293

1) 내용체계 / 293
2) 내용별 교수학습방법 / 295

3. 자연탐구 교수학습활동의 실제 … 296

1) 유형별 교수학습활동 / 296
2) 교수학습활동 지도의 실제 / 299

14 예술경험 교수학습활동 315

1. 예술경험 교수학습활동의 개념 및 목적 … 315

1) 예술경험 교수학습활동의 개념 / 315
2) 예술경험 교수학습활동의 목적 / 317

2. 예술경험 교수학습활동의 내용 … 318

1) 내용체계 / 318
2) 내용별 교수학습방법 / 321

3. 예술경험 교수학습활동의 실제 … 322

1) 유형별 교수학습활동 / 322
2) 교수학습활동 지도의 실제 / 325

찾아보기 335

1 영유아 교수학습의 이해

제1장 영유아 교수학습의 기초
제2장 영유아 발달이론과 영유아 교수학습방법
제3장 영유아 교수학습모델
제4장 교사의 역할과 영유아 교수학습방법
제5장 학습환경과 영유아 교수학습방법

제 1 장 영유아 교수학습의 기초

1. 교수학습의 개념과 과정

1) 교수학습의 개념

교수학습은 교사와 아동의 상호과정으로서 교사는 가르치고 아동은 배우는 것을 의미한다. 교수(教授)란 영어로는 'teaching'으로서 교사가 아동에게 지식과 기술을 가르쳐 주는 것을 의미한다. 교수의 조작적 정의는 특정 조건하에서 특정한 행동을 획득하거나 배제하고 혹은 특수한 상황에 대해서 반응이나 학습이 일어날 수 있도록 개인의 환경을 계획적으로 관리하는 전 과정이다(Corey, 1971). 학자마다 다르기는 하지만 일반적으로 교수는 수업을 포함한 광범위한 개념으로 정의되고 있다.

교수의 과정은 전통적으로 교사가 아동에게 일방적으로 지식을 알려 주고 암기하도록 하는 일방적이고 강요된 과정으로 그려졌다. 그러나 근래 교수의 과정은 교사 일방적인 것이 아니라 교사와 아동이 상호작용을 함으로써 융통성 있는 교수활동이 이루어지는 것으로 보고 있다.

학습(學習)은 영어로는 learning으로서 아동이 새로운 지식과 기술을 배우는 것을 의미한다. 학습의 조작적 정의는 아동이 그를 둘러싼 환경과의 상호작용을 통해서 행동에 변화가 일어난 경우를 말한다. 이는 광의의 정의로서 아동의 행동 변화를 포괄적으로 지적하고 있는데 실제로 아동의 행동변화는 학습에 의해서만 일어나는 것은 아니다. 아동의 행동변화는 성숙(成熟)의 결과일 수도 있고 자율적 반응경향에 의한 변화이기도 하며 일시적으로 일어나는 변화인 경우도 있다. 유전적으로 타고난 반응경향에 의한 행동, 성숙으로 인해 자연적으로 일어나는 행동의 변화와 피곤, 약물 등에 의한 일시적 변화는 학습이 아니다(Hilgard, 1966).

한편 협의의 정의를 보면, 학습은 경험과 연습의 결과로 일어나는 비교적 지속적인 변화다(Morgan & King, 1966). 이 정의에 따르면 행동의 변화에서 유전에 의해 타고난 반응경향, 성숙에 의한 자연적 변화와 일시적 변화를 제외한 나머지 행동의 변화를 협의의 학습으로 정의할 수 있다(Bigge, 1964). 한 예로 아동이 기다가 일어서서 걷는 것은 성숙에 의해서 유전적으로 타고난 신체의 잠재력이 발달되는 것이므로 학습된 행동의 변화로 간주할 수 없다.

그렇지만 이는 어디까지나 경험에 의해 일어난 행동의 변화만을 의미한 행동주의에 입각한 정의다. 행동주의자들이 인간의 사고를 지나치게 단순하게 본다고 비판한 인지주의자들은 학습을 행동의 변화뿐 아니라 정신과정의 변화로 정의한다. 이들은 아동의 지각, 통찰과 인지 등의 정신과정을 중시하여 학습을 인지구조의 형성과 변화로 정의한다. 학습은 자극과 반응이라는 단순 과정에 국한되지 않고 복합적 구조의 복잡한 사고과정을 포함한다고 강조한다. 요약하면 인지주의에 입각한 학습이란 아동이 환경과의 상호작용을 통해서 인지구조의 변화를 가져오는 것이며 행동의 변화는 이에 따르는 변화라고 본다. 물론 경험이 학습에 중요한 역할을 하는 것은 사실이지만 어디까지나 경험이 먼저 지적 구조의 변화를 가져온 후 행동의 변화가 일어나는 것이라고 본다.

2) 교수학습의 과정

교수학습의 과정은 새로운 지식의 수용과 인지 및 행동의 변화를 말한다. 새로운 지식을 수용하는 과정은 어린이집이나 유치원에서 교사를 통해 이루어지고 또래를 통해 이루어지기도 하며 인쇄매체나 영상매체를 통해 이루어지기도 한다. 매체를 통한 학습도 중요한 부분이기는 하지만 이 장에서는 영유아가 생활하는 기관에서 이루어지는 교수학습의 과정에만 국한해 제시하려고 한다.

(1) 새로운 지식의 수용과 인지 변화

행동주의에 의하면 학습은 자극에 대한 유기체의 반응을 강화시켜 지속시킨 결과다. 유기체는 어떤 자극에 대해서 다양한 반응을 하는데 그중 어떤 반응이 강화되면 그 반응이 지속적으로 일어나므로 그 결과로 학습이 이루어진다. 행동주의에서 학습은 성인 교사가 반복적으로 자극을 주어 반응이 유발되면 그 반응이 지속되도록 강화를 주어야 하며 가능하면 긍정적 강화를 사용해야 한다.

인지주의에 의하면 학습은 환경에 대한 유기체의 반응으로서 자신의 인지구조를 변화를 통해 행동의 변화가 이루어진다. 유기체가 자신의 인지구조를 변화시키려면 외부의 자극이 아니라 환경과의 상호작용이 필요하다. 성인 교사가 필요하기보다는 또래와의 놀이나 상호작용이 더 필요하다. 즉, 또래들과의 상호작용을 통해서 인지구조의 변화가 발생하여 학습이 일어난다.

(2) 교사와 영유아의 상호작용

행동주의에 의하면 아동의 학습은 성인 교사가 역할모델이 되거나 교사가 목표를 설정하고 지식을 전달하는 것을 통해서 이루어진다. 역할모델인 교사가 지시하고 가르쳐 주는 것은 비단 지식과 기술만이 아니라 대인관계에서의 상호작용 방식도 포함된다. 교사와 아동은 동일한 위상을 가지고 있지 않다.

교사는 권위를 가지고 상위에 있으며 아동은 하위에서 교사의 명령이나 지시를 따라야 한다. 결국 권력의 위계관계 속에서 학습한다.

교사의 지시에 따르게 하기 위해서 교사는 아동에게 명확한 메시지를 주고 아동이 순응할 때에는 강화해 줄 필요가 있다. 교사는 아동이 저항감을 느끼지 않고 교사의 지시에 순응하도록 적절한 태도와 언어 기술을 갖출 필요가 있다.

한편 인지주의에 의하면 아동은 성인 교사가 아니라 또래들과의 상호작용에서 인지구조의 변화가 발생된다. 교사와는 위계관계지만 또래와는 평등관계다. 위계적 관계는 지시와 순종관계로 교사와 아동 사이의 상호작용은 일방적으로 이루어진다. 한편 평등적 관계는 서로 자극과 반응을 주고받을 수 있는 쌍방적 관계다. 따라서 위계적 관계에서는 수동적으로 학습이 이루어지지만 평등적 관계에서는 능동적으로 학습이 이루어질 것이다. 이러한 이유로 인지주의자들은 교사의 역할보다 또래의 역할을 중시한다. 교사는 직접 지시를 내리기보다는 아동 스스로 자신의 인지구조를 변화시킬 필요를 느끼도록 자율적 활동을 보장하고 간접적으로 인지적 자극을 줄 필요가 있다. 특히 또래간 활동을 장려하여 인지적 능력이 비슷한 또래들과의 자발적인 상호작용을 통해서 자신의 입장과 타인의 입장을 조망하고 다른 사람들의 생각을 이해하는 경험을 제공할 필요가 있다.

[그림 1-1] 교사와 상호작용하는 아동

(3) 교수환경의 영향

스키너를 포함한 행동주의 학습모델 이론가들은 학습을 자극과 그에 대한 반응의 연속체로서 파악한다. 한편 반두라가 제기한 사회학습모델에 의하면 아동은 인간모델을 비롯해 매체를 보고서 그 지식을 수용하고 행동의 변화를 가져올 수 있다. 특히 TV, 비디오 필름 등 영상매체는 강렬한 인상으로 흡인력을 가지고 있어 영유아에게 많은 사실과 지식을 제공해 준다. 반두라가 관심을 두었던 영상매체는 폭력모델뿐 아니라 친사회적 모델 등 다양한 모델을 제공하며 아동들에게 교훈을 제공할 수 있다.

영상매체 이외에도 아동이 속해 있는 가정이나 사회분위기도 역시 아동의 학습에 영향을 미친다. 부모가 학습에 대해서 가지고 있는 가치관이나 양육방식은 물론이고 형제관계와 터울, 부모자녀관계, 가정의 분위기 등도 학습에 영향을 미치는 요인이다.

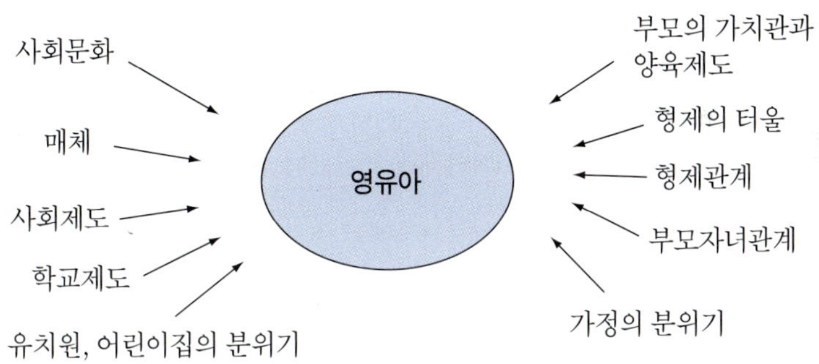

[그림 1-2] 아동의 학습에 영향을 주는 환경 요인

2. 영유아의 발달 특성

인간은 평생 동안 신체발달의 급등기를 두 번 겪는다. 첫 번째 성장 급등기는 출생 후 영유아기, 두 번째 성장 급등기는 사춘기 때다. 영유아기 신체성장은 감각기관은 물론이고 이동능력을 높여서 스스로 몸을 자유롭게 움직이는 활동을 말한다. 사춘기에는 성장 급등이 이루어진 후에 성장판이 닫히면서 성장이 정지된다. 한국 아동의 경우에 이 시기가 남자는 16세, 여자는 14세로 알려져 있다. 특히 여자는 생리를 시작하면서 성장판이 닫힌다고 한다.

신체생리발달에서 최근 밝혀진 중요한 사실은 두뇌의 발달이다. 두뇌의 성장기간은 6, 7세 미만이라고 한다. 영유아기의 두뇌세포는 성인의 세포보다 1.5배가 많고 수초화가 원활하게 이루어지나 7세 이후에는 두뇌세포의 수가 성인의 것과 비슷해진다고 알려져 있다. 따라서 영유아기에는 영양의 공급이 중요하며, 동시에 지적 자극이 제공될 필요가 있다. 구체적으로 영유아의 발달 특성을 연령별로 요약해 보면 〈표 1-1〉과 같다.

표 1-1 연령별 발달 특성

만 1세	
지각-인지발달	• 물건 숨기기 활동을 즐김-이 시기 초반에는 숨겨진 물건을 찾기 위해 항상 같은 장소를 탐색하다가(만약 물건 숨기는 것을 보았다면), 후반에는 여러 장소를 탐색함. • 또 다른 물건을 제공받을 때는 장난감을 다른 손으로 받음(중요한 신경학적 발달로서 '정중선의 교차(crossing the midline)' 라고 불림). • 새로운 장난감을 제시했을 때 물건을 곁에(무릎이나 바닥 위에) 둠으로써 3~4개의 물건을 조작함. • 장난감을 입에 덜 자주 넣음. • 그림책 보기를 즐김. • 기능적 관계에 대한 이해를 보여 줌(서로 관계있는 물건의 경우). 　- 수저를 그릇 안에 놓고 마치 먹는 것처럼 사용함. 　- 컵을 컵받침 위에 놓고 조금씩 마심. 　- 인형을 일으키려고 함. • 다른 사람이 보도록 장난감을 보여 주거나 제공함. • 여러 일상용품의 이름을 말함. • 공간, 형태 식별에 대한 이해가 증진됨-말뚝을 말판에 전부 꽂아 놓거나 큰 모양틀이나 퍼즐에 3개의 도형을 배치함.

	• 몇 개의 작은 물건(블록, 빨래집게, 시리얼 등)을 용기나 병 안에 넣은 뒤 엎음. • 다른 사람이 하는 것을 보고 나서 기계 같은 물건을 작동하려고 시도함. • 몇몇 얼굴 움직임에 반응함, 얼굴 표정을 정확히 모방하지는 못함.
언어발달	• 상당수의 웅얼거림(jargon). • 한 단어 문장(holoprastic speech) – "잘 가" "과자" • 간단한 지시에 따름 – "아빠에게 컵을 갖다드려라." • 질문을 받았을 때는 친숙한 사람, 동물, 장난감을 가리킬 수 있음. • 다른 사람이 말하는 3개의 신체 부위를 식별할 수 있음 – "코(발, 귀)를 보여 주어라." • 성인 발화의 25~50% 정도를 알아들을 수 있음. • 친숙한 물건을 나타내는 5~50개의 단어 사용 – 전형적으로 동물, 음식, 장난감을 나타내는 단어를 획득함. • 가리키기, 잡아당기기 성인의 주의를 향하게 하기 위해 몸짓 사용. • 노래를 즐겨 함께 참여하려고 함. • 대화의 상호 교류 가능함.
사회성발달	• 보통은 다른 사람에게 우호적임 – 낯선 사람을 덜 경계함. • 장난감을 집어 들거나 옆에 놓는 것을 도와줌. • 잠시 동안 혼자 놀 수 있음. • 안아 주거나 책을 읽어 주는 것을 즐김. • 놀이할 때 성인의 행동을 종종 모방함. • 성인의 관심을 받는 것을 좋아함 – 성인이 곁에 있는 것을 알거나 껴안고 뽀뽀하는 것을 좋아함. • 다른 아이들과 사귀는 것을 즐기나 협동적으로 놀지 않음. • 독립심을 주장하기 시작함 – 종종 예전에 즐기던 일과에 협조하기를 거부함; 옷 입기, 신발 신기, 먹기, 목욕하기에 저항함; 도움 없이 하고 싶어함. • 일이 잘 안 되거나 지나치게 피곤하거나 실망했을 때 울화를 터뜨림. • 사람이나 환경에 대해 매우 호기심이 강하므로 위험한 환경에서 보호받을 수 있도록 주의 깊게 관찰되어야 함.

	만 2세
지각-인지발달	• 눈과 손의 협응이 보다 좋아짐-물건을 맞추고 분해하고 큰 말뚝을 말판에 맞출 수 있음. • 물건을 의도적으로 사용하기 시작해 블록을 배처럼 밀고 놂. • 길게 응시할 수 있음. • 자신이 선택한 활동에 좀 더 긴 시간 동안 주의를 기울임. • 원인과 결과를 발견함-고양이를 꼭 끌어안으면 긁힐 수 있다는 것을 앎. • 친숙한 사람이 있어야 할 곳을 알며 그곳에 사람이 없음을 알아차림, 마지막으로 숨겨진 장소를 먼저 살펴서 숨겨진 물건을 찾음. • 그림책에 있는 물건의 이름을 말함, 책에서 무언가를 집어 먹거나 냄새 맡는 체하기도 함. • 몸이 아픈 것과 그 부위를 인지하고 표현함.
언어발달	• 책 읽어 주는 것을 좋아함(손으로 가리키기, 관련된 소리를 내거나 책장을 넘기는 것으로 함께 참여하도록 함). • 언어가 다른 사람에게 자신이 필요한 것과 좋아하는 것에 반응할 수 있도록 하는 데 효과적이라는 것을 이해함. • 50~300개의 다른 단어를 사용함, 단어가 지속적으로 증가함. • 언어 규칙에서 벗어남-2세 영아의 발화의 많은 부분은 그 자신에게 의미가 있음. • 수용적 언어(receptive language)가 표현적 언어(expressive language)보다 발달함-대부분의 2세 유아는 말하는 것보다 듣는 것을 훨씬 많이 이해함. • 3~4단어 문장 사용함. • 자기 자신을 이름 부르기보다 '나(me, I)' 라고 지칭함-"Me go bye-bye" '내 것(mine)' 을 말하는 것에 문제가 없음. • '아니(no, not)' 와 같이 부정적인 단어를 덧붙임으로써 부정적인 상태를 표현함-"Not more milk." • "저게 뭐야? (What' s that?)" 라고 반복해 질문함. • 복수형(plural)을 사용함, 지금 존재하지 않는 물건이나 사건에 대해 말함(동시에 인지적, 언어적 진보를 나타냄). • 말 더듬기가 흔히 나타남. • 성인발화의 65~70% 정도를 알아들을 수 있음.

사회성발달	• 감정 이입과 선호를 보임. • 울화 • 참을성 • 집안일을 '돕는 것(helping)' 을 즐김, 일상 활동을 모방함-동물을 배변시키기, 인형 먹이기. • 부모, 양육자에게 '위세를 부림(bossy)'-명령하고 요구하기, 즉각적인 승낙을 기대함. • 다른 유아의 놀이를 관찰하고 모방, 함께 참여하려고 하지는 않음, 혼자 노는 것에 만족함. • 다른 유아에게 장난감을 제공함, 그러나 대개 장난감에 소유욕이 강하여 어느 한쪽을 선택하기를 어려워함. • 종종 반항적임-'아니(no)' 를 외치는 것이 자동적이 됨. • 의식을 존중함(ritualistic), 모든 것을 '그대로(just so)' 하고 싶어함, 일과가 전과 똑같이 진행되기를, 물건이 '속하는 곳' 에 있기를 바람.
만 3세	
지각-인지발달	• 연령에 적합한 이야기를 주의 깊게 들음. • 이야기 도중에 관련된 설명을 만들어 냄(특히 집과 가족과 관련된 사건에 관련하여). • 책 보기를 좋아하고 다른 사람에게 책을 '읽어 주는' 체하거나 그림을 설명하려 함. • 수수께끼, 추측하기, '긴장(suspense)' 이 있는 이야기를 좋아함. • 소리가 엇비슷한 단어를 제시했을 때 상당히 정확한 수준으로 적절한 그림을 가리킬 수 있음(keys - cheese, fish - dish, mouse - mouth). • 현실감 있게 놀이함. - 인형 먹이기, 재우려고 눕히고 덮어 주기. - 트럭과 트레일러를 함께 끌어당김, 짐 싣기, 모터 소음 내기. • 8~10개의 말뚝을 말판에 꽂음, 6개의 원형 블록과 6개의 정방형 블록을 모양틀에 맞춤. • 그리려고 시도함-불완전하게 원, 사각형, 문자를 베끼려고 함. • 삼각형, 원, 사각형을 이해함, 요청한 도형을 가리킬 수 있음.

	• 색, 모양, 크기와 같은 한 가지 차원에서 사물을 논리적으로 분류할 수 있음- 대개 분류의 기준으로 색이나 크기를 선택함. • 기본적인 크기, 모양의 비교를 이해함-테니스공과 골프공 중 어떤 것이 더 큰가, 작은가. • 빨강, 노랑, 파랑과 같은 기본색의 이름을 말하고 짝짓기 할 수 있음. • 입방체를 수평선으로 배열할 수 있음-다리를 세우기 위해 입방체를 배치할 수 있음. • 사물을 큰 소리로 셀 수 있음. '더 많이 있는' 그림을 가리킬 수 있음-차, 비행기, 고양이. '내내' '하루 종일' '이틀 동안' 과 같은 말을 사용하여 시간에 대한 이해를 나타내지만, 혼동하여 사용하는 경우도 있음-"내일 낮잠을 자지 않았다."
언어발달	• 존재하지 않는 사물, 사건, 사람에 대해 말함-"Jerry has a pool in his yard." • 다른 사람의 행동에 대해 말함-"Daddy' s mowing the grass." • 방금 이야기한 것에 대해 정보를 덧붙임-"Yeah, and then he grabbed it back." • 간단한 질문에 적절하게 대답함. • 질문이 늘어남(특히 장소와 사물이나 사람의 정체에 관련하여). • 대화가 계속 진행되도록 하는 발화 형태가 늘어남-"What did he do next?" "How come she hid?" • 자기 자신, 사물, 사건에 대한 주의를 주는 말을 함-"Watch my helicopter fly." • 다른 사람의 행동을 촉진함-"Let' s jump in the water." "You go first." • 사회적 상호작용 관습에 참여함-"Hi." "Bye." "Please." • 사물과 진행되는 사건에 대해 설명함-"There' s a house." "The tractor' s pushing a boat." • 단어가 증가함-300~1,000개의 단어 • 노래를 부름. • 성인 발화를 거의 대부분 이해할 수 있음. • 확장된 명사구를 만들어 냄-"big, brown dog" • 동사를 '~ing' 어미를 사용해서 만들어 냄. • 복수를 나타내기 위해 '~s' 를 사용함.

	• 복수 형태의 단어에 종종 '~s' 를 사용하기도 함 - geeses, mices • 간단한 명사, 복수구 앞에 'no' 'not' 을 삽입하여 부정을 나타냄 - "Not baby" • 친숙한 사물, 사건을 다루고 있는 "What are you doing?" "What is this?" "Where?" 와 같은 질문에 대답할 수 있음.
사회성발달	• 차례 바꾸기(taking turns)를 이해, 항상 그렇게 하고 싶어 하는 것은 아님. • 우호적임, 자주 웃음, 기쁘게 해 주고 싶어함. • 가끔씩 악몽을 꾸거나 어둠, 괴물, 불을 무서워함. • 간단한 게임이나 그룹 활동에 참여, 때때로 주저함. • 종종 자기 자신에게 말함. • 놀이할 때 사물을 상징적으로 사용-나무 블록이 트럭, 램프, 배트가 되기도 함. • 다른 유아의 놀이를 관찰, 잠시 동안 같이 참여, 종종 다른 유아와 병행하여 놀이함. • 장난감과 소유물을 지키려 함, 때때로 공격적이 되기도 함(장난감을 쥐거나 다른 아이를 때리거나 장난감을 숨김). • 혼자 혹은 다른 아이들과 가장놀이(make-believe play)에 참여함 • 자신보다 어리거나 다친 유아에게 애정을 보여 줌. • 한 번에 10분까지 앉아서 이야기를 들음, 다른 유아가 이야기 듣는 것을 방해하지 않고 방해받았을 때는 화를 냄. • 위안을 주는 특별한 담요, 동물, 장난감 소유하기를 지속하기도 함.
만 4세 이상	
지각-인지발달	• 최소 5개의 입방체를 가장 큰 것부터 작은 것까지 쌓아 올림-6개 블록으로 피라미드 쌓기. • 소리가 같거나 다르게 짝지어진 단어를 가리킬 수 있음-sheet/feet, ball/wall • 4세 후반이 되면, 18~20개의 알파벳 대문자 이름을 말하고 몇몇 개를 쓸 수 있음, 자신의 이름을 쓸 수 있음, 유아에게 특별한 의미가 있는 몇몇 단어를 알아볼 수 있음. • 몇몇 유아는 간단한 책을 읽기 시작함. • 사물이 어떻게 성장하고 작동하는지에 관한 이야기를 좋아함. • 말놀이, 이상한 말을 만들어 내는 것을 즐거워함.

	• '가장 키가 큰' '가장 큰' '같은' '더 많은' 과 같은 개념을 이해함, '집이 가장 많은' '가장 큰 개가 있는' 그림을 선택함. • 20 또는 그 이상 셀 수 있음. • 일과의 순서를 이해함-"아침에 일어날 때, 옷을 입고, 아침을 먹고, 이를 닦고, 학교로 간다." • 그림을 볼 때 퍼즐의 빠진 부분(사람, 차, 동물 등)을 인지하고 맞출 수 있음.
언어발달	• '위에(on)' '안에(in)' '아래에(under)' 와 같은 전치사를 사용함. • 소유대명사를 일관되게 사용함 -'그녀의(hers)' '그들의(theirs)' '아기의(baby' s) • 의문대명사, 즉 '누구의(Whose?)' '누가(Who?)' '왜(Why?)' '얼마나(How many)' 와 같은 질문에 대답 • 정교한 문장 구조를 만들어 냄-"The cat ran under the house before I could see what color it was." • 성인 발화를 거의 완전히 알아들을 수 있음. • 동사의 과거형을 정확히 사용하기 시작함-"Mommy closed the door." "Daddy went to work." • 지금 존재하지 않는 활동, 사건, 사물, 사람에 대해 말함. • 듣는 사람의 이해수준에 맞추기 위해 목소리 톤과 문장 구조를 변화-아기 동생에게 "Milk gone? " 엄마에게 "Did the baby drink all of his milk?" • 성, 이름, 성별, 형제의 이름, 때때로 전화번호를 말함. • 피곤할 때, 추울 때, 배고플 때 무엇을 할지 물으면 적절히 대답함. • 간단한 노래와 시를 암송, 노래 부르기함.
사회성발달	• 외향적임, 우호적임, 때때로 지나치게 열정적임. • 기분 변화가 빠르고 예측하기 어렵게 바뀜-웃었다 울었다 함, 작은 실망에도 울화를 터뜨림. • 상상의 놀이 상대, 친구를 만들어 내는 것이 흔함-대화하고 깊은 감정을 공유함. • 자랑하고 과장하고 사실을 왜곡함. • 다른 사람과 협동함, 그룹 활동에 참여함. • 성취한 것에 자부심을 나타냄, 성인의 인정을 얻으려고 자주 애씀.

	• 종종 이기적으로 보임-차례 바꾸기가 언제나 가능한 것은 아님, 다른 친구를 고자질함. • 독립적으로 할 것을 주장함, 그러나 문제가 발생하면 좌절하거나 성을 냄. • 역할놀이와 가장놀이 활동을 즐김. • 신체적 공격보다 언어 공격에 의지-때리기보다 성내며 소리침. • 다른 유아를 제외하기 위해 이름 부르기, 욕하기를 종종 사용함. • 놀이 상대와 친밀한 관계를 형성, 가장 친한 친구를 갖기 시작함.

출처: Allen, K. E., & Marottz, L. R. (1999). *Developmental Profiles: Pre-Birth through Eight*. New York: Delmar Pu, 조명한(1996)과 이순형, 권기남(2002) 연구를 참조해 내용을 수정 보완함.

3. 효율적 교수학습조건

교수와 학습이 원활하게 이루어지기 위해서는 교사의 교수조건이 충족되고 영유아의 조건도 적합해야 한다. 구체적인 교수조건과 영유아 조건을 살펴보면 다음과 같다.

1) 교사의 조건

(1) 교사의 열의

교사는 가르치는 일(教授)에 소명의식을 가져야 한다. 즉, 사람을 가르치고 키우는 일이야말로 세상의 그 어떤 직업보다도 즐겁고 보람된 일로 생각해야 한다. 교사가 영유아를 가르치는 일에 소명의식을 가지고 임하면 영유아의 성장과 발달을 기쁜 마음으로 지켜보고 그들을 가르치는 일에 열의(熱意)를 보이게 마련이다. 교사의 열의는 영유아의 학습에 강한 유인력이 되어서 영유아의 발달을 지원하게 될 것이다. 그러나 교사의 열의는 영유아의 발달수준이나 영유아의 발달적 요구에 부응해야 한다. 교사의 과다한 일방적 열의는 자칫 영유아에게 교수압력으로 비쳐질 수 있음을 유념해야 한다.

(2) 교사의 인성과 자세

교사는 수용적 자세를 가지고 영유아를 대해야 한다. 영유아는 개인마다 유전적으로 타고난 자질이 다르고 발달의 속도가 다르다. 따라서 교사는 영유아의 개인차를 인정하고 영유아의 상태에 적합한 개별교육을 할 수 있는 마음의 여유와 안정된 정서와 인내심을 지니고 있어야 한다. 한마디로 교사는 성숙한 사람이어야 한다.

성급한 교사는 영유아의 내적 변화에 따른 인지발달을 지켜볼 여유가 없기 때문에 조급하게 학습을 강요할 수 있다. 성취기대가 과도한 교사는 영유아의 점진적 변화에 만족하지 못하여 영유아에게 과도한 학습을 강요할 수 있다. 정서적으로 안정되지 못한 교사는 영유아에게 혼란된 메시지와 정서적 자극을 주어 영유아의 정서적 불안을 초래할 수 있다.

[그림 1-3] 교사는 영유아의 말을 경청하는 성숙한 사람이어야 한다.

영유아들은 교사가 어떤 사람인가에 따라서 큰 영향을 받는다. 오랜 경험이 있는 전문가는 영유아반에 들어가서 짧은 시간 동안 영유아를 관찰하면 그 담당교사의 인성과 교수자세를 알 수 있다. 교사의 인성과 자세에 따라 영유아의 반응이 다르다. 영유아들은 스펀지처럼 교사의 인성과 자세에 영향을 받으며 그 영향이 오래 유지되기 때문이다.

2) 영유아의 조건

학습이 이루어지기 위해서 영유아의 발달 적합성과 학습 의욕이 중요하다.

(1) 영유아의 발달 적합성

학습이 제대로 이루어지려면 영유아의 발달적 요구와 발달수준에 적합한 자극이 있어야 한다. 미국 유아교육학회(NAEYC)의 제안처럼 영유아 학습을 위해 영유아의 발달적 요구에 부응하는 자극으로서 발달수준에 적합한 것을 제공해야 한다.

영유아가 신체적으로나 인지적으로 외부 자극을 받아들여 감당할 능력을 갖추었을 때 그 수준에 적절한 자극을 주어야 한다. 만약 발달수준을 넘는 높은 수준의 자극이 제공되었거나 발달수준에 못 미치는 자극이 제공되었을 경우를 생각해 보자. 전자의 경우 영유아는 감당하기 어려운 자극을 거부할 수 있다. 거부하지 않을 경우에는 그 자극을 감당하기 어려워 자존감이 낮아질 것이다. 후자의 경우에 영유아는 그 외부자극에 더 이상 관심을 가지지 않을 것이다. 자극의 수준이 영유아의 발달수준에 미치지 못할 경우에 그 자극은 영유아의 탐구의욕을 불러일으키지 못하기 때문이다.

(2) 영유아의 호기심과 탐구욕

학습이 이루어지려면 영유아의 호기심과 탐구욕이 무엇보다 필요하다. 어떤 사물이나 현상에 호기심과 관심을 가지지 않으면 그 사물의 속성이나 현상의 내용을 탐색하고자 하는 동기가 떨어진다.

태어날 때부터 새로운 사물이나 현상에 대해서 호기심이 강한 영유아가 있고 그렇지 않은 영유아도 있다. 호기심과 탐구욕의 개인 차이가 영유아의 학습에 영향을 미친다. 어떤 영유아는 끊임없이 새로운 사물에 몰두하는가 하면 어떤 영유아는 새로운 사물에 별 관심을 보이지 않는다. 교사나 부모의 눈에 전자의 영유아는 문제를 일으켜 늘 돌보는 사람을 피곤하게 만드는 아이고 후자의 영유아는 점잖고 다루기 손쉬운 아이이다. 그러나 전자의 영유아는 새로운 사물과 현상에 대해 호기심이 많고 탐구욕이 강한 아이인 반면에 후자의 영유아는 그렇지 않다. 호기심과 탐구욕의 차이가 경험과 학습의 양과 질의 차이를 가져와 결과적으로 영유아의 발달 차이를 불러올 것이다.

3) 환경의 조건

영유아의 학습에는 환경적 요인이 영향을 미칠 것이다. 학습을 지원하는 가정환경의 요인으로는 학습교구와 같은 물리적 환경 요소 이외에 부모의 인성, 영유아와의 관계와 성취기대 등 부모환경 요소가 있다.

(1) 가정의 물리적 환경과 학습교구

영유아의 성장에 도움이 되는 가정의 물리적 환경은 환기가 잘 되고 적절한 밝기의 조명과 온도가 필요하다. 그리고 지적 자극이 되도록 하는 장난감과 그림책 등의 교구가 필요하다. 학습교구가 필요하지만 그 교구의 내용과 질을 고려해서 제공해야 한다. 어린 시기에 교구들이 제공하는 지적 자극은 다른 어떤 발달시기에서보다 강하게 받아들여질 수 있다.

그러나 지적 자극이 지나친 것은 부족한 것과 다름없다. 요즈음 우리 사회의 중류층 가정 영유아들은 지적 자극이 부족하기보다는 과잉일 수 있다. TV 등 영상매체를 통해서 제공되는 자극, 다양한 일상생활의 변화에서 오는 과다한 자극이 영유아의 지적 자극으로서는 부적절할 수 있다. 특히 어린 시기부터 지적 성취에 대한 기대가 높은 부모는 과다한 인쇄물과 교구를 영유아에게 제공하는데 이는 지적 자극에 대한 거부와 지적 열등감을 불러올 수 있다. 영유아의 성장과 발달을 고려하여 가정의 환경을 조성하는 것은 어디까지나 영유아의 발달수준과 발달적 요구에 근거해서 이루어져야 한다.

(2) 가정의 심리적 환경

영유아의 발달과 학습에 가정의 물리적 환경요소도 중요하지만 심리적 환경요소는 더 중요하다. 가정의 심리적 환경요소는 주로 부모의 온화한 인성과 영유아의 발달수준에 맞는 성취기대를 들 수 있다. 부모가 영유아를 지속적이고 안정적으로 사랑하고 배려하는 가정에서 영유아는 심리적으로 안정되고 타고난 잠재력을 키우며 성장할 수 있다. 반면에 부모가 자녀에게 무관심하고 냉담하다면 영유아는 정서적으로 불안하고 한 과제에 주의집중하기 어렵기 때문에 학습장애를 겪을 수 있다.

영유아의 발달수준에 못 미치는 성취가 기대된다면 영유아는 별 스트레스나 어려움 없이 부모의 기대를 충족시킬 수 있다. 부모의 성취 기대가 영유아의 발달수준에 적합한 것이라면 적절한 노력으로 부모의 기대를 충족시킬 수 있을 것이다. 그러나 부모의 성취기대가 영유아의 발달수준을 넘어서는 것이라면 영유아는 심리적 스트레스를 경험하고 좌절감을 가지게 것이다. 따라서 부모의 성취기대는 영유아의 발달수준에 적합한 것이어야 한다.

[그림 1-4] 가정의 물리적 환경이 중요하다. 그러나 심리적 환경은 더욱 중요하다.

[그림 1-5] 옷을 가지고 동생을 찾아온 형: 형제는 협력자이자 경쟁자다.

(3) 형제

영유아와 나이가 비슷한 형제가 있을 때 영유아는 발달과 학습에 도움을 받을 수 있다. 손위 형이 있는 경우에 형은 모방의 대상이 될 수 있다. 동생은 형의 사고와 언행의 영향을 많이 받을 것이다. 한편 동생이 있다면 영유아는 동생에게 선행학습자로서 역할을 할 것이다. 교사로서 선배로서 부모가 하지 않은 선행학습 내용을 동생에게 가르치려고 할 것이다. 영유아는 가르치는 사람으로서 교사의 역할을 해 봄으로써 자신의 관점에서 벗어나 인지능력이 낮은 동생의 관점에 설 수 있다. 즉, 조망수용능력이 발달하게 되는 것이다.

위아래 형제가 있을 경우에 영유아는 더 많은 자극을 받을 수 있다. 자기보다 나이가 많은 형에게 스스로 동생으로서 학생의 노릇을 하는 동시에 동생에게 교사의 역할을 한다. 동시에 두 개의 역할을 수행함으로써 다양한 입장에서 조망을 할 수 있다(서봉연, 이순형, 1983).

참고문헌

서봉연, 이순형(1983). 발달심리학: 아동발달. 서울: 중앙적성출판사.

이순형, 권기남(2002). 한국 영유아의 발달수준. 인간발달연구, 9(2), 17-38.

조명한(1996). 한국아동의 언어획득 연구: 책략모형. 서울: 서울대학교출판부.

Allen, K. E., & Marottz, L. R. (1999). *Developmental Profiles: Pre-Birth through Eight*. N.Y.: Delmar Pu.

Bigge, M. L. (1964). *Learning theorie for teachers*. N.Y.: Harper & Row.

Corey, S. M. (1971). *The nature of instruction*. N.J.: Prentice-Hall.

Hilgard, E. R. (1966). *Theories of learning* (2nd ed.). N.Y.: Appleton-Century Crofts.

Morgan, C. T., & King, R. A. (1966). *Instruction to Psychology* (3rd ed.). N.Y: McGraw-Hill.

제 2 장 영유아 발달이론과 영유아 교수학습방법

1. 학습이론

1) 학습이론의 기초

20세기 초에 인간의 행동을 설명하던 구조주의와 기능주의에 대한 반발로 행동주의가 등장했다. 구조주의는 정신의 구조를 밝히는 것이며, 기능주의는 인간의 정신을 전체적이고 기능적으로 밝히려는 것이다. 이에 대한 반발로 등장한 행동주의는 인간의 행동을 자극과 반응의 심리과정으로 파악하려 했다.

행동주의는 기본적으로 연구영역과 연구방법에서 구조주의나 기능주의와 명백히 다르다. 구조주의와 기능주의는 정신의 구조나 작용과정을 주로 연구하였으나 행동주의는 관찰이 가능한 행동만을 연구하였다. 구조주의나 기능주의는 개인의 정신적 · 정서적 경험을 자기보고식 등 주관적 방법으로 연구했으나 행동주의는 자극변수가 조작되고 그 조작에 의해서 반응이 예측될 수 있는 객관적이고 과학적 방법으로 연구했다.

파블로프(Ivan P. Pavlov)는 개의 소화기관에 관해 연구하다가 고전적 조건

Pavlov

형성이론 모형을 제안했다. 개에게 고기를 줄 때마다 개의 침샘에 타액이 고였다. 고기는 무조건자극이고 타액 분비는 무조건반응이었다. 그런데 고기를 주지 않아도 개의 침샘에 타액이 분비된다는 사실을 알아냈다. 고기는 무조건자극이 되었고 고기를 주려는 시간을 알리는 벨소리나 실험실 조교의 발소리가 조건자극이 되어서 침을 흘리는 조건반응이 나타난 것이다.

개를 통해서 조건형성을 연구한 파블로프의 이론을 토대로 왓슨(John B. Watson)은 인간의 조건형성을 설명하려 했다. 왓슨은 인간이 본능적 정서와 반사능력을 가지고 태어났다고 가정했다. 성인이 보이는 복잡한 정서반응은 타고난 정서적 반사능력이 성장하면서 점차 고전적 조건형성을 했기 때문이라고 생각했다. 치과의 드릴 소리를 들을 때 인간이 어떠한 반응을 보이는지를 보면 이 이론적 모형의 설득력을 인정할 것이다.

고전적 행동주의자와 달리 1950년대에 나타난 헐(Clark Hull), 스키너(Burhus Skinner) 등 신행동주의자들은 인간의 학습을 자극(S)과 반응(R)의 결합체로 보았다. 헐은 자극과 반응 사이에 매개변수를 가정했다. 자극과 반응의 중간에 위치한 매개변수는 자극과 반응을 중재하는 유기체 내 관찰 불가능한 특성이나 상태를 말한다. 한 예로 충동은 매개변수가 될 수 있다. 헐은 가정추론방법(hypothetic-deductive method)을 제안했다. 가설추론방법이란 어떤 사실을 설명하는 몇 가지 기본 가정을 정확히 진술하고 이 가정을 실험을 통해 검증하고 추론하는 방법이다. 헐은 133개의 가설을 추론할 수 있는 17개 기본 가정이 있다고 했으나, 실제로 활용될 수 없다는 사실이 알려지자 이 이론모형은 사람들의 관심에서 사라졌다

Skinner

(변영계, 2005).

스키너는 인간의 행동과 감정이나 사고는 환경적 자극과 우연한 반응의 관점에서 설명 가능하다고 제안했다. 이전의 행동주의자들이 인간의 행동을 자극과 반응의 연합으로 설명했으나 스키너는 반응과 강화의 연합으로 설명했다. 그는 반응과 강화의 연합으로 인간 행동의 변화가 가능하다고 설명했다.

행동주의는 쥐, 개 등 동물이 학습하는 기제는 인간과 공통적일 것이라는 가정 아래 많은 동물실험을 통해서 공통된 연구결과를 얻어 내고 그것을 인간행동에 적용했다. 행동주의의 가정과 달리 동물과 인간은 종(種)이 다르므로 엄밀히 말하면 동물의 행동과 인간의 행동이 같지 않을 것이라는 점에서 비판의 여지가 있다.

Bandura

그 후 반두라(Albert Bandura)는 직접 경험이 아니더라도 관찰하는 것만으로도 학습이 된다는 관찰학습이론을 제안했다. 폭력행동을 경험하지 않았더라도 또래 간 폭력을 보거나 가정폭력을 관찰하는 것만으로도 폭력행동을 학습한다는 것이다. 특히 TV 등 영상매체가 보급되는 사회에서 영상매체를 통해 본 사실도 간접학습이 되어 그 행동이 인지적으로 저장되었다가 적절한 순간에 산출된다고 주장해 매체 등의 효과에 대해 사회적으로 주목하는 파급효과를 가져왔다. 관찰학습의 기제는 학습정보의 투입, 그 정보의 파지 그리고 적절한 시점과 상황에서 그 정보가 인출되어 행동으로 산출되는 것이다. 관찰학습이론에서는 영유아가 어떤 모델을 보고 그의 행동을 모방하는가가 관심사였다. 바람직한 모델의 제공이 영유아기 학습에 중요한 조건이었다.

2) 학습이론의 학습원리

학습자는 수동적 시청자가 아니라 능동적인 참여자다. 수동적 시청자는 학습을 피동적으로 하므로 학습효과가 클 수 없으나 능동적 참여자는 학습을 자기주도적, 적극적으로 하므로 학습효과가 크다.

학습이론에서 반복은 학습효과를 유지하기 위한 중요한 방법이다. 인간행동의 많은 부분은 반복훈련에 의해 학습된 것이다. 악기를 연주하는 것, 외국어를 학습하는 것, 타자를 치는 것 등은 모두 반복학습과 반복훈련에 의한 것이다.

아동이 학습을 하려면 강화가 필요하다. 강화에는 부적 강화와 정적 강화가 있다. 부적 강화는 특정 행동에 대한 질책, 비난, 벌 등으로서 칭찬이나 선물 등 보상을 주는 정적 강화와 다르다.

한정된 자극에 대한 반응이 일반화되려면 다양한 상황에서 자극에 대한 반응을 유발하도록 연습할 필요가 있다.

새로운 행동은 모델을 모방함으로써도 학습된다. 관찰학습이론가들은 인간의 행동이 관찰 가능한 모델의 행동을 모방하여 변화될 수 있으며, 비록 직접 보지 못한 모델의 행동에 의해서도 영향을 받는다고 제안했다. 게다가 TV 등 매체를 통해서 보이는 모델의 행동도 학습된다.

학습은 동기에 의해서 영향을 받는다. 성취동기가 강한 경우에 학습이 쉽게 이루어지나 그렇지 않은 경우에 학습이 쉽지 않다.

3) 학습이론에서 본 교사의 교수 촉진

학습이론은 교사의 직접적 지시와 설명에 의해서 영유아가 새로운 지식을 획득하고 인지적으로 발달하는 것을 전제로 하므로 간접적 교수방법보다는 직접적 교수방법을 적용한다. 직접적 교수방법은 지식의 제시와 설명으로 이루어지며 이때 보상과 처벌이 학습지원 기제가 된다.

한편 반두라의 관찰학습모형에서는 관찰학습은 주의집중, 파지과정과 산출과정을 거친다. 즉, 영유아가 모델의 행동을 주의집중해서 관찰하고 그 관찰한 내용을 머릿속에 저장해 두었다가 적절한 시기에 저장했던 정보를 인출해서 신체활동을 통해서 산출한다는 것이다. 이 관점에 따르면 영유아는 자신을 모델과 동일시하고 그 행동의 기능적 가치를 확립한 후에 인지능력과 운동기술에 따라서 행동으로 산출한다.

관찰학습과정은 모델의 행동을 지각하고 모델의 행동을 모방하여 학습자의 인지적 발달이 일어나는 과정을 의미한다. 이때 모방대상이 되는 모델은 부모를 비롯하여 교사 등 영유아 주변의 성인이지만 한 번도 만나지 못했던 인물뿐 아니라 상상의 인물과 TV 등 영상 속의 인물도 가능하다.

교사는 영유아를 어린 수동적 시청자가 아니라 능동적인 참여자로 만들어야 한다. 영유아를 그 자리에 잡아 두기 위해서 비디오를 오랫동안 틀어 준다든가, TV 앞에 묶어 두는 일은 지양되어야 한다.

교사는 새로운 지식이나 사물의 현상을 가르칠 때 영유아의 학습을 촉진시키기 위해서 반복적으로 설명하고 가르칠 필요가 있다. 같은 사실을 영유아가 관심을 두는 여러 동물에 적용시켜 설명하거나 반복해 되물을 때 학습이 촉진된다. 학습이론에서 반복은 학습효과를 유지하기 위한 중요한 방법이기 때문이다. 특히 악기를 연주하거나 영어 등 외국어를 학습하는 경우에 반복하지 않고서는 제대로 학습이 이루어질 수 없다. 따라서 영유아가 싫증을 내지 않도록 다양한 방법으로 반복학습을 시켜야 한다.

영유아가 새로운 사실을 학습했을 때 교사는 정적 강화를 주어 그 학습결과가 유지되도록 해야 한다. 정적 강화 중에서 칭찬이 가장 좋은 방법이다. 칭찬은 영유아의 자신감을 키워 주고 긍정적 자기 개념을 형성해 준다. 그리고 칭찬받은 그 행동을 촉진시킨다. 무엇보다도 자기 동기를 지속시키고 강화시킨다는 점에서 칭찬의 효과는 높이 살 만하다. 영유아의 특정 행동에 대한 질책, 비난, 벌 등 부적 강화는 즉각적 효과는 있지만 상대에 대한 반발과 저항감을 가져오므로 바람직한 방법이 아니다.

교사는 학습자가 한 가지 자극에 대한 반응을 하여 새로운 사실을 학습하면 그 결과를 일반화하기 위해서 다양한 상황에서 자극에 대한 반응을 유발시킬 필요가 있다. 특정 상황에서의 학습이 일반화되어 다양한 상황에서의 학습으로 이어지도록 해야 한다.

관찰학습모형에 의하면 학습은 모방을 통해서 이루어진다. 적당한 모델과 동일시할 수 있는 기회를 제공해 주며 모델의 행동에 대한 기능적 가치를 부여하며 주의를 집중시키고 학습자의 인지와 기능을 함께 가르칠 필요가 있다. 그렇게 되면 부모나 교사 등 관찰 가능한 모델의 행동을 모방하여 영유아는 학습할 수 있으며 직접 보지 못한 모델의 행동도 모방할 수 있다. 최근 TV, 인터넷, 모바일폰 등 영상매체를 통해서 모델의 행동을 쉽게 학습할 수 있다. 요즈음처럼 영상매체가 흔한 상황에서 영유아가 가수를 모방해서 어려운 랩을 모두 암기해 노래 부르는 것은 드문 일이 아니다.

영유아의 학습을 촉진하려면 학습동기를 부여해야 한다. 학습동기가 부여되지 않은 경우에 영유아의 학습이 더디고 학습효과가 그리 크지 않다.

4) 학습이론으로 본 영유아의 학습 촉진

학습이론에서 보면 영유아의 학습 촉진 전략은 다양하다. 학습자는 학습을 자기주도적, 적극적으로 할 때 학습효과를 최대한으로 높일 수 있다.

인간 행동의 많은 부분은 반복 훈련을 통해서 변화되는데, 학습자는 반복을 통해 학습효과를 지속시킬 수 있다. 특히, 아동은 부적 강화 혹은 정적 강화를 통해 학습할 필요가 있다. 아동은 다양한 모델을 접하고 모델의 행동을 모방하면서 학습을 하게 된다. 부모나 또래, 교사와 같은 실제 역할 모델뿐만 아니라 TV, 비디오 필름 등 영상매체도 아동의 학습을 촉진하는 모델이 되므로 적절한 매체에 노출될 필요가 있다.

반복 훈련을 하거나 주변에 역할 모델이 있어도 내적인 성취동기가 낮을 경우 학습이 일어나지 않는다. 아동의 성취동기가 있을 때 학습이 촉진된다.

2. 인지발달이론

1) 인지발달이론의 기초

인지발달이론의 기본 명제는 인간의 인지구조는 환경과 상호작용하면서 변화된다는 것이다. 피아제(Piaget)를 비롯한 인지발달이론가는 영유아의 인지능력은 구조적 변화를 거치면서 발달해 나가는데, 그 구조적 변화는 점진적이고 양적으로 이루어지지 않고 일정 단계에 도달하면서 급격하게 질적으로 이루어진다고 하였다.

피아제에 의하면 인지발달은 동화, 조절, 평형화의 3가지 기본 과정에 의해서 이루어진다. 동화(assimilation)란 환경자극들을 자신이 지니고 있는 개인의 행동이나 체계 속으로 흡수 통합하려는 기제다. 조절(accommodation)은 동화와 반대로 개인을 환경자극에 맞게 수정하여 결과적으로 유기체가 가지고 있는 특성을 환경에 적응하도록 하는 기제다. 평형화(equilibration)는 한 단계의 평형상태로부터 불평형의 전환기를 거쳐 다음 단계로의 평형의 형태로 이행하는 변화의 과정이다. 이는 새로운 적응을 위해서 동화와 조절을 조정하는 유기체의 자율적 규제이며 변화의 기제다.

일정한 인지발달수준에서 기존의 인지구조의 평형이 깨지고 스스로 인지구조의 불평형을 경험하면서 새로운 단계의 인지적 평형으로 발달된다. 따라서 인지발달이란 영유아가 기존의 인지구조의 불평형을 경험하면서 새로운 인지구조로 나아가는 데에서 이루어진다.

2) 인지발달이론의 학습원리

인지발달의 구조적 변화를 주장하는 접근을 구성주의라고 하는데 구성주의자들은 지식이란 자신의 관점에서 개별적으로 구성한 실재라고 생각한다.

따라서 구성주의자들은 교사가 독단적으로 조직화한 형식에 학생들이 노출되면서 수업내용의 의미를 이해하는 것이 아니라 학습자들이 경험을 활용하여 스스로 역동적으로 의미를 구성해 가도록 수업을 설계하여 학습자들이 자신의 경험에 관한 의미를 파악하게 해야 한다고 하였다.

구성주의자들의 관점에서 학습이란 영유아가 관찰하고 경험한 것의 의미를 만들어 가는 과정에서 새로운 규칙과 가설을 세워 그 경험을 설명할 때 이루어진다. 즉, 영유아가 학습하기 위해서는 스스로 새로운 규칙을 만들고 자신의 가설을 세우고 경험을 설명해야 한다. 스스로 인지적 불평형을 깨닫게 하기 위해서 또래 간의 대화와 상호작용이 필요하고 과거지식과 새로운 경험내용 사이에 불평형과 불일치를 경험할 필요가 있다.

3) 인지발달이론에서 본 교사의 교수 촉진

영유아가 스스로 인지적 불평형을 깨닫게 하기 위해서 교사는 과거지식과 새로운 경험 내용 사이에 일어나는 불평형과 불일치를 보여 주는 과제를 영유아에게 제시해 줄 필요가 있다. 그러한 과제를 보면서 스스로 인지적 불평형과 불일치를 경험하고 스스로 인지문제를 해결해 보는 연습이 필요하기 때문이다. 영유아가 주도적으로 인지발달을 이루기 위해서 교사는 간접교수법을 사용해야 한다. 간접교수법은 교수과정이 탐구적이고 교수 결과는 발견적이어야 한다. 즉, 교수과정에서 영유아는 스스로 탐구학습을 하도록 하고 학습의 결과는 영유아 스스로 찾아낸 것이어야 한다. 직접교수법에서 개념과 지식을 영유아에게 가르치는 것과는 상반된다. 교사는 직접교수법의 기법인 지시적 강의와 설명을 아끼는 대신에 영유아가 직접 경험하게 하거나(Piaget, 1977; Stepien & Gallagher, 1993) 프로젝트 활동을 통해 탐구활동(Blumenfeld, 1962)을 하도록 유도한다. 또한 인지적 평형상태에 도달하기 위해서 영유아에게 또래와의 사회적 상호작용을 하게 한다(Vygotsky, 1962).

때때로 영유아는 본래의 학습과제에서 벗어나 다른 곳에 관심을 보인다.

그때 교사는 질문을 통해서 영유아를 학습활동에 집중시킬 수 있다. 질문은 초점을 다시 강조하고, 해결될 모순점을 제시하고, 반응을 심층적으로 파헤치고, 그리고 토론을 새로운 분야로 확장시킨다(Borich, 2003, 2004).

4) 인지발달이론에서 본 영유아의 학습 촉진

인지발달이론이 영유아의 자발적인 인지구조의 변화를 학습으로 전제하고 있으므로 영유아의 학습은 어디까지나 영유아 주도적 인지 변화를 뜻한다. 평형 상태에 있는 인지구조를 외적 자극에 의해서 불평형 상태로 인지하고

표 2-1 직접교수와 간접교수모형 수업 상황의 사례

직접교수	간접교수
• 목적: 사실, 규칙, 행동계열을 가르친다. • 교사는 전날 배운 것을 복습하면서 수업을 시작한다. • 교사는 설명과 사례를 들면서 점진적으로 새로운 내용을 제시한다. • 교사는 문제를 약간 출제하여 학생의 연습을 안내한다. • 60~80%의 정확도에 도달할 때까지 필요한 경우에는 독려하고 시범을 보인다. • 교사는 답이 정확하고 신속하며 확고한지, 정확하나 주저하는지, 부주의한지 또는 부정확한지에 따라 피드백과 교정을 한다. • 교사는 주간 · 월간(누적적인)의 복습을 제공하고 학습되지 못한 내용을 다시 가르친다.	• 목적: 개념, 패턴, 추상화를 가르친다. • 교사는 전체적인 윤곽을 제공하고 개념의 확장을 허용하는 선행조직자로 수업을 시작한다. • 교사는 일반화를 정련화하거나 그것에 초점을 맞추기 위하여 귀납법 또는 연역법을 사용하여 학생 반응에 중심을 맞춘다. • 교사는 핵심적인 속성과 비핵심적인 속성을 분명히 하기 위하여 일반화의 사례와 반사례를 제공한다. • 교사는 학생들 자신의 경험, 흥미, 문제로부터 부가적인 사례를 이끌어 낸다. • 교사는 일반화의 발견과 명료화를 안내하기 위하여 발문한다. • 교사는 학생들이 자신의 반응을 평가하는 데 참여시킨다. • 일반화를 굳건히 하거나 확장하기 위하여 필요할 때 토론을 독려하고 중재한다.

출처: 박승배 외 공역(2006). 효과적인 교수법(Borich, G. D. 저, *Effective Teaching Methods*). 서울: 아카데미프레스, p. 251.

그러한 불균형 상태를 지양하기 위해서 더 높은 수준의 평형상태로 인지구조를 변화시켜야 한다. 따라서 영유아가 자기주도적으로 인지구조의 변화를 일으키기 위해서는 스스로 외부 자극에 주의를 집중하는 일이 우선되어야 한다. 아무리 지적으로 풍부한 환경 속에 놓이더라도 영유아가 스스로 외부 자극에 관심을 두지 않는다면 학습이 이루어질 수 없기 때문이다. 여기서 학습동기이론과 접목될 수 있다.

영유아는 평형상태의 인지구조에 자극을 주는 다양한 환경에 놓일 필요가 있다. 여러 또래들과의 만남과 그들로부터 받는 인지적 자극이 자신의 인지적 불평형을 인지할 수 있게 한다. 때로는 자신의 수준보다 약간 더 높게 비계설정을 하는 부모나 교사의 기대에 부응하려는 동기가 인지적 불평형을 극복하게 할 수 있다.

3. 정보처리이론

1) 정보처리이론의 기초

정보처리이론은 인지발달이론의 하나로서 학습자의 내부에 새로운 정보가 투입되고 저장되고 인출되는 과정에 대한 이론이다. 정보처리이론은 컴퓨터 기술의 발달에 기원을 두고 컴퓨터에서 유추하는 것을 기초로 한다. 인간의 인지과정을 컴퓨터에 비유해서 정보의 처리과정을 유추한 것이다. 정보처리이론은 인간의 인지과정을 정보처리과정으로 분석하여 설명하려는 이론으로써 인간 두뇌의 신경조직에서 발생하는 인지활동을 설명하려는 것이다. 두뇌를 컴퓨터와 유사한 체계로 간주하고 인간의 인지과정을 컴퓨터처럼 정보를 입력하고 저장하며 인출하는 과정으로 보았다. 두뇌 속에서 정보처리과정이 유기적 관계망을 통해서 이루어진다고 본 것이다.

정보처리이론에서는 학습을 감각기관을 통해서 투입된 외부 정보를 해석

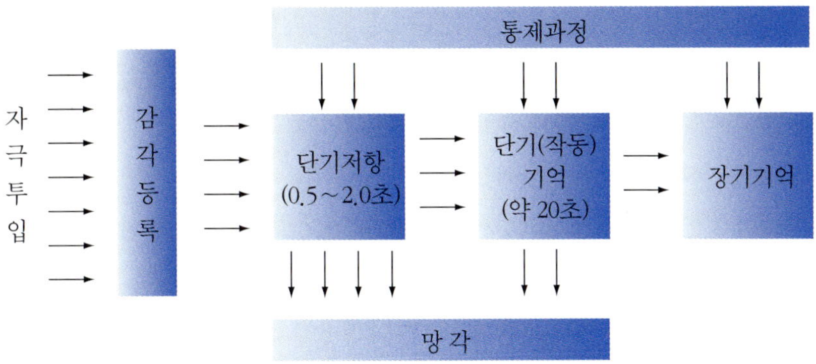

[그림 2-1] 정보처리의 과정

출처: 변영계(2005), p. 128.

하고 처리하고 저장하는 정신과정이라고 가정한다. 특히 인간의 두뇌는 감각기관을 통해 들어온 정보를 분류하고 체계적으로 저장하고 적절한 때에 저장된 정보를 인출해서 그 정보를 가지고 분석하고 판단한다. 이러한 학습과정은 마치 컴퓨터에 정보를 투입하고 정보를 처리하고 그 결과를 파일로 저장하였다가 필요할 때 인출해서 그 정보를 사용하는 과정과 유사하다. 정보처리이론은 인간의 정보처리과정을 컴퓨터의 정보처리과정과 유사한 체계라고 상정하고 추론하는 점에서 특별한 의미를 지닌다.

(1) 자극정보의 투입

외부 환경으로부터 많은 정보가 유기체에게 투입된다. 눈, 귀, 코 등 감각기관은 유기체가 환경으로부터 정보를 받아들이는 곳이다. 감각기관은 여러 정보를 받아들여서 매우 짧은 시간 동안 보유하는데 시각은 1초, 청각은 4초 정도라고 한다(변영계, 2005).

(2) 자극정보의 부호화

투입된 정보는 선택적으로 채택된다. 정보가 선택되었을 경우에 부호화를 거쳐서 단기 또는 장기기억 속에 저장된다. 특히 그 정보가 유용한 경우에 그 정보는 처리되어 장기기억 속에 저장된다. 선택되지 못한 정보는 사라진다.

(3) 정보의 저장

정보는 선별적으로 저장되며 이를 기억이라고 한다. 기억은 단기기억과 장기기억으로 나뉜다.

① 단기기억

정보처리에 필요한 작동기억(working memory)은 간단한 정신기능과 단기기억으로 이루어져 있다. 간단한 정신기능은 쉬운 암산 등과 같이 두뇌의 기능을 말하며 단기기억은 성인의 경우에 보통 5~9개의 정보가 약 20초 동안 저장되는 것이다.

② 장기기억

장기기억은 많은 정보를 장기적으로 저장하는 곳이다. 장기기억은 보통 일상기억(episodic memory)과 의미기억(semantic memory)으로 나뉜다. 일상기억은 주로 이미지로서 개인의 경험을 저장하는 곳이다. 의미기억은 주로 언어적 의미로서 경험으로부터 획득된 사실, 개념, 규칙 등과 같은 지식들이 저장된다. 이외에도 언어적 의미로서 사고 기술이나 문제해결 전략이 저장된다.

장기기억에 저장된 수많은 정보는 연관되어 네트워크를 이루면서 조직화된다. 장기기억 속에 저장된 정보들이 분류되고 범주화되어서 잘 조직화되어 있지 않으면 인출에 어려움을 겪게 된다. 따라서 장기기억 속에 정보는 이미지나 언어를 이용한 네트워크 모형으로 저장된다.

(4) 정보의 인출

문제에 당면하면 기억 속에 저장된 정보를 인출하여 정보처리과정에 사용한다.

(5) 정보처리

정보처리는 컴퓨터의 하드디스크에서 실행되는 것과 마찬가지로 정보의 내용을 저장하고 필요한 경우에 대응하는 과정이다. 정보처리는 신속성과 효율성 전략을 사용한다. 신속성은 속도를 고려해 시간을 절약하는 전략이다. 효율성은 빈도를 고려해 에너지와 노력을 절약하는 전략이다.

아동은 정보처리과정 중에 여러 가지 구체적 전략을 채택하여 신속하고 효율적인 정보처리를 할 수 있다. 이는 학습과정에서도 동일하게 진행된다.

2) 정보처리이론의 학습원리

정보처리이론에서 본 학습원리는 다음과 같다.

(1) 자극정보에 주의집중

정보가 시각이든 청각이든 감각기관을 통해 투입될 때 주의집중해야 정보의 내용을 곧 파악할 수 있다. 주의를 집중하지 않을 경우에 중요한 정보를 유실할 수 있으므로 자극정보가 투입될 때에 늘 주의를 집중하도록 해야 한다.

(2) 자극정보의 부호화

투입된 정보는 분류되거나 부호화되어 저장되어야 한다. 특정한 정보가 얼마나 중요한지에 따라서 정보를 선택하게 된다. 선택된 정보에 의미가 부여되고 그 의미에 따라서 부호가 붙여진다. 따라서 정보의 특성을 파악한 후에 그 정보를 저장하기 위해서는 나름대로 의미와 부호를 붙이는 작업이 필요하다.

(3) 정보의 저장

정보는 특성에 따라서 분류되거나 범주화되거나 집단화되어 저장된다. 저장된 정보를 잘 기억하는 것은 문제해결에서 매우 중요한 일이므로 정보를 저장할 때부터 유념해야 한다. 따라서 정보의 특성과 저장 단서를 잘 기억해야 한다.

(4) 정보의 인출

저장된 정보를 기억해서 상황에 적절한 정보를 인출해 문제해결에 사용하는 것은 매우 중요한 일이다. 따라서 정보의 저장소와 인출 단서에 주목해야 한다.

3) 정보처리이론에서 본 교사의 교수 촉진

(1) 자극정보에 주의집중을 유도하기

[그림 2-2] 교사는 영유아의 학습자극에 관심을 불러일으켜 공동작업을 하도록 유도한다.

새로운 자극정보를 수용하는 것은 학습의 첫 걸음이다. 투입된 정보는 잠시 감각기관에 머무르며 주의를 기울여 처리하지 않으면 곧 소실된다. 교사는 아동이 새로운 자극정보에 주의를 기울이도록 지도해야 한다. 구체적으로 교사는 학습활동에 아동의 관심을 끌기 위해서 눈에 띄는 색깔의 색종이를 사용하거나 귀가 번쩍 뜨일 음악을 틀어 주든지, 맛있는 음식 정보를 제공하든지 하여 아동이 시각이든 청각이든 감각기관을 통해 투입되는 정보에 관심을 갖도록 해야 한다.

교사는 영유아들이 학습에 관심을 가지도록 하기 위해서 그 주제와 밀접한 노래를 부르게 하든지, 그림을 보여 주든지, 아니면 음악을 틀어 주는 것이 바람직하다. 인형놀이를 통해서 학습주제를 제시해 주는 것도 좋은 방법이다.

영유아는 학습의 목표가 숨겨진 채 놀이활동을 통해서 자연스럽게 학습에 참여하도록 유도된다. 그리고 교사는 새로운 정보가 주위 환경요소와 어떻게 관련되는지에 아동이 관심을 가지도록 유도한다.

(2) 자극정보의 부호화전략 지도하기

교사는 투입된 학습활동 정보가 기존의 지식체계와 관련해 분류되거나 부호화되어 저장되도록 아동을 지도해야 한다. 교사는 새로운 정보가 기존의 정보와 어떻게 관련되는지를 아동 스스로 찾아내게 한다. 그리고 여러 정보의 공통성에 입각해서 그 정보들의 공통점을 알게 한다. 또는 그 정보들의 차이점을 스스로 찾아내게 한다.

공통점과 차이점을 찾아낸 정보에 어떤 의미를 부여하는지가 중요하다. 새로운 정보는 기존 정보에 새로운 의미를 첨가하거나 기존 정보의 해석을 보강해 줄 수 있다. 교사는 영유아가 정보의 특성을 파악한 후에 그 정보를 저장할 때 영유아가 나름대로 의미를 붙이는 작업을 도울 필요가 있다.

(3) 정보의 저장전략 지도하기

교사는 새로운 정보와 기존 정보와의 공통점과 차이점을 재인식시켜서 아동이 새로운 정보를 그 특성에 따라서 분류하고 저장하도록 돕는다. 정보의 특성에 대해서 반복해 관심을 가지게 하거나 정보의 특성을 잊지 않도록 하는 기억전략을 가르쳐야 한다. 단기기억은 물론이고 장기기억에서 정보의 특성과 저장 단서를 잘 기억하도록 훈련시킬 필요가 있다.

반복연습은 많은 경우에 정보처리과정을 자동화시켜 인지적 부담을 줄이는 데 유용하게 사용된다. 교사는 이 사실을 알고 교수활동에 적용할 필요가 있다. 구체적으로 숫자 8개를 순서대로 암기하는 것은 어려운 일이지만 집 전화번호 8자릿수를 암기하는 것은 그리 어렵지 않다. 왜냐하면 여러 차례 훈련을 거쳐서 자동화되었기 때문이다. 또한 정보가 장기기억될 경우에 조직망(네트워크) 상태로 구성된다는 사실에 주목할 필요가 있다. 교사는 정보가 장기적으로 기억되기 위해서는 조직망 형태로 구성하는 것이 더 효율적이다. 단편적 정보를 이야기로 엮어 구성하여 영유아의 기억전략을 이끌어 낼 수 있다.

(4) 정보의 인출 돕기

교사는 아동이 문제해결을 하는 과정에서 적절한 정보를 인출해 사용하도록 격려해야 한다. 특히 정보의 저장소와 인출 단서를 기억하도록 독려하고 그것을 잘 인출했을 때에는 문제해결이 쉬워진다는 사실을 인식하도록 해야 한다. 보다 쉽게 인출하기 위해서 노랫말 사용하기, 비슷한 말 사용하기, 그림 그리기 등 여러 가지 전략을 사용할 수 있다.

4) 정보처리이론에서 본 영유아의 학습 촉진

(1) 새로운 자극정보에 주의집중하기

아동은 새로운 자극정보에 주의를 기울이고 새 정보의 특성을 파악하도록 한다. 새로운 정보가 주위 환경요소에 관련되는지를 비추어 본다.

(2) 자극정보의 부호화전략 사용하기

새로운 정보가 투입된 후에 그 정보가 학습활동 정보로서 사용이 용이한지를 검토한다. 그리고 각 정보에 의미를 부여한다.

(3) 정보의 저장전략 사용하기

새로운 정보를 기존의 정보와 관련해 저장했다가 필요할 때 사용할 수 있도록 한다. 정보의 공통점과 차이점을 파악하여 그 정보들의 관련성과 차별성을 알아야 한다. 그리고 공통점이 있는 정보를 한곳에 모아서 저장하도록 한다. 이와 반대로 차이점이 있는 정보를 다른 한곳에 모아 저장하도록 한다.

정보의 특성을 잘 기억하도록 하거나 반복해 기억하는 전략을 사용한다.

특히 단기기억은 물론이고 장기기억에서 정보의 특성과 저장 단서를 잘 기억할 수 있는 전략을 사용해야 한다.

(4) 정보의 인출전략 사용하기

아동은 문제해결을 위해서 적절한 정보를 인출해 사용해야 한다. 특히 정보의 저장소와 인출 단서를 기억하여 적절한 정보를 인출했을 때에는 문제해결이 쉬워진다는 사실을 인식해야 한다. 그렇게 함으로써 새로운 문제를 해결해야 할 때에 이전의 경험에 비추어 정보를 쉽게 인출하는 것이 가능하다.

4. 성취동기이론

1) 성취동기이론의 기초

동기는 인간 행동의 근원으로서 행동을 선택하거나 수행하도록 하는 원인이다. 첫째, 동기는 행동을 유발하고 지속하게 하며 일단 유발된 행동을 추진하는 활성화 기능을 한다. 둘째, 동기는 행동의 방향을 결정짓는 지향적 기능을 한다. 셋째, 동기는 선택된 목표 행동에 도달하기 위해 여러 동작을 선택하고 수행하는 과정에서 조절적 기능을 한다. 넷째, 동기는 행동의 결과에 따라서 보상이 주어지면 그 행동을 반복하도록 하는 강화 기능이 있다.

동기가 행동의 원인이라는 일반적 개념과 마찬가지로 성취동기도 성취하려는 목적과 그 목적에 도달하려는 수행행동의 근원이다. 성취동기도 위에서 열거한 동기의 네 가지 기능을 가지고 있다.

성취동기이론은 정신분석학에서 그 연원을 찾아볼 수 있다. 정신분석학자들은 성취동기는 좌절에서 오는 반응결과라고 설명한다. 성공한 사람들은 실패를 경험하고 나서 분발한 사람들이다. 사람은 실패하고 그로 인해 좌절했을 때 그 좌절을 극복하기 위해서 더 노력하여 성취를 도모한다. 따라서 성취는 좌절의 결과라고 할 수 있다. 이 성취동기에 의하면 어려서 늘 부모의 성취 그늘에서 안주해 성장한 사람은 성인이 된 후에 성취하기가 어렵다. 어려서 고생하고 자신의 무력감을 느껴 고민한 사람이 더 어려운 일에 도전하고 노력하여 성취의 보람을 느낄 수 있다는 것이다.

성취동기를 설명하는 이론 중에 귀인이론이 있다. 귀인이론은 행동의 원인을 추리하려는 시도로서 사건이나 행동결과에 대해서 원인론적 해석을 다루는 이론이다. 귀인이론에 따르면 사람들이 실패와 성공의 원인을 어디에 두는가에 따라서 성취수준과 행동 및 정서와의 관계가 달라지는 것을 밝힐 수 있다.

귀인이론은 개인의 성공과 실패의 원인은 내적 원인과 외적 원인에 있다고 가정한다. 내적 원인은 개인이 원인이고 외적 원인은 환경이 원인이다. 그리고 투입된 자극정보와 인지구조 및 원인적 추론 사이에는 법칙이 있다고 가정한다. 성공과 실패의 원인 추론은 인간의 특정 행동의 원인뿐 아니라 다양한 행동을 예측할 수 있다고 가정한다.

성공의 원인을 자신의 능력에 두는 사람은 성공한 후에 자신감을 얻는다. 성공의 원인을 운에 두는 사람은 자신의 성취에 별다른 의미를 두지 않는다. 한편 실패의 원인을 자신의 능력 부족에 두는 사람은 자신감이 낮아지며 도전의욕이 약해질 수 있다. 그러나 실패의 원인을 노력 부족에 두는 사람은 더 노력하려고 애쓸 것이며 재도전을 시도할 것이다. 한편 실패의 원인을 운에 두는 사람은 자신의 내적 문제를 볼 수 없을 것이므로 실패를 극복하기 어려울 수 있다.

성공과 실패에 대한 귀인은 성별에 따라 차이가 있다고 귀인이론가들은 말한다. 남자는 자신의 실패를 노력 부족으로 간주하는 경향이 있으나 여자는 능력 부족으로 생각하는 경향이 있다. 노력이 부족했다고 느끼는 사람은 더 노력해서 재도전하려고 할 것이나 능력이 부족하다고 느끼는 사람은 포기하기 쉽다. 따라서 여성의 성취가 남성의 것보다 낮다는 설명이다.

성취동기를 설명하는 다른 이론은 반두라의 관찰학습이론이다. 관찰학습이론에 의하면 아동은 모델이 있을 때 쉽게 성취할 수 있다. 사람은 자기 주변 인물들을 모방하는 경향이 있다. 특히 어린 시기에 알게 된 마음의 영웅은 성취의 모델이 될 수 있다. 역경을 헤치고 성취한 사람이 주변에 있을 때 그처럼 자신도 할 수 있다는 자신감을 얻을 수 있다.

관찰학습모델이 가까이 있는 사람이 아닐지라도 모델은 성취에 영향을 미칠 수 있다. 예수, 석가모니, 간디와 같은 현자들은 비록 현 시대나 주위에 있는 가까운 사람은 아니지만 평생 모방모델로서 강력히 영향을 주기도 한다. 러시아 사람들이 자주 읽는 푸시킨의 시에서 푸시킨은 러시아 사람들의 모델이 되고 있음을 알 수 있다. '삶이 그대를 속일지라도 실망하지 말라.'

학습동기에 대한 성취동기적 모형으로 켈러(Keller)의 동기이론(ARCS)[1] (1981)이 있다. 켈러는 동기를 학습자의 학습과정을 이해하는 핵심으로 보고 기존의 여러 성취동기 연구를 종합해서 학습동기의 4요소를 주의집중(attention), 관련성(relevance), 자신감(confidence)과 만족감(satisfaction)으로 제시했다.

첫째, 학습이 이루어지려면 영유아는 학습자극에 대해 호기심과 흥미를 느끼고 관심을 두어야 한다. 특히 호기심은 학습과 관련해 그 중요성이 강조되고 있다. 호기심 있는 사람은 그 환경 속에 있는 새롭고 기이하고 기존의 것과 맞지 않는 요소에 대해서 관심을 가지고 그것들을 조작해 보려고 시도하는 등 긍정적으로 반응한다. 호기심 있는 사람들은 그 자신과 주위의 환경에 대해서 더 알고 싶어 하거나 알아야 한다고 필요성을 느낀다. 호기심 있는 사람은 새로운 경험을 추구함으로써 그 주위를 탐색하고 주위의 자극을 더 잘 알기 위해서 지속적으로 검토하고 탐구한다(Maw & Maw, 1968). 이처럼 호기심 있는 사람은 환경에 대해서 탐구적으로 주의를 기울인다. 탐구적 주의집중이 학습의 선행 조건이 되므로 호기심 있는 영유아가 학습을 잘할 수 있다. 일반적으로 학습이 이루어지려면 영유아는 우선 주위 환경에 대해서 주의를

1) 켈러의 동기이론 ARCS는 Attention, Relevance, Confidence, Satisfaction의 약자다.

기울이고 탐구적으로 관심을 가질 필요가 있다.

둘째, 학습이 이루어지려면 학습자는 학습자극에 대해서 흥미를 느끼고 삶의 목적과 관련성 있는 학습자극의 가치를 인정해야 한다. 영유아가 학습 자극을 자신의 흥미와 관련된다고 느끼려면 학습자극은 일상생활 속에서 친숙한 것이어야 한다.

셋째, 학습이 이루어지려면 동기가 유지되어야 하는데 학습동기가 유지되려면 학습자는 자신감을 가지고 있어야 한다. 즉, 영유아는 자신의 능력에 대해서 자신감을 가지고 있어야 하고 자기 조절감을 통해서 동기가 유지된다. 여기서 자기 조절감은 자기 통제 가능성을 지각하는 것을 의미한다.

넷째, 학습자가 동기를 유지하려면 학습 노력의 결과가 그의 기대에 일치하고 그 결과에 대해서 만족해야 한다. 만족감은 학습자의 동기를 지속시키는 기능을 한다. 만족감에 영향을 미치는 요소는 학습의 내적 결과와 외적 결과로 구분될 수 있다. 내적 결과는 학습자의 학업 수행 결과에 대한 인지적 평가와 더불어 내적 보상을 말한다. 학습 결과를 보고 스스로 만족감을 느끼는 것이 차후의 학습 노력에 영향을 미칠 것이다. 외적 결과는 외부의 강화와 피드백을 말한다. 학습 결과를 본 부모나 또래들의 칭찬, 포상과 같은 긍정적 강화를 비롯해 간접적 피드백을 듣고서 학습자는 반복학습의 동기를 느낀다 (Keller, 1981).

켈러의 ARCS 이론을 경험 연구를 통해서 실제로 입증하기에는 무리가 있다. 한 모형 안에 너무나 많은 변수를 포함하고 있기 때문이다. 이러한 한계에도 불구하고 이 이론은 선행연구들에서 논의되어 왔던 동기와 학업 수행의 관계를 이론적으로 정리했다는 점에서 의의가 있다.

2) 성취동기이론의 학습원리

행동은 동기의 결과다. 학습행동은 학습동기에 영향을 받는다. 학습동기가 강한 경우에 스펀지처럼 주변 환경 속에서 스스로 지적 발달에 도움이 될 지식을 습득하고 수업활동에 참여하려고 한다. 즉, 학습동기가 얼마나 강한가에 따라서 학습효과도 달라질 수 있다. 따라서 학습이 이루어지려면 영유아는 학습자극에 동기를 유지시켜야 한다.

학습자극에 대해서 동기를 유지하려면 네 가지 전략이 필요하다(Keller, 1979). 첫째, 학습동기를 유지하려면 영유아는 학습자극에 대해 호기심과 흥미를 느껴야 한다. 그리고 영유아는 주위 환경에 대해서 주의를 기울이고 탐구적으로 관심을 가져야 한다.

둘째, 학습동기가 유지되려면 영유아가 학습자극의 가치를 인정하도록 일상생활 속에서 친숙한 자극을 받아야 한다.

셋째, 학습동기가 유지되려면 영유아의 성취에 대해서 교사나 부모는 긍정적 강화를 주어서 영유아가 자기 능력과 자기 조절에 대한 자신감을 가질 수 있도록 한다. 그래서 스스로 높은 성취기대를 하도록 일깨워 주어야 한다.

넷째, 학습동기가 유지되려면 영유아가 자신의 행동을 통해서 스스로 만족감을 느끼도록 해야 한다. 내적 동기화처럼 강력하고 지속적인 전략은 없다. 영유아가 자신의 행동결과에 대해서 만족감을 느끼고 자신감을 느낀다면 부모나 교사 혹은 또래가 주는 외적 강화가 불필요할 것이다.

성취동기는 타고난 유전적 소인의 영향을 받기도 하지만 관찰학습 대상의 영향도 받는다. 부모나 가까운 사람 중에 학습동기가 강한 사람이 있는 경우에 그에 영향을 받아 원래부터 학습동기가 강할 수 있다. 반면에 그러한 사람을 주위에서 찾아보지 못한 경우에 성취에 대한 자극을 받지 못하는 경우도 있다.

부모만이 학습동기의 모델은 아니다. 영유아의 또래들도 성취동기의 모델이 될 수 있다. 피아제가 일찍이 말했듯이 영유아는 또래와의 놀이를 통해서 자신과 또래를 비교하게 되고 또래의 행동을 모방하기도 하며 또래와 경쟁심을 느껴 더 성취하려고 한다.

학습동기는 성취를 통해 강화될 수 있다. 초기에 작은 것을 학습하려는 동기가 부여되면서 성취를 한 후에 보람을 느끼고 나면 점차 학습동기가 강화되면서 더 큰 학업 성취를 기대하고 이룬다. 영유아가 작은 학습을 하려고 할 때 교사나 부모가 이러한 성취에 반응하여 그 성취결과를 인정하고 격려할 때 영유아는 더 성취하려고 노력한다. 성취는 어려운 일이지만 부모와 교사의 격려가 있을 때에 영유아는 성취하려고 노력하므로 그 보람을 맛볼 수 있다.

3) 성취동기이론에서 본 교사의 교수 촉진

교사가 학생들에게 수업에 참여할 것을 권장하고 순수 수업활동에서 교사가 얼마나 전념하는 정도가 학습효과에 영향을 미치는 것으로 밝혀졌다. 학생들의 수업 참여 동기는 교사의 전념 정도에 영향을 받는다. 교사가 수업에 자발적으로 참여하도록 격려할 뿐 아니라 스스로도 수업에 몰입하면 학생들도 호응하여 교사와 학생이 수업활동 중에 하나가 되며 그 활동에 서로 전념할 수 있다. 이 경우에 수업효과는 극대화될 수 있다.

켈러의 동기이론에 입각해서 교사는 주의환기 및 주의집중 전략, 관련성 증진 전략, 자신감 수립 전략과 만족감 증대 전략을 이용할 수 있다. 주의환기 및 집중을 위한 전략은 지각적 주의집중 환기 전략, 탐구적 주의환기 전략과 다양성의 전략으로 제시되었다. 관련성 증진 전략은 친숙성 전략, 목적 지향성 전략, 필요나 동기의 부합성 전략으로 제시되었다. 자신감 수립 전략은 학습의 필요조건 제시 전략, 성공 기회 제시 전략과 개인적 조절감 증대 전략으로 제시되었다. 그리고 만족감 증대 전략은 자연적 결과 강조 전략, 긍정적 결과 강조 전략과 공정성 강조 전략으로 제시되었다. 구체적 내용은 〈표 2-2〉와 같다.

학습자의 학습동기를 유발하고 지속시키려면 교사가 수업활동을 하는 자세도 중요하다. 활력이 없고 변화가 없는 단조로운 목소리는 영유아의 참여를 이끌어 내기 어렵다. 동시에 교사가 수업활동에 전념하지 않고 다른 생각을 하는 경우에도 영유아의 참여를 이끌어 내기 어렵다. 활기 있고 역동적인 교사의 모습이 영유아에게 모방모델로 작용할 것이다.

표 2-2 Keller의 동기이론에 입각한 교수전략

주의 환기 및 집중을 위한 전략	(1) 지각적 주의 환기의 전략	① 시청각 효과의 사용 ② 비일상적인 내용이나 사건 제시 ③ 주의 분산의 자극 지양
	(2) 탐구적 주의 환기의 전략	① 능동적 반응 유도 ② 문제해결 활동의 구상 장려 ③ 신비감의 제공
	(3) 다양성의 전략	① 간결하고 다양한 교수형태 사용 ② 일방적 교수와 상호작용적 교수의 혼합 ③ 교수자료의 변화 추구 ④ 목표-내용-방법이 기능적으로 통합
관련성 증진을 위한 전략	(1) 친밀성 전략	① 친밀한 인물 혹은 사건 활용 ② 구체적이고 친숙한 그림 활용 ③ 친밀한 예문 및 배경지식 활용
	(2) 목적 지향성의 전략	① 실용성에 중점을 둔 목표 제시 ② 목적지향적인 학습 형태 활용 ③ 목적의 선택 가능성 부여
	(3) 필요나 동기와의 부합성 강조의 전략	① 다양한 수준의 목적 제시 ② 학업성취 여부의 기록체제 활용 ③ 비경쟁적 학습 상황의 선택 가능 ④ 협동적 상호 학습 상황 제시
자신감 수립을 위한 전략	(1) 학습의 필요조건 제시의 전략	① 수업의 목표와 구조의 제시 ② 평가기준 및 피드백의 제시 ③ 선수학습능력의 판단 ④ 시험의 조건 확인
	(2) 성공의 기회 제시의 전략	① 쉬운 것에서 어려운 것으로 과제 제시 ② 적정 수준의 난이도 유지 ③ 다양한 수준의 시작점 제공 ④ 무작위의 다양한 사건 제시 ⑤ 다양한 수준의 난이도 제공
	(3) 개인적 조절감 증대의 전략	① 학습의 끝을 조절할 수 있는 기회 제시 ② 학습 속도의 조절 가능 ③ 원하는 부분으로의 재빠른 회귀 가능 ④ 선택 가능하도록 다양한 과제의 난이도 제공 ⑤ 노력이나 능력에 성공 귀착

만족감 증대를 위한 전략	(1) 자연적 결과 강조의 전략	① 연습문제를 통한 적용 기회 제공 ② 후속 학습 상황을 통한 적용 기회 제공 ③ 모의 상황을 통한 적용 기회 제공
	(2) 긍정적 결과 강조의 전략	① 적절한 강화 계획의 활용 ② 의미 있는 강화의 강조 ③ 정답을 위한 보상 강조 ④ 외적 보상의 사려 깊은 사용 ⑤ 선택적 보상체제 활용
	(3) 공정성 강조의 전략	① 수업목표와 내용의 일관성 유지 ② 연습과 시험내용의 일치

출처: 변영계(2005), pp. 295-296.

영유아는 순수하고 주의를 한곳에 집중하는 경향이 있으므로 어느 한 활동에 교사가 전념하면 쉽게 그 수업활동에 빠져든다. 교사가 영유아의 눈높이에서 활동에 참여하고 영유아가 그 활동에 전념하도록 권하는 자세가 필요하다. 어느 1세반 교사는 영아들과 말을 하거나 활동을 할 때에는 영아의 눈높이를 맞추기 위해서 영아와 함께 기면서 수업을 하기도 했다.

영유아들이 관심을 가지고 활동에 참여하도록 교사는 노력해야 한다. 그리고 스스로 수업활동 중에 교사는 자문할 수 있다. 하나, 교사로서 나는 영유아들에게 질문을 던졌는가? 일방적으로 수업활동을 이끌어 가고 있지 않은가? 둘, 수업준비를 성실하게 했는가? 셋, 영유아 한 사람, 한 사람에게 나는 얼마나 관심을 기울였는가?

4) 성취동기이론에서 본 영유아의 학습 촉진

성취동기이론에 의하면 아동의 학습이 촉진되려면 강력한 학습동기가 있어야 한다. 학습동기는 위에서 살펴본 바처럼 주위 사람에 대한 모방의 결과일 수 있다. 대부분은 주위사람들에게서 보고 배워서 성취하기 위해 노력한다. 그 노력의 결과로 작은 성취를 이루었을 때 스스로 성취의 즐거움을 알게 되어 자기 동기화되는 경우가 바람직한 경우다. 일단 스스로 성취동기화되면 주위환경의 영향을 비교적 적게 받는다. 로켓처럼 성취동기에 불을 붙여서 스스로 노력할 것이기 때문이다.

이처럼 학습동기가 강한 경우에 학습효과는 극대화될 수 있다. 하나의 학습동기는 또 다른 학습동기로 변화되어 연속적으로 학습을 하도록 기대된다. 작고 쉬운 것을 학습하다가 점차 중요하고 어려운 사실을 학습할 수 있게 된다.

그러나 학습동기가 약한 경우에 학습은 힘겨운 노동처럼 어렵게 여겨질 수 있다.

교사는 가르치려고 애쓰지만 학생은 배우려고 노력하지 않는다. 부모는 학습을 채근하고 자식은 회피하려고 한다. 이 경우에 학습이 즐거운 일이 아니라 힘겨운 노동이 된 것이다.

참고문헌

변영계(2005). 교수 · 학습 이론의 이해(개정판). 서울: 학지사.

Borich, G. D. (2004). *Effective Teaching Methods* (5th ed.). N.Y.: Prentice-Hall. 박승배, 부재율, 설양환, 이미자, 조주연 공역(2006). 효과적인 교수법. 서울: 아카데미프레스.

Keller, J. M. (1979). Motivation and Instructional design: A theoretical Perspectives. *Journal of Instructional Development, 2* (4), 26-34.

Keller, J. M. (1981). *Motivational design research group annual report.* Syracuse: Syracuse University. Instructional design, Development and Evaluation Program.

제 3 장
영유아 교수학습모델

1. 직접교수모델

1) 설명법

(1) 설명법의 특징

설명법은 교사의 설명에 의해 수업이 진행되며 학습하는 교수학습방법으로서 어떤 학습내용을 다루든 가장 흔히 사용되는 방법이다. 교사가 미리 준비한 내용을 설명하는 방식이므로 동시에 다수의 아동에게 교과내용을 전달할 수 있는 장점이 있다. 특히 처음 학습할 내용을 소개하거나 사실적인 내용을 학습할 때, 학습문제에 대한 의견이나 문제해결방법이 다양하지 않을 때 학습 내용을 효과적으로 전달할 수 있는 방법이다. 그러나 아동들이 학습과정에서 수동적이기 쉬우며 능동적으로 탐구하여 깊이 있는 학습을 하기가 어려운 단점이 있다.

설명법은 언어를 매개로 하기 때문에 학습에서 구체적인 매체를 필요로 하는 영유아 대상의 교수학습활동에서 주된 교수학습방법으로 사용되기는 어렵다. 그러나 처음 접하는 학습내용을 도입할 때는 설명법이 유용하므로 언어라는 추상적 수단의 한계를 보완할 수 있는 매체를 적절히 병용하고 설명법에 의한 학습과정에서도 아동이 능동적인 학습자로서 학습할 수 있도록 필요한 원리를 적용할 수 있도록 한다.

(2) 설명학습의 원리: 오수벨의 이론

오수벨(Ausubel)은 수동적 학습방법이라고 비판받는 설명식 수업의 효과를 높이기 위한 학습원리를 제안하였다. 오수벨에 따르면 인간 의식 속에 인지구조라는 것이 있는데 이러한 인지구조는 어떤 시점에서 학습자가 사용할 수 있는 지식체계로서 위계적인 형태로 이루어져 있다고 한다. 인지구조의 위계는 가장 포괄적이며 추상적인 개념이 최상위에 위치하고 하위로 갈수록 포괄성이 낮으며 구체적인 개념들이 위치하는 구조로 되어 있다. 오수벨에 의하면, 학습은 새로운 개념이 보다 포괄적인 상위 개념에 통합되는 포섭 현상에 의해 이루어진다. 즉, 학습이 효과적으로 이루어지려면 학습자는 새로운 지식(개념)을 이미 알고 있는 것과 관련지을 수 있어야 한다. 이때 새로운 개념을 이미 알고 있는 개념과 관련지을 수 있도록 도와주는 것이 바로 선행조직자(advanced organizer)다.

선행조직자는 학습 전에 제시되는 정보로서 학습자들이 학습하게 될 내용을 조직화하고 해석하는 데 사용된다. 즉, 선행조직자는 학습하게 될 중요한 내용에 관심을 기울이도록 유도하며 학습할 개념들 간의 관계를 형성하게 하며 이미 알고 있는 개념을 일깨워 줌으로써 학습할 내용을 이해하는 데 필요한 사전 지식을 이끌어 내는 기능을 한다. 선행조직자는 언어 형태일 수도 있고 시각적인 자료일 수도 있는데 새로운 정보를 학습하는 데 도움을 줄 수 있는 지적 발판이라고 할 수 있다. 예를 들어, 교사는 영유아들에게 바퀴라는 개념을 학습하게 하기 위하여 여러 가지 바퀴나 굴러가는 것이 등장하는 동화책을 보여 주거나 영유아들에게 친숙한 바퀴 달린 탈것들과 사물들을 그림이나 사진으로 먼저 보여 줄 수 있다.

[그림 3-1] 교사가 아동 집단에게 무엇인가를 설명하고 있다.

2) 개념학습법

(1) 개념학습의 중요성

개념이란 공통점에 근거하여 같은 집단에 속하는 것으로 구분되는 사물, 조건, 사건 등의 집합이다. 예를 들어, 책상 하나하나는 모두 다르게 생겼지만 모든 책상은 책상의 핵심적인 특징들을 가지고 있기 때문에 우리가 어떤 책상을 보았을 때 책상이라고 인식할 수 있는 것이다. 누가 책상 앞에 앉아 있다는 것이 어떤 상황인지를 알 수 있는 것은 책상이라는 사물에 대한 개념을 이해하고 있기 때문에 가능하다. 개념은 단어, 상징, 심적 표상에 의해 표현되는 명칭이나 정의를 가지고 있다. 개념이라는 심적 표상은 이해나 기억을 도와줌으로써 학습과정을 쉽게 하고 사고와 의사소통을 촉진시킨다. 또한 사람들이 어떤 사물, 조건, 사건 등에 대해 서로 같은 개념을 가지고 있음으로써 원활한 의사소통을 할 수 있다. 따라서 개념을 학습하는 것은 모든 학습의 기본이 된다고 할 수 있다.

(2) 개념학습의 주요 접근

① 특질을 사용한 접근과 전형을 사용한 접근

개념학습에 대한 접근으로 특질(key attributes)을 사용하는 것은 어떤 개념이 가지고 있는 핵심적인 특징인 특질을 사용하여 개념을 이해하게 하는 것이다. 예를 들어, 나무라는 개념은 줄기, 가지, 잎, 뿌리로 이루어져 있으며 땅속에 뿌리를 내리고 있는 것이 특질이라고 할 수 있다.

개념학습의 다른 접근으로 전형(prototypes)을 사용하는 방법이 있다. 전형은 어떤 범주를 가장 잘 대표하는 것을 말한다. 예를 들어, 개와 고양이는 포유류의 전형이라고 할 수 있다. 고래도 포유류이지만 포유류를 가장 잘 나타내는 동물은 아니므로 전형이라고 할 수 없다. 개념학습을 전형을 사용하여 하는 방법을 바람직하게 여기는 입장은 복잡한 개념의 경우에는 명확하고 변하지 않는 특질들을 찾아내기 어렵기 때문에 특질을 가지고 개념을 학습하게 하는 것은 한계가 있다는 점을 지적한다. 이런 입장에서 볼 때 개념에 대한 학습은 최상의 예를 접한 후에 심적 전형이 형성됨으로써 이루어진다고 한다(Kauchak & Eggen, 2003). 즉, 어떤 대상이 어떤 특질들을 가지고 있다는 것은 그 특질들로 대표되는 어떤 범주에 속할 것이라는 가능성을 보여 줄 뿐이며 단정적인 결론을 내릴 수는 없다는 것이다.

전형을 사용하는 개념학습과정에서 중요한 사항은 예를 제시하는 순서다. 즉, 처음에 제시되는 예들은 학습자들이 알고 있고 학습자들에게 익숙한 전형이어야 하며 대표성이 떨어지는 예들은 학습자가 핵심적인 특질과 전형에 대해 충분히 이해한 후에나 제시되어야 한다. 만약 새에 대해 학습한다고 할 때 참새나 까치처럼 아동들이 이미 본 적이 있는 것부터 제시하고 나서 날지 못하는 새인 타조를 제시하고 날지 못하며 수영을 할 수 있는 펭귄을 제시하는 순서가 바람직하다.

② 연역적 접근과 귀납적 접근

연역적 접근은 개념의 정의를 먼저 제시하고 개념에 관한 특질들을 나열하는 방식으로 개념을 학습하게 하는 것이다. 귀납적 접근은 전형적인 예들을 먼저 제시해 주어 비교하게 한 다음에 아동들이 범주의 본질에 대한 가설을 수립하고 좋은 예들을 찾아보게 한 후 어떻게 그런 생각을 하게 되었는지 설명하게 하는 방식이다(Joyce, Weil, & Calhoun, 2004). 교사는 아동들이 만들어 낸 개념에 명칭을 붙여 주고 아동들로 하여금 그 개념에 속하는 대상들을 더 찾아보게 한다. 귀납적 접근은 개념획득(concept attainment)이라고도 한다.

(3) 계획

아동들이 개념을 획득하게 하는 것은 교사가 담당하는 가장 어려운 일 중 하나라고 할 수 있다. 따라서 철저하게 준비하고 아동들의 이해 정도를 고려하며 수업해야 한다. 교사는 가르치려는 개념을 완전히 이해하고 있어야 하며 필요한 기술들을 가지고 있어야 하고 미리 계획을 철저히 수립한 후 수업을 시작해야 한다.

① 개념분석

개념을 가르치기 위한 계획의 첫째 단계는 개념을 분석하는 것이다. 개념을 분석하는 것은 개념에 대해 다음과 같은 것들을 확인하는 것이다.

- 개념 명칭: 예를 들면, 바퀴, 호수, 파충류 등 학습하려는 개념의 이름이다.
- 핵심적 특질: 핵심적 특질은 같은 개념 범주에 속하는 대상들의 공통적 특질로서 변하지 않는 것이다. 예를 들면, 바퀴의 핵심적 특질은 원형이며 단단한 재질로 되어 있고 축을 중심으로 돈다는 것이며, 호수의 핵심적 특질은 크며 물이 있고 땅에 의해 둘러싸여 있다는 것이고, 파충류는 변온동물이며 알을 낳고 폐로 호흡하며 배나 짧은 다리로 이동하며 척추동물이고 비늘이 있다는 것이다.
- 비핵심적 특질: 아동들이 어떤 개념을 학습할 때 혼동이 일어나는 이유

[그림 3-2] 물속 동물에 대한 여러 가지 그림을 보면서 개념에 대한 이해를 돕고 있는 교사

는 대체로 비핵심적 특질 때문이다. 비핵심적 특질은 같은 개념 범주 안에 있는 대상들 간에 차이가 있을 수 있는 특질들이다. 예를 들면, 의자라는 개념에 있어서 의자의 색깔이나 크기는 의자마다 다를 수 있으므로 비핵심적 특질이다. 또한 날 수 있는 능력은 새라는 개념의 비핵심적 특질이다. 새에 따라서 날기도 하고 날 수 없기도 하기 때문이다.

- 개념의 정의: 개념의 정의는 개념의 핵심적인 특질들을 모두 포함하고 있으며 특질들 간의 관계를 나타낸다.
- 예와 예가 아닌 사례들: 개념을 정의하기만 하는 것은 개념 학습에 불충분하다. 어떤 개념의 예와 예가 아닌 것을 모두 경험해 볼 필요가 있다. 바퀴 개념의 예는 자동차 바퀴이며 예가 아닌 것은 피자다. 호수의 예는 소양호이며 예가 아닌 것은 한강이다. 그런데 개념을 가르칠 때 예를 드는 것은 학습자가 사전에 예를 알고 있을 때만 효과가 있다.

② **개념맵**

개념을 이해하고 기억하고 적용하는 것은 학습하는 개념과 다른 관련 개념들 간의 관계를 시각적으로 접할 때 촉진될 수 있다. 개념에 대한 이해는 다른 개념들과의 관계에 대한 이해를 함으로써 완전해진다(Kauchak & Eggen, 2003; Hall, Hall, & Saling, 1999). 개념맵을 제시함으로써 학습하는 개념에 대한 이해가 보다 명확해지도록 할 수 있으며 개념학습의 마지막 단계에서 학습 내용을 검토하고 정리하는 데도 도움이 된다. 개념맵은 위계적 형태, 거미줄과 같은 망 형태, 플로우차트 형태, 그림이나 상징을 사용한 형태 등이 있다.

(4) 실행

개념학습을 진행하는 방법에 대한 모델로서 10단계 모델이 있다.

- 개념의 위계를 검토한다.
- 개념의 성격을 파악한다.(구체적/추상적)
- 학습자의 준비도를 파악한다.
- 핵심적인 특질을 파악한다.
- 비핵심적 특질을 파악한다.
- 개념 정의를 수립한다.
- 개념의 예를 선택하고 제시할 순서를 정한다.
- 예가 아닌 사례를 선택하고 제시할 순서를 정한다.
- 수업의 접근을 결정한다.(연역적/귀납적)
- 개념을 제시하고 학생들이 개념을 학습하도록 동기 부여할 방법을 결정한다.

2. 간접교수모델

1) 탐구학습법

(1) 탐구학습법의 개념

탐구학습은 교사의 설명에 의하기보다는 학습자가 설정한 질문에 대한 답을 찾아가는 방식으로 진행되는 학습방법을 말한다. 현대의 교육학에서는 지식에 결과적 측면과 과정적 측면이 함께 존재하는 것으로 생각하기 때문에 과정적 지식인 지식 탐구의 방법도 학습의 주요 내용으로 여긴다(김경배 외, 2001). 탐구학습법은 교육철학자인 듀이(Dewey, 1933)의 실용주의적 철학과 맥을 같이 하여 단순 암기를 통한 학습이나 일방적인 수업이 아니라 직접 해봄으로써 학습하는 방식을 중시한다. 탐구학습법은 또한 구성주의적 접근에 근거하고 있기도 하다. 구성주의적 접근에 따르면 지식으로부터 의미를 구성해 나가는 방법은 다양하며 학습방법을 익히는 것이 어떤 학습 내용보다도 중요하다.

전통적 학습에서는 교사들이 조직화된 교육과정과 교육활동 계획을 가지고 교육을 하게 된다. 이런 경우에 교사는 지식을 제공하며 학습내용 중 어느 것이 중요한지를 판단하는 역할을 하는 사람이다. 물론 교사의 창의성이나 융통성에 따라서 수업 운영은 다를 수 있지만 학습주제나 내용은 아동들이 무엇을 알아야 하고 어떤 기능이나 기술을 익혀야 하는지를 교사, 학교 및 교육청, 교육인적자원부와 같은 교육관련 행정기관이 결정한다. 반면에 탐구학습은 학습자에 의해 이루어진다. 교사는 안내자나 촉진자로서 학습자들이 알고자 하는 것을 스스로 탐구하여 알아 갈 수 있도록 도와주는 역할을 한다. 학습자들이 학습문제를 스스로 선택하면 학습동기가 높으며 학습의 주체라는 의식을 가지게 된다. 그렇다고 해서 탐구학습이 아무런 구조도 없이 진행되는 것은 아니며 다른 방식으로 구조화되어 있다고 할 수 있다. 전통적인 수업에 비해 교사가 계획하고 준비할 것이 더 많으며 아동들을 안내하는 과정에서 신속하며 적절한 반응을 보일 수 있어야 한다.

(2) 탐구학습법의 특징

탐구학습법을 사용하는 교사는 아동이 학습을 위한 질문을 만들어 내고 다듬어 가는 것을 도와준다. 그리고 그 질문을 해결해 나가기 위한 탐구과정과 최종적인 보고까지를 안내한다. 따라서 교사의 역할은 아동들이 관심사에 대해 스스로 답을 찾아가고 그 과정에서 새로운 질문들을 제기하도록 안내하는 것이다.

탐구학습법은 유동적이며 다양한 학습내용에 적용할 수 있다. 교사의 설명으로 진행되는 수업에 흥미를 느끼지 못하는 아동들도 탐구학습법을 사용하게 되면 자신감을 얻고 학습에 대한 흥미를 기를 수 있다.

전통적인 접근법은 학습 영역별로 구분되어 학습이 이루어지는 반면에 탐구학습법은 다양한 영역이 통합되어야 하는 학습활동에 매우 적합하다. 또한 전통적 접근법은 아동발달의 인지적 영역에 비중을 크게 두는 반면에 탐구학습법은 신체적, 정서적, 인지적 영역의 기술들을 모두 증진하고자 한다.

탐구학습법은 특히 협동학습 상황에 적합하다. 학급 전체의 아동들이 모두 흥미를 느끼는 질문에 대해 함께 탐구하도록 하거나, 소집단으로 나누어 각각 다른 질문들을 탐구하거나, 소집단들이 모두 같은 질문을 탐구할 수도 있다. 물론 탐구학습법은 개인 학습에도 사용될 수 있다. 그러나 이런 경우에는 협동학습법의 요소를 어느 정도 도입하는 것이 좋다.

탐구학습법은 학습과정에서 다양한 아동들의 경험과 지식을 모두 수용하므로 전통적인 교과과정에서 간과될 수 있는 부분들, 예를 들어 문화적 배경이 다르거나 빈곤계층이거나 장애를 가진 아동의 관심사까지 포괄할 수 있는 장점이 있다.

(3) 탐구학습법에서 질문의 중요성

탐구학습법은 아동들이 질문을 할 수 있게 도와주는 것을 전제조건으로 하기 때문에 교사는 좋은 질문을 할 수 있는 기술을 알고 있어야 한다.

같은 내용을 묻는 방법은 여러 가지인데 교사가 어떤 단어를 사용하여 질문하며 질문 내용에 어떤 고정관념이 드러나는지에 따라서 대화가 더 이상 진행되지 않을 수도 있고 활발한 대화가 시작되기도 한다. 예를 들어, "바다에 가 본 사람 없지요?" "바다에 가 본 사람 있나요?" "바다에 대해서 알고 있는 것을 이야기해 볼까요?"는 모두 바다에 대한 질문이다. 둘째 질문이 첫째 질문보다는 긍정적이지만 이 질문에 대해 나올 대답은 '예, 아니요'로 제한되어 있다. 반면에 셋째 질문은 아동들이 이미 알고 있는 지식을 구성하도록 유도한다.

탐구학습법에서 좋은 질문은 아동이 정말 궁금해하는 것이다. 그리고 대답할 수 있는 질문이어야 한다. 대답하는 데 참고할 수 있는 정보가 있거나 아동이 자신의 의견을 가질 수 있는 질문이어야 대답이 가능하다.

단순한 사실이 답인 질문도 부적절하다. "설날은 몇 월 며칠인가요?"와 같은 질문은 간단히 책을 찾아보면 답할 수 있으므로 탐구학습의 질문으로 적절하지 않다. "설날 친척들이 모두 모이는 이유는 무엇일까요?"라는 질문은 연구가 필요하기 때문에 탐구학습을 위한 질문으로 사용될 수 있을 것이다.

질문은 객관적인 근거에 입각하여 대답할 수 있는 것이어야 한다. "하늘은 왜 파란색일까?"라는 질문은 연구를 통해 답할 수 있다. 그러나 "하나님은 하늘을 왜 파랗게 만드셨을까?"라는 질문은 종교적 믿음에 근거한 질문이므로 탐구학습에 적합하지 않다. 가치 판단이 필요한 대답을 요구하는 질문도 마찬가지로 적합하지 않다.

[그림 3-3] 교사의 질문에 유아가 손을 들고 대답하는 학습 장면

(4) 탐구학습법 실행

① 탐구학습법 사용 준비

탐구학습법을 적용하기 위한 준비는 대체로 세 단계로 볼 수 있다.

- 사전 준비: 수업을 시작하기 전에 전반적인 학습목표를 달성하기 위해 필요하다고 여겨지는 요소들이 무엇인지 판단한다. 학습과정에서 주제를 어느 정도 범위로 다룰 것인지, 몇 시간 동안 다룰 것인지, 다른 학습 주제와의 관계는 어떤지, 아동의 나이에 적합한지, 사용할 수 있는 자료나 매체는 어떤 것이 있는지 등을 고려하며 이러한 준비과정에 아동들이 최대한 참여하도록 한다.
- 브레인스토밍: 아동들의 관심사를 알아내기 위해서 광범위한 가능성을 열어 둔 채로 논의를 시작한다. 아동들의 관심사에 대해 범위가 넓은 질문을 하고 아동들이 제안하는 것들을 그림으로 그리면서 정리하여 기록하고 관심사의 범위를 점차 좁혀 간다.

• 질문하기: 어떤 주제든지 탐구학습의 주제가 될 수 있다. 만약에 아동들이 신발에 관심이 있어 주제로 선정했다면 아동들에게 신발에 관하여 알고 싶은 것이 무엇인지를 질문하고 질문들을 마인드맵 방식으로 정리할 수 있다. 이런 과정을 통해 적절한 질문들을 선택하고 질문을 다듬을 수 있으며 관련된 학습활동을 선정할 수 있다. 이때 교사의 역할은 아동들이 학습 과정을 스스로 헤쳐 나가도록 안내하는 것이다.

② 탐구학습법 실행 절차

탐구학습법을 실행하는 모형으로 마시알라스와 콕스(Massialas & Cox, 1966)가 제안한 것이 대표적이다. 이 모형은 안내, 가설, 정의, 탐색, 증거 제시, 일반화의 6단계로 이루어져 있다(김경배 외, 2001).

• 안내: 탐구학습법의 가장 첫 단계는 문제를 인식하는 것이다. 아동이 관심 있는 문제를 발견하여 탐구할 질문을 설정하도록 돕는 것이 핵심이다. 탐구는 교사의 관심사가 아닌 아동의 관심사를' 추구하는 것이어야 하는데 아동이 자신의 관심사를 모를 수도 있기 때문에 문제를 인식하고 질문을 설정하도록 돕는 것이 쉽지는 않다. 좋은 질문을 통해서 아동들이 정말 배우고 싶어 하는 것과 관련 있는 질문을 찾아내어 설정하도록 해야 한다.
• 가설: 탐구하려고 하는 문제와 관련된다고 생각되는 설명이나 관련 요인, 선결조건 등을 가설로 표현해 본다. 가설을 설정함으로써 어떤 증거를 수집해야 하는지 방향을 잡을 수 있다.
• 정의: 가설에서 사용된 여러 가지 용어의 의미를 분명하게 정의한다. 용어를 분명히 정의하는 것은 탐구하는 과정에서 교사와 아동들이 효과적인 의사소통을 하기 위해 매우 중요하다.
• 탐색활동: 앞에서 설정한 가설들이 논리적으로 타당한지를 검토하여 타당성이 떨어지는 가설을 조정한다.

- 증거 제시: 가설을 입증하는 제반 증거를 수집하여 제시한다. 먼저 증거가 될 수 있는 자료들을 어디서 찾을 수 있는지 자료의 원천을 알아본다. 이때 아동들은 답을 찾으려 하기보다는 답을 찾는 데 도움이 되는 정보를 얻을 수 있는 원천을 찾는 데 중점을 두어야 한다. 정보의 원천은 책, 사람, 실험, 인터넷 등이다. 정보의 원천을 찾는 것은 그다지 어렵지 않을 수 있지만 탐구학습에서 얻고자 하는 답은 단순한 사실이 아니며 같은 주제에 대한 질문도 다를 수 있으므로 원하는 답을 바로 찾기는 쉽지 않다.
  교사는 아동들이 질문에 대한 답을 일부분씩 수집하고 거기에 대해 평가할 수 있도록 지도해야 한다. 어떤 원천에서 얻은 정보이든 작성한 사람의 개인적 관점이나 경험에 의해 치우친 것일 수 있으므로 수집한 정보를 비판적인 시각으로 평가하도록 한다. 특히 인터넷에서 얻을 수 있는 엄청난 양의 정보 중에는 무의미하거나 사실과 다르거나 정설이 아닌 내용을 담고 있는 것이 많으므로 아동들이 경계할 수 있도록 지도한다.
  수집한 정보를 질적으로 평가한 후에는 정보가 탐구학습의 질문에 적용될 수 있는지를 평가한다. 즉, 정보가 질문과 관련 있는지, 질문에 대한 가설적인 답과 일치하는 면은 어떤 부분인지, 새로운 질문이 제기되지는 않는지 등을 생각해 본다. 이 과정에서 아동은 자신들의 가설과 맞지 않는 정보를 적극적으로 찾아보는 것이 중요하다는 것을 깨닫게 된다. 수집한 자료 중 일부가 가설과 부합된다고 하여 가설이 사실인 것은 아니다. 같은 자료를 가지고 다른 설명을 할 수도 있기 때문이다. 또한 아동들이 정보의 양이 아무리 많아도 질적으로 우수한 정보와는 비교될 수 없다는 것도 이해할 수 있도록 도와주도록 한다.
- 일반화: 탐구과정을 통해 얻은 결과와 결과들을 종합하여 처음에 설정한 질문에 대해 설명하거나 관련 요소들 간의 인과관계나 상관관계를 알아내었거나 실용성을 발견하는 등 원하던 답을 얻었거나 결론을 내린다.
  탐구학습에서 결과 보고는 탐구과정을 통해 알게 된 답뿐만 아니라 답에 도

[그림 3-4] 유아들이 책을 보면서 정보를 찾고 있다.

달하기까지 어떤 과정을 거쳤는지 개인적인 이야기를 하는 것이 중요하다. 결과 보고의 형식은 보고서, 웹페이지, 콜라주, 슬라이드 등 수 많은 형태가 가능하다. 결과를 보고하는 시점은 아동들이 스스로 던진 질문에 만족할 만한 답을 얻었다고 생각할 때다.

2) 문제해결학습법

우리는 살아가면서 여러 가지 문제에 끊임없이 부딪히게 된다. 따라서 교육은 궁극적으로 실제 생활에서 겪게 되는 문제 상황에 대처해 나갈 수 있는 능력을 길러 주는 것을 목표로 해야 한다는 듀이의 교육철학이 설득력을 갖는다고 할 수 있다. 문제해결학습은 학생들이 흥미로워하며 관심을 가지고 있는 정보를 얻고 자신들에게 의미 있는 기술들을 배우게 하는 학습법이다.

교사는 촉진자로서 학생들이 스스로 문제를 탐색하며 학습하려는 문제를 신중하게 선택하고 학습과정에서 문제해결기술을 발달시키며 학생들에게 의미 있는 정보가 제공되도록 하는 임무를 담당한다.

아동들은 수업이 시작되기 전에(수업 시간에 학습을 하기 이전에) 이 세상이 어떻게 돌아가는지에 대한 나름대로의 아이디어를 가지고 있는데 아이들이 가지고 있는 아이디어는 변화되기 매우 어렵다. 우리들은 주변에서 일어나는 일들에 대해 선입견을 가지고 있으며 거기에서 벗어나는 일을 이해하고 받아들이는 것을 어려워한다(Bracey, 1998).

문제해결학습법은 의학교육에서 시작된 교수방법인데 많은 영역으로 적용이 확장되었고 다양한 형식을 띠게 되었다. 다른 사람들과 상호작용하며 실제상황에서 사고함으로써 지식을 향상시키고 문제를 해결하는 것은 어떤 직업을 가진 사람이든지 관심을 가질 수밖에 없는 것들이기 때문이다(Church, 2001).

문제해결기술을 중요하게 여기는 것은 새로운 현상이 아니다. 학생들은 사고하는 과정, 개방형 문제를 인식하고 정의하고 해결하는 과정을 배울 수 있다. 학생들은 독창적이며 유연성을 가지고 아이디어를 만들어 내는 방법을 배울 수 있다. 즉, 창의성은 연습에 의해 학습될 수 있다. 문제해결방법을 학습하는 것은 현재에 처한 문제에만 국한되는 것은 아니다. 학생들은 앞으로 일어날 가능성이 있는 문제들을 확인하고 해결하는 방법을 배울 수 있다. 즉 학생들이 현재와 미래에 대처하는 데 필요한 마음자세와 방법을 가르치는 것이 가능하다.

(1) 문제해결학습법의 개념

문제해결학습법은 어떤 학습 상황이든지 문제에 의해서 학습이 진행되는 상황을 말한다. 학생들은 문제를 해결하기 위해서 정보나 기술이 필요하다는 것을 깨닫는다. 그러기 위해서 학생들은 정보에 접근하는 방법과 비판적으로 사고하는 방법, 문제해결기술을 사용하는 방법을 알아야 한다. 문제해결학습은 학생 중심 방법으로서 학습자들은 점차 교사로부터 독립성을 키워 가며 교사는 교육에 필요한 자료를 제안하고 안내해 주는 역할을 한다. 교사의 기능은 학생들을 격려하고 학생들이 학습과정에서 잘못된 방향으로 가지 않도록 안내하며 정보를 제공하거나 정보의 원천을 제시해 주고 함께 학습해 나가는 것이다(Aspy, Aspy, & Quinby, 1993).

(2) 특징

문제해결학습법은 능동적인 학습을 가치롭게 여기며 다음과 같은 특징을 갖는다.

- 학생 중심 학습법이다.
- 학습은 소집단에서 이루어진다.
- 교사는 촉진자나 안내자다.
- 문제를 중심으로 학습이 조직화되며 문제가 학습을 자극한다.
- 문제가 문제해결기술을 발달시키는 동력이다.
- 자기주도적인 학습을 통해서 새로운 정보를 얻는다.

(3) 문제해결학습법의 장점

전통적인 학습법을 통해 배우고 암기한 학습내용의 많은 부분은 곧 잊어버리게 되고 기억하고 있는 것도 과제나 문제 해결에 적용하기 어려운 경향이 있다. 학생들은 자신의 교육에 대해 주체가 되지 못하며 다른 사람들과 협력하는 것이 어려울 수 있다. 전통적인 교육은 학생들에게 의식처럼 부과되고 학생들이 일상생활에서 경험하는 세상과는 동떨어진 내용을 다루는 경우가 많다.

이러한 전통적 학교교육의 한계를 지적하며 제시된 것이 문제해결학습법이다. 문제해결학습법은 교육과정이면서 학습과정이기도 하다. 교육과정은 학습자가 비판적 지식, 문제해결능력, 자기주도적인 학습전략, 팀에 참여하는 기술을 획득할 수 있도록 디자인된 문제들로 구성된다. 교육과정을 실행하는 과정에서는 실제 생활에서 부딪힐 수 있는 문제를 해결할 수 있도록 한다.

문제해결학습에서는 전통적인 교사와 학생 역할이 달라진다. 학생들은 자신의 학습에 대해 더 많은 책임을 지게 됨으로써 학습동기와 성취감이 높아지고 일생동안 새로운 것을 학습할 수 있는 태도를 기를 수 있으며 성인이 되어서는 자신의 직업 영역에서 맡은 일을 더 잘 수행할 수 있게 된다(MCLI, 2001). 문제해결학습에서는 학습이 학생들의 일상생활 경험과 관련 있고 학습과정은 학습내용이 실제로 사용될 방식과 유사하게 이루어진다. 교사는 학생들의 문제해결과정에서 자원이 되어 주고 지도하고 평가하고 안내하는 역할을 한다.

(4) 실행

문제해결학습의 실행과정은 학생들이 집단으로 어떤 문제에 처하게 한다. 학생들은 사전에 가지고 있던 지식을 적용하여 문제의 성격을 파악하고자 한다. 이해되지 않는 부분에 대해 질문이 생기게 되며 문제를 해결하기 위한 계획을 만들고 문제를 해결하는 데 필요한 자원을 파악한다. 그러고 나서는 문제를 해결하는 데 필요한 정보를 수집하기 시작한다. 가능성 있는 해결책들을 만들어 내고 각 해결책의 장단점을 고려하여 어떤 해결책이 선택된다(Lang & Evans, 2006).

문제해결학습의 단계를 정리해 보면 다음과 같다(김경배 외, 2001).

- 문제의 선정: 아동이 흥미를 가지고 있는 것으로서 아동의 일상생활에서 실제로 발생할 수 있는 것을 문제로 선정한다.
- 문제의 명료화: 문제가 무엇인지를 명확히 파악한다.
- 가설의 수립: 문제를 해결할 수 있는 방법을 여러 가지로 생각하여 가설을 세우고 문제해결 계획을 수립한다.
- 자료의 수집 및 분석: 가설의 타당성을 확인하기 위해 자료를 수집하여 분석한다.
- 추론: 자료를 분석한 결과를 바탕으로 가설의 타당성을 추론한다.

• 가설의 확인: 자료의 분석결과에 의한 증거를 근거로 하여 가설을 입증한다.

3) 협동학습법

(1) 협동학습법의 개념

협동학습법은 대체로 초등학생 연령 이상의 학습자들에게 적용된 학습방법이었는데 최근에 유아들에게도 적용할 수 있다는 관점이 제시되고 있다(김진영 외, 2003). 협동학습은 집단 상황에서 집단구성원들 간의 긍정적인 상호의존을 바탕으로 하여 동일한 학습목표를 향해 구성원들이 함께 활동하는 학습방법이다(Slavin, 1983). 어떤 내용을 학습하든 소집단 학습이 일방적인 강의를 통해 이루어지는 학습보다 효과적이며 학습한 내용을 오래 기억하는 데 도움이 된다(Davis, 1993). 또한 소집단에서는 집단 구성원들 간의 토의 및 서로의 생각에 대한 평가와 명료화가 이루어지므로 비판적 사고도 촉진된다(Gokhale, 1995). 따라서 비판적 사고와 문제해결능력을 향상시키고자 한다면 직접적인 강의법보다는 협동학습이 보다 효과적인 학습방법이다.

인간이 살아가는 과정에서 다른 사람들과의 사회생활은 필수적이며 그 속에서 협동 없이는 살아가기 쉽지 않다. 따라서 또래들과의 상호작용을 통해 학습하는 협동학습은 일생동안 살아가면서 경험하는 사회생활을 익힌다는 측면에서도 중요성을 갖는다. 협동학습은 학습내용을 배우는 것뿐만 아니라 집단 구성원들 간의 우정, 책임감, 존중의 중요성을 깨닫게 하기도 하며 개별적인 학습보다 성공적인 학습결과를 얻을 가능성이 높아 학습동기 유발에도 유리하다(변영계, 2005).

[그림 3-5] 소집단으로 협동학습을 하고 있는 유아들

(2) 협동학습의 요소

협동학습은 다음과 같은 요소들을 갖추어야 한다(Lang & Evans, 2006).

- 집단 상호작용: 협동학습은 집단 구성원들 간의 직접적인 면대면 상호작용이 있어야 하며 집단은 주어진 학습과제 수행을 촉진할 수 있어야 한다.
- 사회적 기술: 협동학습이 제대로 이루어지려면 구성원들이 대인관계와 집단에서의 관계를 원만하게 유지하는 데 필요한 사회적 기술을 가지고 있어야 한다.
- 긍정적인 상호의존: 협동학습을 하는 상황에서 집단은 함께 일하고 구성원들끼리 서로 지원하며 공동의 목표를 가지고 일을 분담하고 교구교재나 정보를 구성원들이 공유해야 한다.
- 구성원의 책임감: 협동학습을 할 때 집단 구성원 개개인은 모두 주어진 학습과제를 충분히 파악하고 자신이 맡은 역할을 충실히 하여 집단에 대한 책임을 다해야 한다.

• 평가: 협동학습을 하는 소집단 구성원들은 학습과정과 결과를 함께 되돌아보고 서로 의견을 나누며 함께 평가해야 한다.

(3) 협동학습의 유형

협동학습은 구체적인 실행방법에 따라 다음과 같은 몇 가지 유형들을 살펴볼 수 있다(변영계, 2005; Lang & Evans, 2006).

• Jigsaw: Jigsaw(Aronson et al., 1978)는 또래끼리 서로 가르치도록 하기 위해 개발된 방법이다. 적용하는 방법은 5~6명으로 집단을 구성하고 학습내용을 집단의 숫자와 같은 수로 나눈다. 각 집단의 구성원 한 명에게 학습내용 한 부분씩을 할당하고 집단별로 같은 부분을 맡은 구성원들끼리 모여서 맡은 부분을 같이 공부한다. 공부가 끝나면 각자 원래의 집단으로 돌아가서 다른 구성원들에게 각자가 학습한 내용을 가르친다. 집단 구성원들이 각자 다른 부분을 학습하여 서로 가르쳐 주는 형식이므로 주의를 집중하는 데 도움이 되는 학습방법이다.
• 성취과제 분담: 학습성취과제 분담학습(Slavin, 1978)은 동기이론에 바탕을 두고 개발된 것으로서 학습능력이 서로 다른 4~5명의 아동들로 학습팀을 구성하여 일주일 단위로 새로운 내용을 함께 학습한다. 이 방법은 집단 구성원들이 역할을 분담하지 않고 공동 학습하는 방식이지만 평가는 개인적으로 한다. 그러나 개인이 성취한 만큼 팀에 대해서도 가산점이 부여되므로 팀 안에서 구성원들 간에 경쟁적인 협력이 이루어지고 팀 간에도 경쟁이 이루어지는 구조로서 성취동기를 높인다.
• 집단조사학습: 집단조사학습모형(Sharan & Lazarowitz, 1980)은 아동들이 자료를 수집하고 수집한 자료를 집단 토의를 통해 해석하고 통합하여 집단의 결과물을 만들어 내는 방법이다. 먼저 교사가 학습주제를 설명한 후에 2~6명으로 집단을 구성한다. 각 집단은 교사와 함께 조사의 목표를 명확히 하고 학습과정을 계획한다. 집단별로 계획한 대로 학습을 진

행해 나가고 교사는 진행과정을 감독하며 필요한 지원을 제공한다.

- 어깨동무학습(learning together): 어깨동무학습(Johnson & Johnson, 1974)은 5~6명으로 구성된 이질적 집단이 주어진 학습과제를 협동적으로 수행하고 평가도 집단별로 받는 방법이다. 따라서 개인적인 성취보다는 집단 전체의 성취가 중요하므로 협동이 중요하다. 집단 구성원들은 서로 의견이나 정보를 교환하고 질문하고 응답하며 격려하고 서로 학습내용을 이해하는 정도를 확인한다. 어깨동무학습은 이러한 모든 협동 행동에 대해서 보너스 점수를 부여하기도 한다.

(4) 협동학습의 실행

유아들을 대상으로 협동학습을 실행하는 과정은 다음과 같은 3단계로 구성될 수 있다(김진영 외, 2003).

- 1단계-학습에 대한 안내: 협동학습의 첫 단계에서는 유아들에게 학습내용을 안내하고 어떤 순서에 의해 어떤 활동을 할 것인지를 알려 준다. 이 단계에서는 학급 전체를 대상으로 교사가 직접 설명하거나 다양한 교수매체를 활용하여 정확하게 내용을 전달하고 유아들이 학습활동에 흥미를 갖고 동기가 유발되도록 한다.
- 2단계-소집단활동: 다음은 소집단을 구성하여 학습활동을 한다. 소집단은 4~6명의 아동으로 구성하는데 성별, 성격, 인지적 능력 등을 고려하여 다양한 구성원으로 이루어지도록 한다. 소집단을 구성한 다음에는 집단 구성원들끼리 상의하여 구성원 각자가 담당할 역할을 정하게 하고 리더도 뽑도록 한다. 다른 역할들을 소집단 구성원 모두가 맡아서 해 볼 수 있도록 순서를 정하여 교대하도록 규칙을 정한다. 소집단활동의 규칙과 구성원들의 역할이 정해지면 교사가 내용을 정리하여 게시판에 기록함으로써 활동이 진행되는 동안 참고하고 규칙을 준수할 수 있도록 지도한다.

• 3단계-평가활동: 소집단활동이 끝나면 활동을 통해 학습한 내용이나 만들어진 결과물을 집단별로 발표하도록 한다. 교사는 유아들의 학습활동 결과에 대해 보상을 해 주고 유아들과 함께 전시 영역에 결과물을 게시하여 기관의 다른 구성원들이나 학부모들도 볼 수 있게 한다.

3. 프로젝트 접근법

1) 프로젝트 접근법의 개념

프로젝트 접근법은 아동 중심의 통합적 교육을 실현할 수 있는 학습방법으로서 아동들이 스스로 관심 있는 주제를 찾아 깊이 있게 연구하는 활동이며 그 과정에서 아동이 주도적으로 프로젝트를 수행할 수 있게 하는 교수방법이다. 프로젝트 학습은 진보주의 교육철학자인 듀이(Dewey)가 실험학교에서 처음 시도한 방법으로서 학습자에 의한 능동적인 활동을 통한 학습을 시도하고자 했고 1918년에 킬패트릭(Kilpatrick)이 발표한 논문을 통해 체계가 갖추어졌다. 그 후 카츠(Katz)와 차드(Chard)가 현대의 유아교육 상황에 맞게 재조직하였으며 1987년 미국유아교육협회(NAECY)에서 발표한 발달에 적합한 유아교육실제는 프로젝트법이 아동의 발달수준을 가장 민감하게 반영하는 교육방법이라고 제안한 바 있다(이순형 외, 2004).

프로젝트 접근법이 전통적인 교수학습방법과 구분되는 점은 학습할 주제를 찾고 학습문제를 제기하는 데 있어서 아동이 직접적으로 개입하며 중심적 역할을 한다는 것, 학습이 진행되면서 방향이 변화될 수도 있고, 아동이 활동이나 학습한 내용을 정리하는 데 있어서 책임을 진다는 것 등이다(Katz & Chard, 2000). 프로젝트 접근법을 사용한 학습에서는 주어진 문제에 대한 정답을 찾는 것이 아니라 아동이 관심 있는 문제를 찾아 이를 해결하기 위하여 교사 및 또래들과 함께 연구하는 과정을 통해 학습하는 것을 중요하게 여긴다.

프로젝트 접근법은 아동 중심의 통합적 학습이 가능한 방법으로서 교사 및 또래, 학부모, 지역사회 전문가들과의 상호관계가 중요하게 작용하는 특성을 갖는다. 따라서 프로젝트 접근법을 영유아 학습에 적용하는 것은 이 장의 앞부분에서 살펴본 탐구학습법, 문제해결학습법, 협동학습법의 주요 요소들을 모두 통합하여 실현할 수 있는 방법이라고 할 수 있다.

2) 프로젝트 접근법의 실행

(1) 준비 단계

① 주제 선정

프로젝트를 통하여 학습효과를 얻기 위해서는 적합한 주제가 선정되어야 한다. 프로젝트를 통해 학습할 수 있는 주제는 너무 많기 때문에 선택과정이 필요하다. 교사는 어떤 주제가 아동이 시간과 노력을 들여 장시간 연구할 만한 가치가 있는지를 판단할 최종적인 책임이 있다. 또한 교사는 프로젝트 활동이 제대로 이루어지도록 지원하기 위해서 많은 준비와 연구를 해야 한다.

프로젝트 주제의 적절성은 아동집단의 특성, 주제에 대한 교사의 지식, 경험, 흥미, 학교와 지역사회의 특성, 이용 가능한 지역사회 자원 등 여러 가지 요소에 따라 달라진다. 중요한 주제라고 하더라도 프로젝트에 부적합할 수 있고 어떤 주제가 어떤 집단의 아동에게 적합할지를 미리 예측하는 것도 쉽지 않다.

아동이 관심을 보이는 주제를 선택할 때 교사는 그 주제가 아동발달적, 교육적, 도덕적 측면에서 바람직한지를 검토해야 한다. 아동이 흥미를 가지고 있더라도 심도 있는 연구를 할 만한 가치가 없을 수 있으며 잠시 지나가는 호기심에 지나지 않은 흥미일 수도 있다. 또한 아동이 직접적인 경험을 해 보지 못한 주제를 선택하게 되면 교사에게 많이 의존하게 되므로 아동이 주도적으로 학습활동의 방향을 잡고 의문점을 해결해 나가야 하는 프로젝트 활동의 근본 목적에 위배된다. 따라서 아동이 관심을 보이는 많은 주제들 중에서 적합한 주제를 교사가 판단하여 선택할 책임이 있다.

프로젝트 주제를 선택하는 기준으로 다음과 같은 사항들을 들 수 있다(Katz & Chard, 2000).

- 아동이 주변에서 직접 관찰할 수 있는가
- 아동이 경험할 수 있는가
- 직접적인 탐구가 가능한가
- 지역사회 자원을 이용할 수 있는가
- 부모의 참여나 지원이 가능한가
- 문화적으로 적절한가
- 아동의 관심과 맞으며 아동발달 관점에서 가치가 있는가
- 아동의 연령에 맞는 기본적 능력을 활용할 기회가 있는가
- 주제의 범위가 적절한가

② 예비주제망 구성하기

프로젝트 주제가 선정되면 교사는 주제에 대한 아동의 지식, 경험 및 교사의 지식에 근거하여 예비주제망을 구성한다. 예비주제망을 구성하는 것은 교사 혼자 하기보다는 다른 교사들과 협의하는 것이 좀 더 체계적인 주제망을 완성하는 데 도움이 된다. 예비주제망을 구성해 봄으로써 교사는 주제에 대한 통찰력을 갖게 되며 프로젝트를 진행해 나가는 과정에서 도움이 된다.

(2) 도입 단계

① 경험 나누기 및 표현하기

프로젝트를 시작하는 단계에서는 아동이 주제에 관한 개인적 경험이나 기억나는 것들을 나누고 극놀이, 그림, 이야기 나누기 등을 통해서 주제에 대해 알고 있는 것들을 표현해 보도록 한다. 이런 활동을 하면서 교사는 아동들의 관심사를 보다 구체적으로 파악할 수 있고 선정된 주제에 대해 아동들이 기본적으로 가지고 있는 지식을 확인하고 분명히 할 수 있다. 아동이 이미 가지고 있는 지식이 잘못된 것이거나 불충분하다면 프로젝트 진행 계획을 수립할 때 반영하도록 한다.

② 교사와 아동의 공동주제망 구성하기

주제에 대하여 교사가 아동들과 함께 주제망을 구성한다. 영유아는 자신이 알고 있는 것을 언어로 표현하는 데 한계가 있을 수 있기 때문에 교사가 영유아의 말을 정리하여 적절한 표현으로 바꾸어 줄 수 있다. 아직 글을 모르는 연령의 아동은 글자 대신 그림으로 주제망을 만든다. 교사가 아동과 함께 주

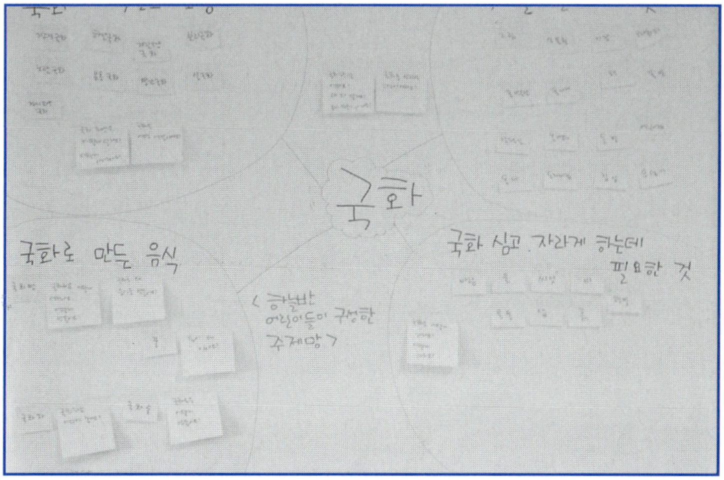

[그림 3-6] 교사와 아동이 함께 구성한 주제망

제망을 만드는 것은 아동이 존중받고 있다고 느낄 수 있게 하며 프로젝트 주제에 대한 학습활동에 주도적으로 참여하게 한다.

③ 질문목록 구성하기

아동들이 주제에 관한 경험을 나누고 표현하고 주제망을 만들면서 주제에 대해 알고 싶은 것이 무엇인지가 명확해진다. 아동이 알고 싶어 하는 것들을 목록화하여 프로젝트 진행 시 활용하게 되면 아동의 학습동기를 부여하는 데 도움이 된다.

(3) 전개 단계

전개 단계에서는 주제에 대한 실제적인 경험을 통해서 새로운 정보를 획득해 간다. 정보를 얻는 방법은 현장견학활동, 전문가 면담 같은 직접적 방법과 도서나 비디오 등 보조자료를 활용한 간접적 방법이 있다.

① 현장견학활동

현장견학활동은 교사와 아동이 함께 계획하는데 준비활동, 현장견학활동, 현장견학 사후활동으로 이루어진다. 아동의 연령이 어릴수록 직접적인 경험이 있어야 프로젝트 활동이 활발하게 진행될 수 있다. 현장견학 준비활동은 현장에서 무엇을 보고 조사하며 질문할 것인지 등을 생각하고 표상하는 것으로 한다. 현장견학활동은 주제와 관계 있는 현상 및 대상들을 확인하고 특히 관심 있는 사항들을 기록 하는 활동들로 이루어진다. 문자로 기록할 수 없는 아동은 사진을 찍거나 가능하다면 실물을 얻어옴으로써 사후활동을 할 때 기록 이상의 효과를 얻을 수 있다. 현장견학 사후활동은 현장견학을 통해 얻은 정보에 대해 이야기를 나누고 보고 듣고 느낀 내용을 그리기, 쓰기, 만들기 등 다양한 방법으로 표상한다.

② 전문가 면담

아동은 프로젝트 활동 주제에 관해 직접적인 경험이 풍부한 전문가를 초빙

하여 주제에 관한 설명을 듣고 이야기를 나누면서 깊이 있는 학습을 할 수 있다. 전문가와의 면담이 끝난 후에도 새롭게 알게 된 내용을 그림으로 나타내거나 전문가에게 감사의 편지를 쓰는 등의 사후활동을 할 수 있다.

(4) 마무리 단계

마무리 단계에서는 프로젝트 활동을 통해 얻은 것들을 전시하거나 발표함으로써 학습내용을 내면화하고 다른 사람들과 나눈다. 아동이 주제에 대해 흥미를 잃어 가거나 다른 주제에 관심을 보이기 시작하거나 주제에 관해 충

[그림 3-7] 스튜어디스를 초청하여 궁금한 점을 물어보고 설명을 듣고 있는 유아들

분히 학습되었다고 판단될 때가 프로젝트를 마무리할 시기다. 마무리활동을 어떤 형식으로 할 것인지는 아동들과 함께 협의하고 결정된 후에는 교사와 아동들이 역할을 분담하여 준비한다. 마무리활동은 대체로 전시회나 발표회의 형식이 되므로 행사에 대해 알리고 초대하기 위해서 포스터나 초대장을 제작하게 된다.

전시회는 아동들이 프로젝트 과정에서 만들어 낸 결과물들을 교실, 복도 등에 전시하는 형식이며 발표회는 노래, 춤, 동극 등을 연습하여 발표하는 형식으로 사전에 정해진 일정에 따라 진행한다.

참고문헌

김경배, 김재건, 이홍숙(2001). 교과교육론. 서울: 학지사.

김진영, 백혜리, 최윤정(2003). 유아를 위한 교수-학습방법론. 서울: 양서원.

변영계(2005). 교수 · 학습 이론의 이해(개정판). 서울: 학지사.

이순형, 이성옥, 이완정, 권혜진, 황혜신, 이혜승, 이영미, 정윤주, 성미영, 권기남(2004). 영유아 보육 · 교육 프로그램의 이해. 서울: 학지사.

Aronson, E., Blaney, N., Stephin, C., Sikes, J., & Snapp, M. (1978). *The jigsaw classroom*. Beverly Hills, CA: Sage.

Aspy, D., Aspy, C., & Quinby, P. (1993). What doctors can teach teachers about problem-based learning. *Educational Leadership, 50*(7), 22-24.

Bracey, G. (1998). Minds of our own. *Phi Delta Kappan, 80*(4), 328-329.

Church, K. (2001). Review of the book *Problem-based learning: A research perspective on learning interactions*. *Educational Horizons, 80*(1), 6-7.

Davis, B. G. (1993). *Tools for teaching*. San Francisco: Jossey-Bass.

Dewey, J. (1933). *How we think* (rev. ed.). Boston: Heath.

Gokhale, A. (1995). Collaborative learning enhances critical thinking. *Journal of Technology Education, 7*(1). Available at http://scholar.lib.vt.edu/ejournals/JTE/jte-v7n1/gokhale.jte-v7n1.html.

Hall, R., Hall, M., & Saling, C. (1999). The effects of graphical postorganization strategies on learning from knowledge maps. *Journal of Experimental Education, 67*(2), 101-112.

Johnson, D. W., & Johnson, R. T. (1974). Instructional good structure: Cooperative, competitive, or individualistic. *Review of Educational Research, 44,* 213-225.

Joyce, B., Weil, M., & Calhoun, E. (2004). *Models of teaching* (8th ed.). Boston: Allyn & Bacon.

Kauchak, D., & Eggen, P. (2003). *Learning and teaching: Research based methods* (4th ed.). Boston: Allyn & Bacon.

Lang, H. R., & Evans, D. N. (2006) *Models, strategies, and methods for effective teaching*. Boston: Pearson Education.

Massialas, B., & Cox, B. (1966). *Inquiry in social studies*. NY: McGraw-Hill.

MCLI (2001). Problem-based learning. Maricopa Center for Learning and Instruction. Available at http://mcli.maricopa.edu/pbl/info.html.

Sharan, S., & Lazarowitz, R. (1980). In Sharan, S. (Ed.), Cooperative learning in small groups: Recent methods and effects on achievement attitudes and ethnic relations. *Review of Educational Research, 50*(2), 241-271.

Slavin, R. (1978). Student teams and comparison among equals: Effects on academic performance and student attitudes. *Journal of Educational Psychology, 70*, 532-538.

Slavin, R. (1983). *Cooperative learning*. Research on teaching monograph series. NY: Longman.

제 4 장
교사의 역할과 영유아 교수학습방법

보육현장에서 교사의 역할은 보육의 질과 직결되는 것으로 효율적인 영유아 교수학습방법에 있어서 교사의 역할은 절대적이다. 이 장에서는 영유아 교수학습에 필요한 교사의 역할에 대하여 살펴본다.

1. 교사의 역할

보육교사의 역할은 말 그대로 영유아를 '보육' 하는 것이다. 영유아보육법에 명시된 보육의 내용, 즉 영양, 건강, 안전, 교육, 부모에 대한 서비스, 지역사회와의 교류를 실행하는 것이 보육교사의 역할이다.

1) 상호작용자로서의 역할

교사는 영유아들과 언어적 · 비언어적 상호작용을 한다. 영유아에게 정보를 제공해 주고, 개별적인 질문을 하고, 가르침을 제공하는 등의 언어적 상호작용과 미소 짓고, 쓰다듬고, 눈맞춤을 하고, 안아 주고, 유아들의 눈높이에 맞추기 위해 무릎을 굽히거나 앉는 등의 비언어적인 상호작용을 통해 영유아들을 존중해 주고 애정을 표현해 주어야 한다.

반응적인 교사는 영유아의 의견을 경청하고 적절한 대답을 해 주고 영유아들의 요구에 민감해야 하며 영유아들의 발달적, 지적, 의사소통적 능력을 고려해야 한다. 또한 교사는 성인과도 긍정적이고 온정적인 관계를 형성해야 한다. 동료나 자원봉사자, 학부모와의 민감한 상호작용을 통해 영유아의 일상생활이나 특별한 요구 등에 대한 의견을 교환할 수 있어야 한다.

2) 양육자 및 지도자로서의 역할

영유아는 부모의 따뜻한 보살핌을 받을 권리가 있는 존재다. 부모를 대신하여 영유아를 돌보는 시설에서는 영유아에게 무엇보다도 우선 부모와 같은

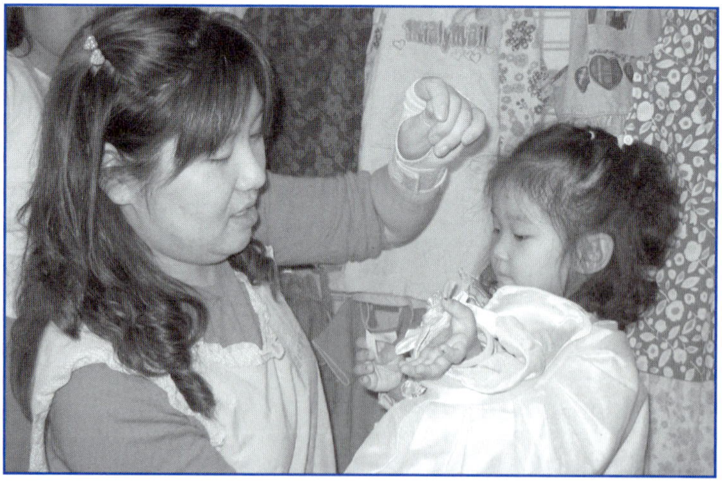

[그림 4-1] 가정과 같은 따뜻함을 느낄 수 있도록 양육자의 역할을 하고 있는 교사

따뜻한 보살핌을 주어야 한다. 교사는 부모와 분리되어 오랜 시간 시설에서 생활하는 영유아에게 가정과 같은 따뜻함을 느끼도록 하고 그들의 심신이 편안하고 안정되도록 돌볼 필요가 있다. 보육교사가 하는 양육자 역할은 헌신적일 뿐 아니라 영유아의 영양을 챙기고 건강과 안전에 대한 지도자의 역할을 수행하는 전문화된 어머니(professional mother)의 역할을 해야 한다. 이것이 바탕이 되어야 비로소 배우고 가르치는 일이 이루어질 수 있다.

3) 교수자로서의 역할

교수자로서의 역할은 계획자 및 조직자, 운영자, 관찰자 및 기록자, 평가자, 강화자 및 지지자로서의 역할을 포함한다.

(1) 계획자 및 조직자

교사는 영유아와 함께 할 활동을 계획하고 조직해야 한다. 일과를 구성하고 교육활동에 맞는 환경을 조직해야 한다. 미리 활동을 계획하고 조직하지 않는다면 교육활동이 원활하게 이루어지기 어렵다. 또한 일과와 환경을 조직하지 않는다면 그날이 그날인 무계획적인 일상을 보내게 되어 영유아의 발달을 촉진하기 어렵다.

(2) 운영자

교사는 학급의 운영자다. 학급활동을 계획하고 조직하며 운영하는 역할을 맡는다. 보육교사는 학급을 융통성 있게 운영할 필요가 있다. 기계적이고 엄격한 교실 운영은 영유아에게 바람직하지 않다. 보육교사는 활동 주제에 맞추어 보육실의 환경 영역 구성의 변화를 주거나 상황에 따라 시간을 탄력적으로 운영해야 한다.

(3) 관찰자 및 기록자

영유아를 보육할 때 아이들 개개인의 특성을 알고 욕구에 반응하기 위해서는 영유아를 자세히 관찰해야 한다. 개별 영유아를 관찰하여 기록하고 그것에 기초하여 상호작용함으로써 효과적인 교수활동이 이루어져 영유아의 발달을 도울 수 있다. 관찰능력이란 실제 경험으로 향상되는 학습된 기술이며 교사의 계속적인 노력과 훈련을 필요로 한다.

(4) 평가자

영유아에 대해 정확한 이해를 해야 적절한 보육계획을 작성하고 영유아의 전인적 발달을 도울 수 있다. 보육교사는 영유아의 발달 정도를 평가할 수 있는 눈을 지녀야 한다. 영유아의 발달과 특성에 대한 평가는 주로 관찰과 기록에 의해 가능하다. 보육교사는 영유아에 대한 평가뿐 아니라 자신이 계획하고 실천한 프로그램을 자신 및 영유아의 평가, 동료교사 등의 평가 등을 취합하여 개선할 수 있어야 한다.

(5) 강화자 및 지지자

영유아가 바람직한 행동을 발달시키도록 도우려면 영유아가 적절한 행동을 했을 때 칭찬을 하면 된다. 그러나 영유아에게는 말로 하는 교수법은 효과가 적다. 영유아는 교사가 하는 말보다는 교사의 무의식적인 행동을 따라하며 배우게 된다. 결국 교사의 말투와 행동 하나하나가 영유아에게 모방과 동일시의 대상이 되어 영유아를 가르치게 되는 것이다. 교사가 말로 가르치기보다는 영유아가 몸으로 직접 체험을 통해 교사가 하는 것을 보고 배우도록 하는 것이 바람직하다.

4) 교류자로서의 역할

영유아의 전인적 발달을 도모하려면 부모 및 지역사회와 협력해야 한다.

영유아는 부모 및 지역사회 환경과 분리되어 존재하지 않기 때문이다. 보육교사는 영유아를 보다 잘 이해하기 위해 부모와 원활한 의사소통을 하고 그를 통해 신뢰를 쌓아 영유아의 전인적 발달을 도와야 한다. 부모와의 대화를 위해서 먼저 교사는 부모와 한편임을 보여 주고 친밀감 있게 대화하면서도 품위를 유지하며 다른 아이와 비교하는 말을 해서는 안 되는 등(하정연, 김은주, 2000) 지켜야 할 원칙이 있다.

지역사회의 협력과 지원은 보육에 매우 유용하다. 가까운 의료기관, 사회복지기관, 경찰서, 소방서의 협조를 통해 영유아의 건강, 안전관리뿐 아니라 보다 생생한 교육활동이 이루어질 수 있다. 생생한 교육을 함으로써 유관기관들도 소기의 목적을 달성할 수 있으므로 보육시설은 지역사회의 협조를 일방적으로 받기만 하는 것은 아니며 상호 협조하는 것이다. 보육교사는 지역 네트워크의 형성과 활용에 대한 의식을 갖추고 동네산책, 지역의 기관 방문이나 지역전문가 초청, 자원봉사자 운용, 지역사회 행사 참여 등을 통해 지역사회와 교류할 수 있어야 한다.

2. 교사의 교수활동

영유아들은 다양한 방법으로 학습하기 때문에 학습을 지지해 줄 수 있는 방법 또한 다양하다. 따라서 활동을 계획할 때는 이러한 다양성을 고려하는 것이 중요하다. 교사는 학습목표와 관련하여 아이들의 학습을 촉진하기 위한 교수학습방법을 주의 깊게 고려하여 선택해야 한다.

그동안 교수학습방법에 있어서 직접적인 방법이 더 효과적인지 간접적인 교수방법이 더 효과적인지에 관심을 가져 왔다. 그러나 최근에는 직접적인 교육이나 간접적인 방법이 개별 유아의 욕구나 활동의 목표에 따라 달라질 수 있다고 여겨진다. 따라서 교육목표와 방법 사이에 조화가 이루어질 때 아동들이 잘 학습하며 이러한 조화를 창조하기 위해서 가능한 교수전략과 활동

계획의 전략을 구체화하는 방법이 다양해야 한다. 교사는 하루 일과를 통해 영유아의 발달과 학습을 촉진하고 지원하는 역할을 수행해야 한다. 영유아와의 상호작용 시 교사의 교수유형은 비지시적 유형에서 지시적 유형에 이르기까지 8가지로 구분할 수 있다(Bredekamp & Rosegrant, 1992).

표 4-1 영유아와의 상호작용 시 교사의 교수유형

비지시적 (nondirective) 교수유형			중재적 (mediating) 교수유형			지시적 (directive) 교수유형	
인정하기 (acknowledge)	모델 보이기 (model)	촉진하기 (facilitate)	지원하기 (support)	비계설정하기 (scaffold)	함께 구성하기 (coconstruct)	시범 보이기 (demonstrate)	지시하기 (direct)

1) 비지시적 교수활동

(1) 인정하기

유아에게 관심을 기울여 주고 유아가 활동을 지속할 수 있도록 긍정적인 격려를 해 주는 행동이다. 교사가 유아를 인정해 준다면 유아는 더욱 즐겁게 활동에 참여할 수 있다. 그러나 지나친 칭찬은 오히려 활동에 대한 유아의 동기를 약화시킬 수 있다. 따라서 적절한 수준으로 인정해 주는 것이 중요하며 또한 사실에 근거하여 긍정적이고 명확하게 인정하고 격려하는 것이 중요하다.

(2) 모델 보이기

모델 보이기란 교사가 교실에서 일어나기를 바라는 바람직한 행동방법을 직접 유아에게 보여 주는 것이다. 모델 보이기에는 암시적 형태와 명시적인 형태의 두 가지 방법이 있다.

명시적 모델 보이기란 유아의 활동에서 꼭 필요한 정보를 주거나 힌트를 주거나 조언을 하는 것 등을 의미한다. 따라서 이는 다소 지시적일 수 있다.

예를 들어, 학기 초에 교사는 '화장실 사용법' 혹은 '교구 사용법' 을 가르칠 때 명시적 모델 보이기를 사용한다.

암시적 모델 보이기란 행동 혹은 암시나 자극 등을 사용하여 교실 내에서 유아에게 기술이나 적절한 행동양식을 보여 주는 것으로 지시적인 성격을 띠지 않는다. 교사가 유아에게 기대하는 행동(예: 교실에서 조용조용 말하기, 공손한 태도 등)을 매일의 생활에서 실천함으로써 암시적으로 모델행동을 보이는 경우를 예로 들 수 있다.

(3) 촉진하기

촉진하기는 유아가 다음 수준의 기능을 습득할 수 있도록 일시적으로 도움을 제공하는 것이다. 예를 들어, 자전거 타기를 할 때 잠깐 동안 교사가 뒤에서 잡아 주는 것을 의미한다.

2) 중재적 교수활동

(1) 지원하기

지원하기는 지속적으로 도움을 제공하는 것을 의미한다. 이는 촉진하기와 유사하지만 교사의 참여 정도에서 차이가 있다. 촉진하기에서는 어떤 상황에서 행동의 시작과 끝 모두를 유아 자신이 주도하지만 지원하기에서는 유아가 적극적으로 활동을 할 수 있도록 교사가 분명히 도움을 제공하는 것을 의미한다.

예를 들어, 유아가 자전거를 탈 때 완전히 자전거를 타기 전까지 보조바퀴를 달아 주었다가 완전히 자전거를 타게 된 후 바퀴를 떼어 주는 것과 같은 행동을 의미한다.

[그림 4-2] 유아가 활동을 할 수 있도록 도움을 제공하고 있는 교사

(2) 비계설정하기(지지하기)

비계는 아이들의 학습을 위해 외부적 지지를 제공하고 점차 제거하는 과정이다. 비계과정 동안 원래 목적은 변화되지 않으나 아이들이 과제에 참여하는 방법은 성인이나 유능한 또래의 도움으로 쉽게 된다. 아이들이 목표를 수행하는 데 필요한 능력을 가지게 될수록 도움은 점차 줄어든다. 비계과정은 교사가 목표를 성취함에 있어 최대한의 도움을 주고 일차적인 책임을 가지는 것으로 시작한다. 그러나 점차로 이 책임감은 아이가 도움 없이 목표를 성취할 수 있을 때까지 아이에게 이동한다.

높은 수준의 목적을 성취할 수 있는 아동의 능력은 그들의 발달과 과거 경험에 의해 영향을 받을 것이다. 그러나 영유아가 현재 할 수 있는 수준보다 다소 높은 활동을 하는 기회를 가질 수 있을 때 가장 잘 학습할 수 있다. 비계는 아이들이 그들 자신이 완벽하게 성취할 수 있는 것보다 높은 단계를 수행하는 것을 도와줄 전문가와 활동을 함으로써 인지, 언어, 사회적 그리고 신체적 기술을 확장할 기회를 가지게 되는 것이다. 전문가는 성인이나 또래가 될 수 있다.

(3) 함께 구성하기

함께 구성하기란 문제나 과업을 교사와 유아가 함께 배우고 해결해 나가는 것을 의미한다. 이때 교사와 유아는 함께 프로젝트를 수행하면서 공동의 학습자가 된다.

3) 지시적 교수활동

(1) 시범 보이기

시범 보이기는 교사가 활동에 적극적으로 참여하거나 보여 주는 행동을 의미한다. 이때 시범 보이기는 유아는 교사가 활동을 직접 시범 보이는 것을 관찰한다. 이는 함께 구성하기보다 더 지시적인 교수유형으로 상당히 의도적으로 사용할 수 있다.

(2) 지시하기

지시하기란 교사가 유아에게 요구되는 행동의 방향을 구체적으로 제시하는 것을 의미한다. 이 방법은 유아에게 제공되는 과제가 반드시 특정한 방법으로 수행되어야 할 때 사용할 수 있다. 이때 교사는 가능한 한 시행착오 없이 학습이 이루어지도록 지시를 명확히 해야 한다.

위의 교수행동은 서로 연속성을 가지고 있으며 이 중 한 가지 전략에만 집착하여 사용하기보다는 상황에 따라서 가장 적절한 행동을 골라 사용해야 한다. 매일 매일의 상황과 유아의 발달수준, 교육환경, 교육자료, 교사의 교육적 의도 등에 따라 다양하게 사용할 수 있다. 또한 유아가 학습의 주체자로서 스스로 발달과 학습을 주도해 나갈 수 있도록 도움을 주어야 한다. 이를 위해서 교사는 때로는 명확히 지시를 하기도 해야 하고 유아가 스스로 하도록 기다리기도 해야 한다(김진영 외, 2006).

3. 교수학습방법의 전략

보육현장에서는 교사에 따라 많은 다양한 전략들이 사용되지만 여기서는 현장에서 일반적으로 사용되고 있는 교수학습방법의 전략에 대해서 알아보고자 한다. 여기에는 실제로 활동하기 전에 계획을 구체화시킬 수 있는 예비단계의 전략이 있고 실제로 현장에서 활동하면서 사용 가능한 전략들이 있다. 이러한 전략들은 독립적으로 사용하기도 하지만 여러 활동에서 영유아의 학습을 촉진하기 위하여 함께 사용할 수도 있다.

1) 예비교수활동 전략

(1) 감각활동을 동한 직접경험

영유아는 가능한 한 많은 감각기관을 사용하면서 활동적으로 교육에 참여해야 한다. 모든 학습은 보고 듣고 만지고 맛보고 냄새 맡는 등의 지각활동으로 시작되며 아이들은 모든 감각기관을 가장 잘 사용하는 것을 배운다. 따라서 모든 활동에서 높은 감각적인 참여가 가능하도록 주의 깊게 계획하는 것이 필요하다.

감각활동에서 가장 효과적인 방법은 직접경험이다. 아이들은 실제 사물이나 사람, 장소 그리고 사건들을 직접 접할 수 있어야 한다. 직접경험이 불가능한 활동이라면 그 활동이 아동의 연령에 적합한 활동인지를 고려해 보아야 한다. 연령이 어릴수록 직접경험이 가장 효과적인 학습방법이다.

(2) 환경적인 단서 제공

영유아에게 환경적인 단서를 제공해 주어야 한다. 아이들은 주변 환경에서 단서를 관찰하는 것으로부터 많은 것을 배울 수 있다. 환경적인 단서는 아이들에게 말로 구체화되지 않는 활동이나 학습영역에 대한 기대 등을 나타낸다. 예를 들어, 테이블에 놓여 있는 네 개의 의자는 이 테이블에서 동시에 네 명이 활동할 수 있다는 것을 알려 준다. 이러한 비언어적인 신호는 아이들의 독립심이나 협동감, 자기 규제에 대한 목표를 지지해 준다.

(3) 과제분석

과제분석 또한 영유아에게 효과적인 교수방법이 된다. 과제를 부분으로 나눔으로써 아이들이 더 쉽게 실행할 수 있다. 이것은 영유아계획전략에서 필수적이다. 예를 들어, 네 살짜리 아이가 한꺼번에 식탁을 차리는 법을 배우는 것은 쉽지 않다. 대신에 과제분석은 교사가 식탁을 차리는 목표를 수행하기 위해 필요한 기술, 과정 등을 나누어서 계획을 하고 아이들이 이전의 것을 수행함에 따라 새로운 단계를 도입하는 것을 계획하는 것처럼 논리적인 순서에 따라 행하는 것이다. 이 방식을 사용함으로써 유아들의 수행능력이 확장되며 과정을 진행함에 따라 성공을 경험함으로써 효과적인 교육이 될 수 있다.

2) 실제교수활동 전략

(1) 반복을 통한 학습

영유아교육의 기본적인 전제는 아이들이 반복을 통해 학습한다는 것이다. 실제적인 학습은 하나의 에피소드에서 일어나지 않으며 영유아는 숙달을 위해 많은 개념을 접하고 아이디어를 찾고 기술을 시험할 많은 기회를 필요로 한다. 즉, 영유아들은 학습한 것을 연습하고 새로운 상황에 배운 것을 일반화할 기회를 필요로 한다. 여러 시점에서 다양하게 발생하는 상황에서 연습을 하는 것이 필요하다.

(2) 언어적 유인

언어적인 유인은 영유아에게 재료를 탐구하게 하거나 다른 사람들과 상호작용하는 기회를 제공함으로써 활동에 참여하도록 조장하는 것이다. 예를 들어, 아이들에게 “와서 우리가 하는 것을 봐.” “읽기 영역에 새로운 책이 있어. 네가 분명히 좋아할 만한 책이야.” 등의 유인은 아이들이 주저 없이 새로운 활동이나 새로운 것을 접하게 도움을 준다.

(3) 행동 반영

행동 반영은 아이들의 행동에 대한 언어적인 묘사다. 이는 아이들이 희미하게 인지하고 있는 경험을 명확하게 이해하게 하며 그들의 경험을 묘사할 만한 단어를 접할 수 있게 한다. 예를 들어, 바깥활동 중에 나뭇잎을 가지고 놀고 있는 유아에게 “빨간 나뭇잎과 갈색 나뭇잎으로 나누고 있네.” 또는 “같은 모양의 나뭇잎끼리 함께 모아 놓고 있네.” 등으로 행동에 대한 설명을 해 줄 수 있다. 또한 활동에 끼어드는 일 없이 정보를 제공하는 방식으로 아이들의 행동을 설명해 줄 수 있다. 교사가 아이들의 행동에 신속하게 구체적으로 초점을 맞춤으로써 아이들은 자신의 행동을 내면화하게 한다. 또한 아이들의 자기 인식과 이해를 증가시킬 수 있다.

(4) 의역하여 반영하기

의역하여 반영하는 것은 아이들이 말한 것을 교사의 말로 재언급하는 것이다. 이러한 언급으로 아이들은 언어적인 발전을 이루게 되며 실제적인 듣기에도 도움이 된다. 다소 다른 단어를 사용하면서 의역하여 반영하는 것은 아이의 어휘와 문법적인 구조를 넓혀 준다. 예를 들어, 바깥활동에서 나뭇잎을 두 가지로 나누면서 “이 나뭇잎들은 뾰족하고 저 나뭇잎들은 둥글어요.” 하는 유아들에게 교사는 “두 가지의 다른 종류의 나뭇잎을 찾았구나.” 또는 “나뭇잎의 끝 모양에 따라 다르게 보일 수 있다는 것을 알았구나. 너는 나뭇잎을 모양에 따라 분류하고 있구나.” 등으로 재언급해 줄 수 있다. 이때 신속하게 아이들이 말한 것을 확장시키는 것이 좋다. 이것은 아이들이 중요한 개념과 메시지를 구별하고 명확하게 한다. 역으로 아이들이 교사의 반영에 응답함으로써 교사는 통찰력을 갖게 되고 이는 활동을 진행하는 방법뿐만 아니라 미래 계획의 방향을 설정하는 데도 도움을 준다. 또한 의역하여 반영하는 것은 영유아에게 성인이 자신을 이해하고 돌보고 있다는 신호로 받아들여 유아교실에서 학습환경을 강화할 수 있을 것이다.

(5) 칭찬

칭찬은 아이들의 적극적인 행동을 증진하고 작업을 계속하는 것을 격려한다. 그러나 어떤 칭찬은 실제 아이들의 자신감을 낮추고 그들의 성취를 저해할 가능성을 가지고 있다. 효과적인 칭찬과 비효과적인 칭찬 사이에는 차이점이 있다. 비효과적인 칭찬은 일반적이고 반복적이며 진실하지 않다. 그것은 아이들을 평가하고 바람직하지 못한 방법으로 그들을 다른 사람과 비교하고 아이들의 성공을 운으로 돌리며 그들의 일과 집중력을 방해한다. 한편, 효과적인 칭찬은 구체적이고 아이들의 활동을 인정하고 그들의 진전을 과거 수행과 비교하여야 한다.

[그림 4-3] 유아가 과제를 완수할 수 있도록 칭찬해 주는 교사

(6) 질문하기

질문은 모든 유아 학급에 공통적으로 사용할 수 있는 기본적인 교수기법이다. 효과적인 질문은 목적적이고(교사가 가리키고자 하는 목적에 직접적으로 연관된), 사고를 하게 하고(더 높은 수준의 사고를 자극하기 위해서 명백하고), 분명하며(이해할 만하게), 간결하다(적절하다). 이러한 기준에 알맞은 질문들은 아이들의 주의를 얻고 학습을 용이하게 한다. 질문이 부적절한 시기에 사용되거나 너무 많이 질문하거나 방해가 될 때 아이들은 활동에 주의를 기울이지 못하게 되고 그들의 응답의 질은 떨어지게 된다. 또한 이전의 경험이 전혀 없거나 교육이 이루어지지 않았을 때 아이들의 지식이나 이해가 부족하다는 것을 증명하기 위해 질문이 사용되어서는 절대 안 된다. 아이들은 전혀 근거를 가지고 있지 않은 질문이 주어졌을 때 침묵을 하거나 실수를 하게 된다. 이 과정에서 아이들은 모든 경우에 정답을 알아야만 하고 그들의 실패가 결정이 된다는 메시지를 받게 되기 때문이다.

(7) 침묵을 통한 학습

교사들은 아이들의 학습을 지지하기 위해 때로는 침묵을 사용한다. 특히 주의 깊은 관찰과 병행하여 아이들이 활동하는 환경에서 조용히 있는 것은 더 효과적인 교육방법이 될 수도 있다. 교사가 너무 말을 많이 하거나, 부적절한 말을 하거나, 부적절한 시기에 말을 하는 것은 학습환경에서 아이들의 주의집중을 방해할 수 있다.

또한 아이들에게 응답을 요구할 때도 침묵을 사용할 수 있는데 아이들은 정보를 처리하고 응답을 형성하는 데 적어도 3~5초를 필요로 하기에 몇 초의 시간을 주는 것은 효율적인 침묵의 사용이라 할 수 있다. 또한 아이들은 교사가 모든 상호작용의 중심에 있거나 다른 사람과 대화하는 것을 방해할 때 덜 지지적인 학습환경으로 인지하므로 이때 성인의 침묵은 온정과 관심의 표시로 받아들여질 수 있다.

참고문헌

권영례(1999). 유아를 위한 교수학습방법의 이해. 서울: 양서원.

김진영, 백혜리, 최윤정(2006). 유아를 위한 교수-학습방법론. 서울: 양서원.

박은혜(2003). 유아교사론. 서울: 창지사.

양옥승(2003). 21세기 유아교육의 흐름. 2003년 울산광역시 위탁 보육시설장 보수교육. 21세기 보육기관의 효율적 운영을 위한 프로그램. 한국어린이육영회연수원.

양옥승, 김영옥, 김현희, 신화식, 위영희, 이옥, 이정란, 이차숙, 정미라, 지성애, 홍혜경(1999). 영유아 보육개론. 서울: 학지사.

유희정, 강정희, 이숙희, 원명순(2002). 영아보육모형. 여성부.

윤애희 외(2003). 보육의 이해와 영 · 유아교육프로그램. 서울: 창지사.

이성옥(2002). 보육네트워크 울산 3, 4월호. 울산보육정보센터.

이순형 외(2000b). 시설장 보수교육. 보건복지부.

이순형 외(2006). 보육학개론(2판). 서울: 학지사.

이순형 외(2007). 보육과정(2판). 서울: 학지사.

이순형, 성미영, 이성옥, 권혜진, 김미정, 권기남, 소은주, 임송미(2000a). 보육교사 보수교육. 보건복지부.

이순형, 최일섭, 이옥경(1998). 보육시설평가. 보건복지부.

조성연, 이정희, 김온기, 제경숙, 황혜정, 나유미, 박진재, 송혜린, 임은진, 나종해, 권연희(2006). 영유아보육의 이해. 서울: 학지사.

하정연, 김은주(2000). 나도 멋진 선생님이 될 수 있다-새내기 유아교사를 위한 매너와 상식-. 서울: 양서원.

홍지연(2002). 영유아 교육 프로그램. 서울: 창지사.

Ayers, W. (1989). *The Good Preschool Teacher-Six Teachers Reflect on Their Lives*. New York: Teachers College Press.

Carter, F. (2001). *Education of Little Tree*. 조경숙 역(2003). 내 영혼이 따뜻했던 날들. 서울: 아름드리미디어.

Freire, P. (1998). *Teachers as Cultural Workers: Letters to Those Who Dare Teach*. 교육문화연구회 역(2000). 프레이리의 교사론-기꺼이 가르치려는 이들에

게 보내는 편지. 서울: 아침이슬.

Katz, L .G. (1989). 유아교사를 위한 제언(이차숙 역). 서울: 서원.

Saifer, S. (1990). *Practical Solutions to Practically Every Problem* by Steffen Saifer. 임승렬 역(2001). 유능한 유아교사의 학급운영: 문제와 그 해결 방안. 서울: 다음세대.

제 5 장 학습환경과 영유아 교수학습방법

1. 학습환경의 의의

영유아기는 성장과 발달이 빠르게 이루어지고 이러한 발달은 환경과의 친밀한 상호작용을 통해 가속화되므로 교사가 보육환경을 어떻게 계획하고 조직 및 구성하느냐는 아주 중요하다. 예를 들어, 실내외 환경이 구성되고 활용되는 방법에 따라 유아의 사회성, 독립성, 놀이 참여 정도 및 놀이 확대 수준은 높아지기도 하고 좌절되기도 한다(이영자, 이기숙, 이정욱, 2000).

이처럼 보육시설의 물리적 학습환경은 유아들이 단순히 활동하는 공간적 의미에서 벗어나 유아의 신체적, 인지적, 정서적, 사회적 발달 등 전인 발달에 영향을 주는 중요한 역할을 하므로 공간 구성에 대한 계획이 세심하게 이루어져야 한다. 또한 유아의 연령이나 발달수준, 개별 유아의 독특성 등 다양한 유아의 특성을 고려하여 환경이 계획되고 구성되어야 한다. 이와 함께 유아들뿐만 아니라 교사나 성인의 요구와 필요에도 적합하게 환경 구성이 이루어져야 한다. 보육시설의 공간은 유아들에게도 중요한 활동 장소이지만 교사에게는 직장의 의미를 가지므로 교사가 어린이집에서 편안하고 효율적으로 활동할 수 있도록 교사의 특성과 요구에도 부합되는 환경을 구성해야 한다.

보육시설의 교구 및 환경 계획의 목적은 보육대상 영유아가 다음과 같은 학습자가 될 수 있는 기회와 가능성을 열어 주는 것이다. 첫째, 자율적이고 독립적인 학습자, 둘째, 지역사회 구성원으로서의 학습자, 셋째, 문제해결자 및 의사결정자, 넷째, 자신의 세계에 대한 완전한 이해력 획득, 다섯째, 인쇄물의 생산자 및 소비자(Elgas, Rioux, Struewing, & Corkwell, 1998)가 되게 한다. 이러한 학습자가 되기 위해서는 보육프로그램의 구성과 실행과 함께 보육환경의 구성 역시 이러한 기회를 제공해 줄 수 있어야 한다. 따라서 교구 및 학습환경 계획의 중요성을 고려하여 학습환경 구성 계획을 수립해야 한다.

2. 학습환경의 구성

1) 학습환경의 구성원리

보육시설에서 운영하는 보육 · 교육프로그램은 교구와 물리적 환경, 그리고 상호작용에 직접적인 영향을 미친다. 예를 들어, 능동적 학습이나 구성주의 관점에 근거한 프로그램을 운영하는 보육시설에서는 아동이 문제의 탐색, 선택, 발견, 실험, 해결에 직접적으로 참여하기를 권장한다. 따라서 보육시설의 교구 및 환경 계획은 이러한 관점에 따라 진행된다. 일반적으로 종래의 보육시설은 영유아들을 보호하는 양육환경으로 인식되었으나 근래에는 양육 기능뿐만 아니라 영유아들의 학습과 경험을 중시하는 교육환경으로 보는 관점이 강조되고 있다. 이러한 관점은 최근 교육과 보호가 합성된 'edu-care'로 정리되고 있다. 외현적으로는 양육에 대한 이미지가 강하나 본질적으로는 교육과 양육이 똑같이 중요하게 통합되고 공존될 수 있는 환경으로 창조되어야 함을 유의할 필요가 있다. 따라서 학습환경의 구성 역시 이러한 관점에 근거하여 계획되어야 한다.

(1) 공간

보육실의 물리적 공간이 어떠한 방식으로 배치되는지에 따라 아동의 활동 참여를 유도할 수도 있고 그렇지 못할 수도 있다. 보육실에서 아동의 능동적 참여를 적극적으로 장려하기 위해서는 실내환경이 미적 자극과 시각적 안정감을 갖추어야 한다. 미적 감각이 고려된 실내환경 구성은 아동으로 하여금 실내 공간을 탐색하도록 유도한다(Elgas, Rioux, Struewing, & Corkwell, 1998). 예를 들어, 극놀이 영역, 블록 영역, 미술 영역과 같은 실내 흥미 영역의 경우 영역 명칭을 표시하고 시각적 특성을 강조하여 공간을 구성할 필요가 있다. 흥미 영역에서 손쉽게 놀잇감을 선택하고 자율적으로 정리정돈이 이루어지도록 배려하는 것 역시 공간 배치에서 고려해야 할 사항이다. 보육실의 전체적인 공간 구성에 있어서 이동 통로와 동선에 대한 고려도 필요하며 실내디자인과 전체적인 조화에 대해서도 배려해야 한다.

일반 어린이집에서 장애아 통합보육의 비율이 증가한다는 점을 고려해 볼 때 보육실 실내환경은 장애아동에 대한 편의를 고려하여 구성되어야 한다. 예를 들어, 시각장애 아동을 포함한 보육실에서는 물리적 공간의 변화를 최소화할 필요가 있다. 휠체어를 타고 이동해야 하는 아동의 경우에는 휠체어의 접근이 용이하도록 보다 넓은 공간과 이동 통로를 확보해야 한다.

(2) 교구

보육실의 흥미 영역을 위한 교구를 선정할 때는 아동의 흥미와 관심을 유발시킬 수 있는 잠재성에 근거하여야 한다. 또한 다양한 용도를 가진 교구인지, 다양한 수준에서 활용 가능한 교구인지를 판단하여 교구를 선택하는 것이 적절한 선택의 기준이다. 교구 선택의 또 다른 기준은 그 교구가 아동의 지식수준을 향상시킬 수 있는지의 여부다.

아동에게 풍부하고 다양한 교구를 제공하는 것은 교구에 대한 선택과 의사

결정을 유도하는 데 도움이 된다. 그러나 나이 어린 유아에게 양적이나 질적으로 과도하게 많은 수의 교구를 제공하는 것은 오히려 선택의 어려움을 가중시킬 수 있으므로 각별한 주의가 요구된다. 특히 쉽게 동요되거나 자기 통제력이 미약한 아동의 경우에는 이러한 교구의 선택폭을 조절해 줄 필요가 있다.

교구는 프로젝트의 주제와 아동의 흥미에 따라 주기적으로 교체해 주어야 하며, 교구의 교체와 구성 역시 아동의 현재 발달수준에 적합하게 이루어져야 한다. 이처럼 주기적인 교구의 변화를 통해 교구의 탐색에 대한 아동의 호기심을 가중시킬 수 있다. 아동은 교구 자체의 특성에 대한 탐색이 완료되면 교구의 조작을 통한 활용방법에 관심을 가진다. 지속적인 노력을 통해 아동은 성공을 경험하고 이러한 성공은 아동이 새로운 지식을 형성하는 데 도움을 주는 토대가 된다(Elgas, Rioux, Struewing, & Corkwell, 1998).

(3) 상호작용

교실에서 이루어지는 영유아의 상호작용은 여러 가지 방식으로 촉진될 수 있는데 교실 내 물리적 환경의 구축은 영유아 간의 상호작용을 촉진하는 대표적인 예다. 예컨대, 블록 영역을 넓게 배치함으로써 여러 명의 아동이 함께 블록으로 다양한 구조물을 만들어 볼 수 있다. 또한 교사는 개별 아동의 어려움을 도와주거나 아동이 새롭게 발견한 내용을 격려해 줌으로써 아동 간의 상호작용을 언어적으로 조성할 수 있다.

교실에서 이루어지는 아동 간의 상호작용뿐만 아니라 교사와 아동 간의 상호작용 역시 중요하다. 교사는 아동이 새로운 것을 탐색하고 이를 실험해 보도록 격려하는 질문을 하거나 아동이 발견한 사실에 대한 견해를 말해 줄 수 있다. 이처럼 교사는 언어를 통해 아동이 원인과 결과를 예측하고, 해결책을 모색할 수 있도록 돕는다.

보육시설에서의 초기 환경 구성은 성인 공간 내에 영유아를 수용하는 형태로 시작하여 이에 대한 관심이 증진되면서 영유아의 입장에서 환경을 제공해야 바람직하다는 시각과 관점에 의해 영유아의 신체 측정치에 적합한 제반 시설과 설비, 공간 규모, 친밀감 조성 등 다양한 영유아 지향적 디자인을 고려하게 되었다. 그런데 영유아뿐만 아니라 영유아를 돌보는 교사, 그리고 더 나아가 보육시설을 방문하는 학부모를 포함한 일반 방문객들의 요구를 만족시켜 줄 수 있는 환경 구성이 필요하게 되었다. 따라서 성인과 영유아들이 공존하는 공간으로 창조되도록 양측의 요구를 적절히 만족시킬 수 있는 환경적 측면들을 인지하고 배려하여 환경 구성을 계획해야 한다.

이상에서는 교구 및 환경 계획의 원리는 공간, 교구 그리고 상호작용의 관점으로 분리하여 살펴보았다. 다음에서는 보다 포괄적인 측면에서 보육환경의 구성원리를 살펴보고자 한다. 영유아를 위한 양질의 보육프로그램이 원활하게 운영되기 위해서는 최적의 보육환경이 영유아에게 제공되어야 하므로 발달에 적합한 보육환경, 통합을 위한 보육환경, 균형을 갖춘 보육환경, 연속성과 융통성을 갖춘 보육환경, 그리고 안전한 보육환경이라는 구성원리를 준수해야 한다(White & Coleman, 2000).

첫째, 영유아의 발달에 적합한 실제를 위해서는 교실의 환경 구성 역시 발달에 적합해야 한다(Bredekamp & Copple, 1997). 이는 교재 및 교구를 선정하고 실내 흥미 영역을 배정할 때 연령별 차이를 고려함과 동시에 동일 연령 내에서의 개인 간 차이 역시 고려해야 함을 의미한다. 즉, 연령별 적합성은 특정 연령 집단의 일반적 발달수준과 흥미를, 개별 적합성은 개별 아동의 독특한 발달수준과 흥미에 적절하도록 고려하는 것이다. 실내환경과 더불어 실외환경 역시 연령에 적절한 공간, 시설 및 설비를 갖출 필요가 있다. 영유아는 성인과 다르며 영유아기는 안정된 변화를 하는 성인기와 달리 빠르게 변화하는 시기다. 이 시기의 영유아들 간의 변화의 차이는 성인들 간의 차이보다 큰 의미를 지니고 있으며 영유아기의 모든 변화는 단순한 변화 현상이 아닌 미래와 연계되는 발달학적인 특성을 내포하고 있다. 따라서 영유아를 위한 학습환경은 이처럼 민감한 영유아기만의 특징과 영유아들 간의 차이를 적절히 수용해 주어야 한다. 또한 영유아들의 발달적 변화를 지원해 주고 미래 발달이 가능하도록 제반 활동을 건전한 방향으로 고무시킬 수 있는 실내외 학습환경이 되도록 계획할 필요가 있다.

둘째, 발달에 적합한 보육환경이란 발달수준과 홍미의 차이가 다양한 모든 아동을 통합적으로 보육할 수 있는 환경을 의미한다. 다양한 능력을 가진 모든 아동의 발달수준에 적절히 반응할 수 있는 홍미 영역과 교구의 선정을 위한 배려가 필요하다. 통합보육에서 고려해야 할 또 하나의 사항은 아동의 성별이다. 남아와 여아는 자신의 학습경험과 사회적 기술을 최대화시키도록 모든 홍미 영역에서 활동을 하도록 격려받을 필요가 있다. 이를 위해 블록과 인형을 아동이 함께 가지고 놀이를 할 수 있도록 교사의 도와주어야 한다.

셋째, 교재 및 교구, 홍미 영역, 일과 구성의 균형은 영유아의 발달에 적합한 학습환경을 제공해 준다. 구체적으로 정적인 활동과 동적인 활동을 주기적으로 반복함으로써 아동이 자신의 에너지를 조절할 수 있도록 도울 수 있다. 이외에도 개별활동과 집단활동, 사적 공간과 공적 공간의 균형 역시 보육환경의 구성에 있어서 적절히 이루어져야 한다. 보육시설에서 영유아들은 먹고 쉬고 자고 화장실에 가는 등 일반가정 내에서의 생리적인 행동들과 유희, 게임 등의 각종 놀이활동, 독서, 음률, 미술 등의 학습활동을 하면서 지낸다. 이러한 세 가지 유형의 활동들은 서로 독립적이지 않으면서 중복되어 있다. 보육시설은 기본적인 생활환경과 놀이, 학습이 통합된 특수한 환경이라고 할 수 있다. 이 세 가지 활동이 중요시되는 비중은 연령과 발단단계에 따라 달라진다. 즉 영아의 경우 생활행동과 놀이, 학습의 순으로, 방과 후 아동의 경우는 학습, 놀이 그리고 생활행위 순으로 비중이 높을 것이다. 따라서 보육시설을 계획할 때는 기본적 생활행동의 순으로 비중이 높을 것이다. 따라서 보육시설을 계획할 때는 기본적 생활행동이 보다 쾌적하게 일어날 수 있으며 놀이가 매력 있고 즐겁게 진행되고 학습이 자연스럽고 효율적으로 이루어지도록 지원하는 환경을 창조해야 한다.

넷째, 균형을 갖춘 보육환경이 되기 위해서는 학습환경에서의 연속성과 융통성이 요구된다. 아동이 너무 지치거나 무기력해지지 않도록 하나의 활동이 너무 오랫동안 지속되어서도, 그리고 활동이 너무 자주 변화되어서도 안 된다. 활동의 연속성과 융통성 간에 균형을 이루기 위해서는 보육환경에 대한 아동의 반응을 계속해서 관찰할 필요가 있다. 아동이 지루하다는 반응을 보일 경우 새로운 교구를 제시해야 하고 아동의 탐구심을 조장하고 흥미를 지속시키기 위해서는 흥미 영역의 배치를 새롭게 변경시킬 필요가 있다. 보육시설의 공간환경은 영유아의 활동과 보육프로그램을 지원해야 하는 특성이 있지만 영유아의 발달과 보육에 필요한 제반 인적 및 물적 자원과 함께 존재하며 이들과 통합되어 전반적 환경으로 인지되고 활용된다. 즉, 인적 자원이 보다 효율적으로 이용되게 할 수도 있고 그렇지 않게 할 수도 있으며 물적 자원이 보다 그 기능을 발휘하게 할 수도 있고 그렇지 않게 할 수도 있는 것이며 초기 환경 속에 들어오게 되는 인적 및 물적 자원의 특성으로 인해 최종 환경의 성격이 변질되어버릴 수도 있다(윤애희 외, 2003). 예를 들면, 설계자가 창조할 당시 공간은 적절한 자극의 정도를 지닌 환경이었으나 유색의 가구, 교구, 교재 등과 함께 다양한 색의 옷을 입고 끊임없이 움직이는 영유아들에게 전체 최종 환경은 매우 자극이 많은 환경으로 변할 수 있다. 따라서 학습환경에서의 연속성과 융통성이 동시에 요구된다고 볼 수 있다.

다섯째, 안전은 신체, 인지, 사회 · 정서적 안녕을 반영하는 총체적인 개념이다. 부서진 교구는 아동에게 신체적 해를 입힐 수 있으며 이러한 물리적 손상은 아동에게 심리적 손상도 가져올 수 있다. 부서지거나 고장난 장난감은 수리한 후 사용하며 콘센트는 아동의 키보다 높은 곳에 설치하거나 안전핀을 꽂아 두고 문틈에 손가락이 끼어서 발생하는 안전사고를 예방하기 위한 장치를 설치할 필요가 있다.

2) 활동 영역별 학습환경 구성

보육시설의 학습환경 구성은 일반적으로 실내 학습환경 영역과 실외 학습환경 영역으로 구분된다. 이러한 공간적 특성과 더불어 보육대상 아동의 연령에 따라 적합한 학습환경을 구성할 필요가 있다. 또한 최근 들어 일반아동뿐만 아니라 영재아와 장애아에 대한 관심의 증대는 통합보육의 중요성을 강조하고 있으며 이로 인해 보육환경 역시 특수아에 대한 고려가 필수적으로 요구되고 있다.

(1) 실내 학습환경 구성

일반아동을 위한 보육시설의 실내 학습환경 구성은 연령별 특성에 따라 영아와 유아를 위한 계획으로 구분된다.

① 영아를 위한 실내 학습환경의 구성

영아기는 생의 초기에 해당하는 아주 중요한 시기로서 유아기와는 차별화된 교구 및 학습환경의 구성이 요구된다. 영아는 교육활동보다는 상대적으로 보호의 관점이 우선시되므로 이에 적절한 교구의 선택과 환경 구성을 계획해야 한다.

대부분의 영아들은 사물을 자신의 입에 가져다 넣음으로써 새로운 사실들을 학습하게 된다. 따라서 영아를 위한 놀잇감이나 학습환경 계획에서 가장 우선시되는 것 중의 하나가 바로 놀잇감의 안전성과 청결이다(Lowman & Ruhmann, 1998). 이러한 사항을 고려하여 교사는 영아가 놀잇감을 입에 넣었을 때 부러지거나 삼켜질 우려가 있는 교구는 제공하지 않아야 한다. 또한 놀잇감은 지속적으로 세탁해야 하므로 내구성이 강한 제품을 준비해야 한다. [그림 5-1]에는 영아를 위한 실내 학습환경 구성의 예가 제시되어 있다.

영아를 위한 양질의 보육·교육프로그램은 나이 어린 영아의 신체적, 사회·정서적, 인지적 요구를 적절하게 고려할 필요가 있다. 이처럼 영아들의 발달적 요구에 적합한 프로그램이 되기 위해서는 양질의 보육교사, 적절한 학습환경 구성, 발달에 적합한 프로그램, 그리고 적극적인 부모 참여가 요구된다. 영아를 위한 적절한 학습환경 구성의 경우 나이 어린 아동의 발달적 요

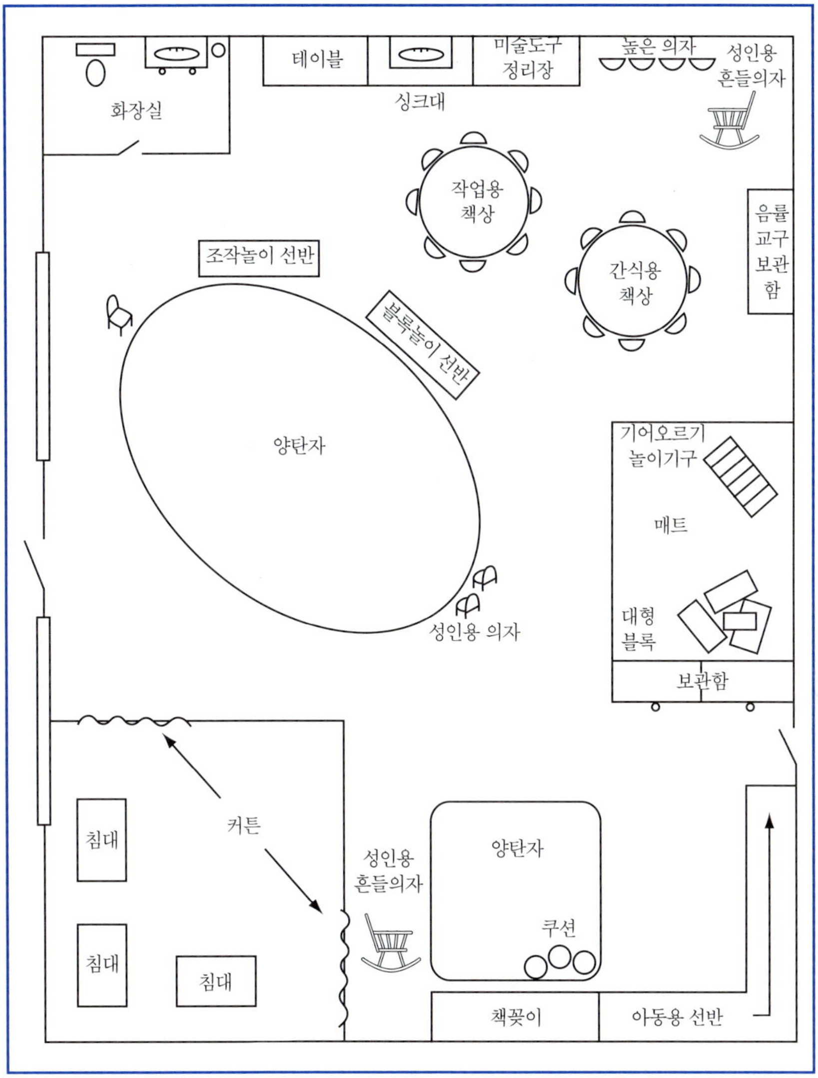

[그림 5-1] 영아를 위한 실내 학습환경 구성의 예

출처: Henniger, 2002, p. 261.

[그림 5-2] 영아를 위한 신체운동발달 영역

구에 적합한 물리적 환경을 구성하는 것이 중요하다(Wortham, 2002). 영아를 위한 대부분의 프로그램은 나이 많은 유아에게 보다 적합한 환경을 갖추고 있으나 자유롭게 이동하고 사물을 탐색할 수 있고 안전하며 놀잇감 선택이 용이한 환경이 영아에게 보다 적합한 환경이다.

다음에서는 신체운동발달, 인지발달, 사회성발달 영역으로 구분하여 영아를 위한 실내 학습환경을 제시한다. 먼저 인간의 신체운동발달은 출생과 더불어 시작되며 신생아 시기에는 보다 제한된 운동능력을 가진다. 영아는 자신의 신체에 대한 통제력을 발달시켜 감에 따라 손, 발, 그리고 다른 신체 부위를 활용한 놀이를 점차 확장시켜 나간다. 영아가 놀잇감을 잡을 수 있게 되면 영아의 놀이활동은 실내환경에 구비되어 있는 사물들로 확장된다. 따라서 영아의 신체활동이 확장되고 사물활용능력이 확대됨에 따라 발달된 능력에 적절한 놀잇감을 보육실에 구비하여 영아가 가지고 놀 수 있도록 신체운동발달 영역을 구성해야 한다. [그림 5-2]에는 영아를 위한 신체운동발달 영역의 예가 제시되어 있다.

다음으로 인지발달은 영아로 하여금 신체활동의 증가와 세상을 탐색할 수 있는 인지능력을 결합시킬 수 있도록 도와준다. 대물놀이와 환경 탐색은 영아의 인지발달을 촉진시키는 역할을 한다. 영아가 놀잇감을 가지고 놀기 위해서는 감각 및 운동기술의 활용이 가능해야 한다. 전형적으로 영아는 눈과 입을 활용하여 놀잇감을 탐색하게 되며 이를 통해 놀잇감의 이모저모를 살펴보고 놀잇감을 보다 잘 이해하기 위한 구체적 특성들에 주의를 기울인다. 이러한 과정을 통해 영아는 놀잇감의 다양한 기능을 이해하고 이를 활용하는 능력을 습득하게 된다. 따라서 이러한 영아의 인지발달 특성을 고려하여 영아가 놀잇감을 입에 넣어도 유해하지 않은 재질의 놀잇감을 보육실에 준비해 두어야 한다. 예를 들어, 천으로 만들어진 과일이나 그릇은 깨질 위험이 없고 입에 넣어도 특별한 문제가 없으며 자주 세탁을 해 주면 된다.

영아의 사회성발달에서 놀이는 중요한 역할을 담당한다. 영아가 경험하는 사회적 환경은 주로 어머니와 같은 주양육자와의 상호작용이다. 까꿍놀이와 같은 사회적 활동을 통해 놀이상대방은 영아를 놀이에 참여시킨다. 이처럼 놀이상대방과의 상호작용 활동을 통해 영아는 의사소통능력을 획득하게 되며 주고받기에 대한 연습을 하게 된다. 자신의 신체에 주의가 집중되어 있어서 자기중심적 성향을 강하게 보이던 영아는 점차적으로 놀잇감을 자신의 놀이에 포함시키며 그 이후에는 다른 영아와의 놀이에 참여함으로써 사회적 놀이로 발전시켜 나간다. 이러한 영아의 놀이발달을 고려하여 공동놀이를 촉진할 수 있는 흔들거리는 보트나 모래상자 등의 놀잇감을 실내에 갖출 필요가 있다.

② 유아를 위한 실내 학습환경의 구성

유아를 위한 교구 및 실내 학습환경 구성은 영아기와 달리 유아의 발달적 특성과 흥미를 고려하여 이러한 요구가 개별 흥미 영역에 적절하게 포함되도록 계획해야 한다.

유아기 동안 이루어지는 학습의 가장 중요한 원동력은 바로 놀이다. 따라서 유아를 위한 보육실에는 예외 없이 놀이가 활성화되는 흥미 영역을 중심

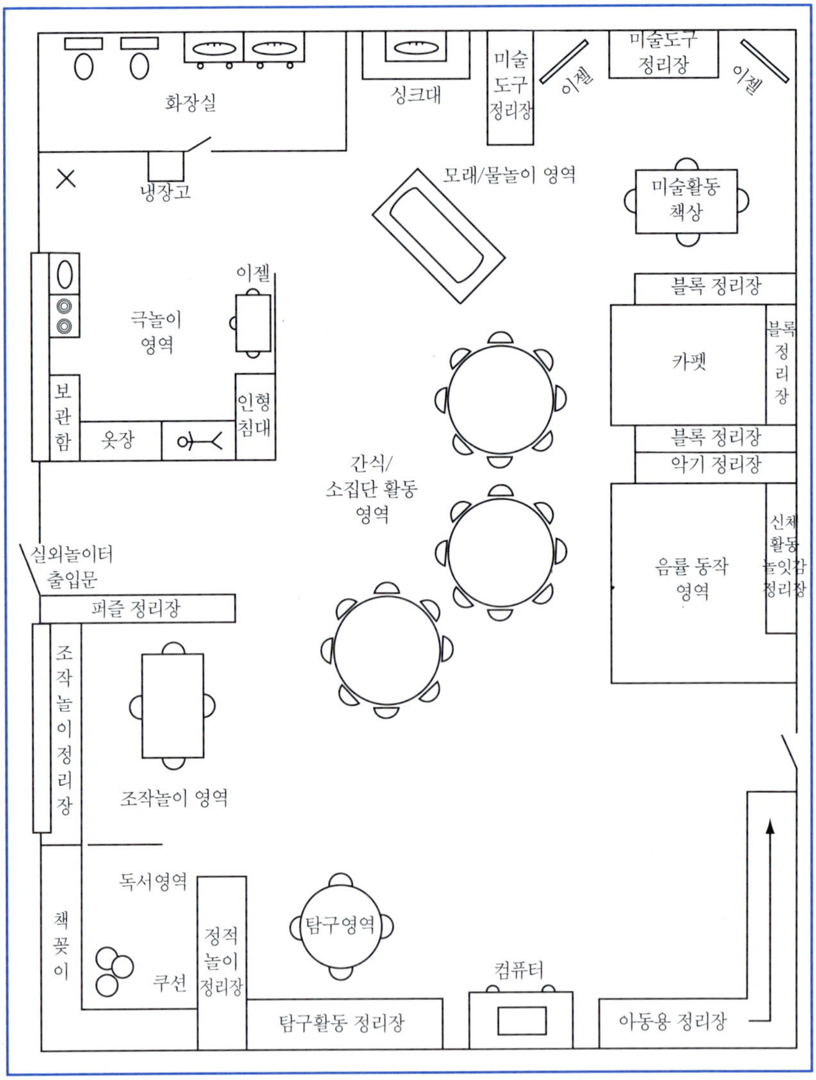

[그림 5-3] 유아를 위한 실내 학습환경 구성의 예

출처: Henniger, 2002, p. 263.

으로 영역이 구분되어 있다(Henniger, 2002). 유아들이 자율성을 보다 많이 확보함에 따라 보육실에 비치된 교재교구를 통한 경험은 유아의 독립심을 증가시키는 데 도움이 되어야 한다. 예컨대, 아동용 크기의 주전자는 유아가 스스로 음료수를 부어서 마시는 것을 가능하게 해 주며 퍼즐과 같은 놀잇감은 성인의 도움 없이도 유아가 스스로 과제를 완성할 수 있는 기회를 제공해 준다. [그림 5-3]에는 유아를 위한 실내 학습환경 구성의 예가 제시되어 있다.

일반적으로 유아를 위한 실내환경은 흥미 영역이나 학습 영역에 따라 구분된다. 개별 흥미 영역에는 교육활동을 지원하기 위한 교재교구가 비치되어 있다. 따라서 개별 흥미 영역에서 이루어지는 아동 중심 활동들은 자기주도적 학습과 독립심을 촉진시킬 수 있다. 흥미 영역은 여러 가지 방식으로 배치될 수 있는데 극놀이 영역, 언어 영역, 수과학 영역, 미술 영역, 음률동작 영역 등이 대표적인 예다. 이와 달리 발달 영역을 기준으로 유아를 위한 흥미 영역을 구분해 보면 신체운동발달 영역, 인지발달 영역, 언어발달 영역, 사회성발달 영역 등으로 나누어 볼 수 있다. 영아의 경우 흥미 영역으로 구분되기보다는 발달 영역을 기준으로 흥미 영역이 배치되는 경우가 많으므로 이의 연장선상에서 유아의 경우도 발달 영역을 기준으로 실내 학습환경을 구분하여 환경 구성의 특징을 살펴보고자 한다.

첫째, 신체운동발달의 경우 남아와 여아 간에도 실내 및 실외놀이 활동에서 차이를 보인다. 남아는 여아보다 실외에서의 신체활동을 더 선호하고 실외에서 이루어지는 가장놀이에 더 많이 참여한다. 이와 달리 여아는 실내에서의 놀이를 더 선호하며 남아보다 소근육활동에 참여하기를 좋아한다. 실내와 실외에서 이루어지는 신체발달을 위한 놀이는 서로 다른 유형으로 나타난다. 먼저 구성놀이의 경우에는 실외보다는 실내에서 보다 빈번하게 발생하는데 그 이유는 실내 흥미 영역에 블록이나 조작놀이 교구가 더 많이 준비되어 있기 때문이다. 놀이활동의 질은 신체놀이의 유용성에 영향을 미치므로 놀이 공간의 안전성을 먼저 확보할 필요가 있다. 단순히 신체놀이를 위한 교구 디자인과 구성의 안전성을 넘어서, 유아의 놀이활동은 놀이가 발생하는 공간의

[그림 5-4] 유아를 위한 신체운동발달 영역

유형, 놀이에 활용되는 교구, 그리고 놀이공간이 배치되는 방법과도 관련이 있다(Johnson, Christie, & Yawkey, 1999). [그림 5-4]에는 유아를 위한 신체운동발달 영역의 예가 제시되어 있다.

둘째, 유아를 위한 인지발달 영역은 대체적으로 수 영역과 과학 영역으로 구분된다. 유아가 수과학 영역에서 활발하게 인지적 개념들을 탐색하고자 한다면, 여러 가지 필수적인 교구들이 준비되어 있어야 한다. 수학 및 과학에 관련된 다양한 교구들이 보육실 내에 갖추어져 있어야 유아의 인지발달을 촉진시킬 수 있다. 예를 들어, 수세기를 위한 일반적인 사물들이 여러 개 준비되어야 하는데 단추, 병뚜껑, 땅콩 등이 수세기에 도움이 되는 사물의 예다. 수세기, 패턴, 분류, 서열화 등의 수학적 지식을 유아가 습득하는 데 도움이 되도록 자연물을 준비하는 것과 더불어 수학적 지식 획득에 도움이 되는 기존 교구들을 함께 준비함으로써 유아가 수학적 개념에 접근할 수 있는 기회를 보다 폭넓게 제공해 주어야 한다.

과학 영역에는 화분, 어항, 자석, 광석, 현미경 등을 구비하여 유아들이 자연스럽게 과학적 지식을 탐색할 수 있도록 해야 한다. 또한 관련 그림책을 언어 영역에 비치함으로써 과학적 정보 탐색도 함께 이루어질 수 있도록 배려해야 한다.

셋째, 영아기와는 달리 유아기에는 언어발달 영역이 상대적으로 중요한 역할을 담당한다. 유아를 위한 보육실의 영역 구성은 유아를 개별 영역으로 초대할 수 있도록 다양한 교구를 포함하고 있어야 한다. 유아를 위한 흥미 영역은 창의적, 구성적, 극적, 조작적 놀이가 가능하여야 한다. 특히 언어발달 영역에서는 손인형의 활용이나 동화구연을 포함하는 활동들이 이루어지도록 실내환경을 구성하여야 한다.

언어와 문해발달을 위한 실내환경을 구성하기 위해서는 특정 영역을 언어 영역으로 구분하여 동화책을 비치하는 것과 더불어 전체 실내환경에 풍부한 인쇄물을 배치하여 유아의 언어발달을 자극할 수 있어야 한다. 특히 유아의 문해발달을 촉진시키기 위해 사물의 명칭, 기호, 도표, 포스터 등의 풍부한 인쇄물이 보육실의 곳곳에 배치될 수 있다. 또한 교육활동의 주제가 변경될 경우 주제에 적합한 읽기 자료를 극놀이 영역에도 포함시킬 필요가 있다.

언어 영역은 유아의 문해발달을 적극적으로 지원하기 위한 공간이다. 유아를 위한 보육실의 언어 영역은 듣기, 말하기, 읽기, 쓰기의 모든 언어발달 교육과정을 위한 활동자료를 갖추고 있어야 한다. 특히 쓰기 영역에는 종이, 연필, 사인펜, 크레파스, 매직 등의 다양한 필기구가 준비되어 있어서 유아가 자유롭게 쓰기 연습을 할 수 있어야 한다. 또한 읽기 영역에는 개념 설명 그림책, 이야기 그림책, 실생활 관련 그림책, 전래동화책, 시집 등의 다양한 읽기 자료가 준비되어서 유아가 동화책을 손쉽게 이용하여 읽을 수 있도록 준비할 필요가 있다. [그림 5-5]에는 유아를 위한 언어발달 영역의 예가 제시되어 있다.

넷째, 놀이는 유아의 사회성발달을 위해 중요한 요소이므로 유아반 교실에서는 사회성발달과 사회생활 교육을 위한 환경 구성이 필요하다. 예컨대, 유아들이 사회극놀이활동에 참여할 수 있도록 활동 공간과 관련 소품들이 준비되어야 한다. 소꿉놀이 또는 역할극놀이 영역은 가상놀이 주제가 가장 일반적

[그림 5-5] 유아를 위한 언어발달 영역

으로 등장하는 영역이다. 그러나 실제적으로는 블록 영역이나 조형 영역과 같이 보육실 내의 다른 영역에서 유아들이 사회극놀이에 많이 참여하게 된다.

실내환경의 구성 및 영역의 배치는 유아의 사회적 기술 발달과 사용에 영향을 미친다. 예를 들어, 활동 영역의 공간이 협소하게 배분될 경우 유아들 간에 공간 확보를 위한 다툼이 발생할 수 있다. 따라서 유아들이 긍정적 사회 행동을 보다 많이 보일 수 있도록 넓은 공간에서 놀잇감에 쉽게 접근할 수 있는 영역 배치가 필요하다.

(2) 실외 학습환경 구성

① 영아를 위한 실외 학습환경 구성

영아기처럼 나이 어린 시기에도 실외놀이 시간이 영아들에게 매우 중요하다는 사실을 교사들이 충분히 인식할 필요가 있다. 최근 들어 많은 교육자들이 영아를 위한 실외놀이 환경에 관심을 가지기 시작했으며 이 시기 아동들에게 실외환경이 다양한 혜택을 준다는 사실을 발견하였다(Lowman &

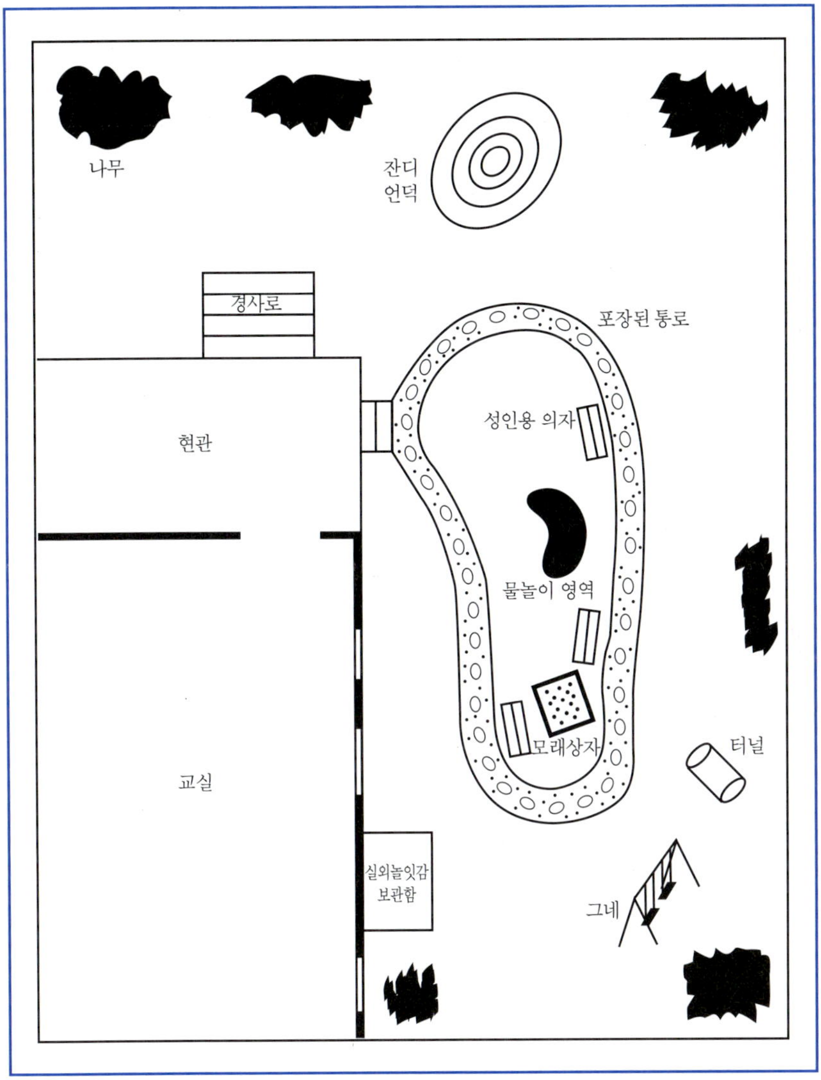

[그림 5-6] 영아를 위한 실외 학습환경 구성의 예

출처: Henniger, 2002, p. 291.

Ruhmann, 1998). 영아들은 자신의 감각기관 활용을 통해 여러 가지를 학습하므로 실외놀이터는 이들의 학습을 확대시켜 줄 수많은 새로운 기회를 제공해준다. 영아를 위한 실외 학습환경은 단순히 유아를 위한 환경을 축소시켜 놓아서는 안 된다. 그 외에도 작은 언덕, 낮은 계단, 터널과 같이 영아의 신체활동을 촉진시키는 데 유용한 시설을 갖출 필요가 있다. [그림 5-6]에는 영아를 위한 실외 학습환경 구성의 예가 제시되어 있다.

교사는 영아에게 적절하면서 매혹적인 실외 학습환경을 구성하기 위해 영아들의 흥미와 욕구를 정확하게 파악하고 있어야 한다(Douville-Watson, Watson, & Wilson, 2003). 이처럼 영아들의 흥미와 욕구를 파악한 후 이에 적절한 학습영역을 구분하고 영역별 교구를 비치해야 한다. 영아를 위한 실외 학습 영역의 구분과 더불어 대부분의 경우 실외놀이 공간을 나이 많은 유아와 공유하게 된다. 이 경우 공간이 넓지 않다면 영아와 유아의 이용시간을 다르게 배정하여 협소한 공간 문제를 해결할 수도 있다.

영아의 경우에는 실외 학습환경에서 특히 안전을 고려해야 한다. 걸음마를 시작하는 영아들의 경우 넘어져서 다칠 가능성이 많으므로 잔디를 깔아서 이들이 다치는 것을 미연에 방지해야 한다. 특히 콘크리트나 아스팔트의 경우에는 여름에 열을 흡수하고 있어서 영아들이 앉아서 놀거나 기어다니기에 부적절하다.

영아를 위한 실내환경 계획에서와 마찬가지로 실외환경의 경우에도 영아의 발달과 놀이를 촉진시키는 경험을 영아에게 제공해 주는 것이 중요하다. 즉 영아의 독특한 발달적 요구를 고려한 환경 구성이 필요하다. 영아의 경우 햇빛, 그늘, 바람 등에 따라 분위기를 전환시키거나 경치를 감상할 수 있으며 감각적 경험이 가능하도록 실외환경을 조성해 주어야 한다. 이처럼 실외환경은 영아를 위한 프로그램에서 빠뜨릴 수 없는 중요한 부분이다. 영아는 유아에 비해 상대적으로 실외환경에 대한 의존도가 높지는 않지만 다양한 실외활동에 참여함으로써 영아기 발달의 원활함을 촉진시킬 수 있는 기회를 제공받는다. 예컨대, 실외활동을 통해 영아는 대근육발달뿐만 아니라 개념 학습의

[그림 5-7] 영아를 위한 실외놀이 영역

기회, 기술과 사회적 관계의 발달 기회, 창의적 활동에의 참여 기회, 놀이활동을 통한 즐거움을 느끼는 기회를 제공받는다(이영자 외, 2000). [그림 5-7]에는 영아를 위한 실외놀이 영역의 예가 제시되어 있다.

② 유아를 위한 실외 학습환경 구성

유아기 동안 아동들은 사회적 인식의 발달이 가속화되고 또래와의 상호작용이 보다 활성화된다. 따라서 이 시기 아동들을 위한 실외놀이 환경의 구조물은 유아들이 서로 놀이 경험을 함께 나누면서 사회적 기술을 발달시킬 수 있어야 한다. 예컨대, 계단, 미끄럼, 연결다리, 기어오르기 등이 동시에 가능한 다목적 기능을 가진 복합놀이기구가 유아들에게 적절하다. [그림 5-8]에는 유아를 위한 실외 학습환경 구성의 예가 제시되어 있다.

유아들은 실외놀이 영역에서 활동하는 동안 주변의 자연환경, 실외의 소리와 냄새를 자유롭게 탐색하고 경험할 수 있어야 한다. 실외에서 유아들은 달리기, 점프하기, 그네 타기, 자전거 타기 등과 같은 대근육을 사용하는 활동을 할 수 있다. 실외놀이 환경은 유아들이 쉬운 신체활동 과제에서 보다 어려

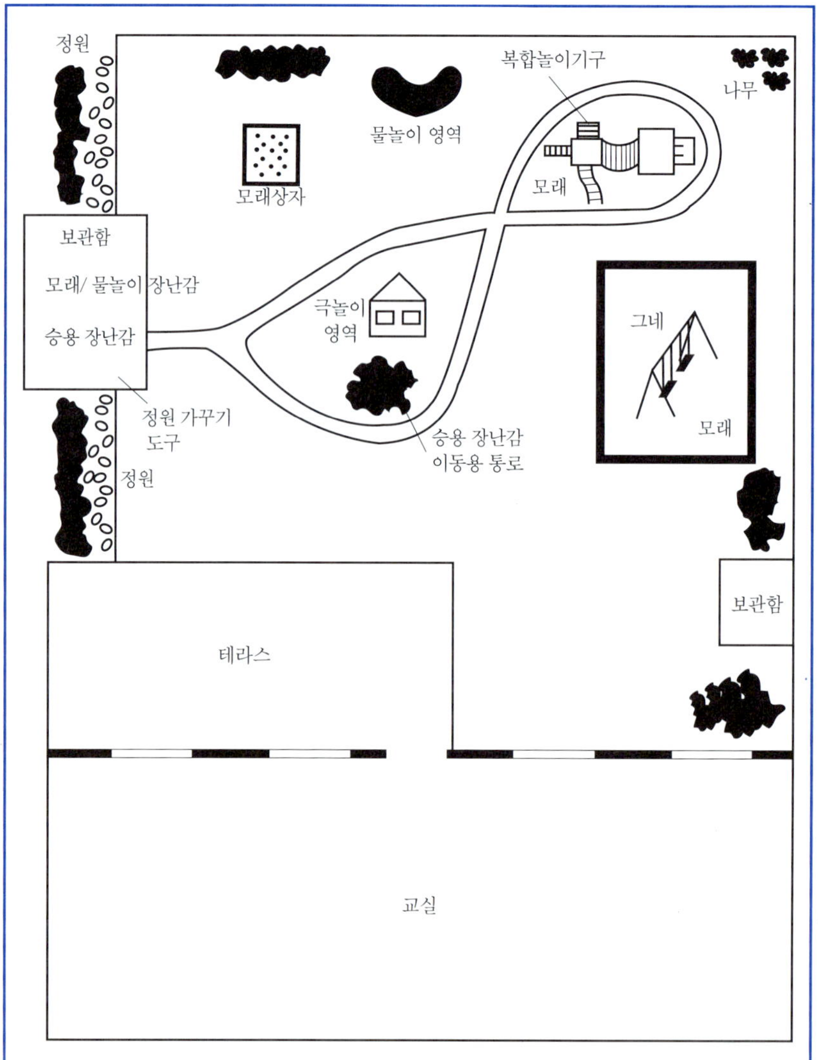

[그림 5-8] 유아를 위한 실외 학습환경 구성의 예

출처: Henniger, 2002, p. 292.

운 신체활동 과제를 점진적으로 완수할 수 있는 건강한 모험을 허용하도록 구성해야 한다(Henniger, 2002). 이와 함께 실외놀이 영역은 유아의 흥미를 유발하고 유아로 하여금 도전하고 싶은 마음이 들도록 구성해야 한다. 이를 위해 실외놀이 장소가 갖추어야 할 요건은 다음과 같다. 먼저 실외놀이 공간에는 달리기와 자전거를 탈 수 있는 길을 갖추고 있어야 하며 모래, 잔디, 시멘트, 나무, 진흙 등과 같이 다양한 재질의 표면을 확보할 필요가 있다. 또한 그늘진 곳과 양지 바른 곳, 언덕과 평평한 곳 등의 상호보완적 공간을 확보해야 하며 나무와 꽃 등의 식물이 자라는 자연 영역이 배치되어 있어야 한다. 이외에도 실외놀이 활동 중에 유아들이 물이나 음료를 쉽게 이용 가능하도록 해야 하며 모래놀잇감 등 실외놀이기구를 보관하기 위한 상자나 공간을 확보해야 한다. 실외놀이 영역 역시 실내놀이 영역과 마찬가지로 다양한 활동들이 이루어질 수 있도록 활동 영역을 구분할 필요가 있는데 예를 들어 목공활동, 미술활동, 역할놀이 활동이 가능한 영역을 구분해서 마련할 필요가 있다.

실내에서도 유아를 위한 대근육활동이 부분적으로 계획되고 실행될 수 있지만 실외에서는 모든 대근육활동들이 자연스럽게 이루어질 수 있다는 강점이 있다. 실외놀이터와 같은 외부 환경에서 유아는 마음껏 달리거나 뛸 수 있으며 이처럼 넓은 공간은 다양한 대근육활동을 가능하게 해 준다. 또한 실외놀이기구는 신체활동의 기회를 보다 폭넓게 제공해 준다. 유아를 위한 실외환경은 대근육활동뿐만 아니라 소근육활동을 위한 기회 역시 제공해 주어야 한다. 실외에서도 여러 가지 조형활동들이 가능한데 예를 들어, 모래와 물놀이활동은 소근육과 대근육활동 모두를 촉진시킬 수 있다.

실외환경은 실내환경과는 질적으로 다른 종류의 놀이활동을 유아에게 제공해 준다. 일반적으로 실외환경은 그네 타기, 미끄럼틀 타기, 자전거 타기, 올라가기, 뛰기 등의 신체활동을 위한 영역으로만 인식하는 경우가 대부분인데 실외환경은 유아가 교육활동으로 인한 긴장을 해소하거나 신체 운동이나 도전을 허용할 뿐만 아니라 동물과 식물 등 자연환경을 탐색하고 실험하며, 조사하는 활동, 그리고 보다 활동적인 극놀이, 창의적인 구성놀이, 소음이 나

[그림 5-9] 유아를 위한 실외놀이 영역

는 목공놀이, 물과 모래놀이, 휴식하면서 할 수 있는 조용한 놀이, 책 읽기 등 다양한 놀이를 제공할 수 있는 장소로도 활용될 수 있다. 많은 실외활동은 실내활동보다 위험에 노출될 가능성이 많다. 따라서 유아들이 특별한 제약을 받지 않고 자유롭게 탐색하고 활동할 수 있도록 실외환경의 안전에 대한 점검이 정기적으로 이루어질 필요가 있다(양옥승 외, 1999). [그림 5-9]에는 유아를 위한 실외놀이 영역의 예가 제시되어 있다.

표 5-1 유아를 위한 실외 학습환경 활동 영역별 시설 및 교구

활동 영역	시설 및 교구
대근육활동	미끄럼틀, 그네, 낮은 철봉, 정글짐, 망오름대, 링터널, 드럼통 터널, 놀이집, 구름다리, 흔들 사다리, 통나무 징검다리, 타이어 오름대, 이동식 농구대, 트램펄린, 개방된 공간, 잔디밭, 줄넘기, 훌라후프, 공, 줄, 평균대, 뜀틀, 매트, 자전거, 고리 던지기, 수레, 놀이용 골프채, 배드민턴 라켓, 헌 타이어, 잠자리채
구성활동	수도 및 배수 처리시설, 모래장, 모래놀이 상자, 물놀이 기구, 정리용 바구니 또는 정리장, 화판, 목공대, 연장함, 모래놀이 기구, 물놀이 기구, 목공놀이 기구, 미술활동 자료(화판, 비닐 씌운 책상, 방수 가운, 마른 타월, 젖은 걸레, 모래, 찰흙 등), 구조물 만들기 자료(다양한 크기의 상자, 널빤지, 조립식 나무 블록, 사다리, 헌 타이어 등)
과학활동	식물 재배장, 동물 사육장, 곤충 기르기 장, 새장, 흙, 돌, 나무, 꽃 등, 과학 실험 도구(자석, 확대경, 프리즘, 온도계, 깔때기, 투명한 유리병이나 플라스틱 통, 곤충 채집망), 식물 재배 도구(모종삽, 갈퀴, 유아용 삽, 호미, 화분, 물뿌리개, 분무기, 분수기, 정원용 호스, 각종 식물), 사육용 동물(토끼, 닭, 병아리, 고양이, 강아지, 비둘기, 새끼오리 등)
역할놀이활동	이동식 놀이집, 널빤지, 받침대, 비치파라솔, 탁자, 의자, 텐트, 돗자리, 대형 나무 블록, 빈 상자로 만든 집, 헌 자동차, 운전대, 교통표지판, 호루라기, 가면, 로프, 소꿉놀이용 그릇류, 가상놀이용 의류, 양산, 구두류, 모자류
언어활동	놀이집, 긴 의자, 텐트, 큰 상자, 나무 그루터기, 바위, 돗자리 음악감상용 테이프 녹음기, 여러 종류의 책
음률동작활동	리듬악기류, 녹음기 및 테이프, 전통 악기, 기타, 아코디언, 하모니카, 리본 테이프, 리듬막대, 풍선, 끈, 비치볼, 스카프, 훌라후프 등

참고문헌

양옥승, 김영옥, 김현희, 신화식, 위영희, 이옥, 이정란, 이차숙, 정미라, 지성애, 홍혜경(1999). **영유아 보육개론**. 서울: 학지사.

윤애희, 김온기, 박정민, 곽윤숙, 주영은, 박정문, 정정옥, 임명희, 정지영(2003). **보육의 이해와 영 · 유아보육프로그램**. 서울: 창지사.

이영자, 이기숙, 이정욱(2000). **유아교수학습방법**. 서울: 창지사.

이윤경, 김선영, 김성희, 김지은, 나종혜, 문혁준, 신인숙, 안선희, 천희영, 최은미, 황혜신, 황혜정(2003). **유아교육개론**. 서울: 창지사.

Bredekamp, S., & Copple, C. (1997). *Developmentally appropriate practice in early childhood programs serving children from birth through age 8: Revised edition*. Washington, DC: National Association for the Education of Young Children.

Douville-Watson, L., Watson, M. A., & Wilson, L. C. (2003). *Infants and toddlers: Curriculum and teaching* (5th ed.). Clifton Park, NY: Thomson Learning.

Elgas, P. M., Rioux, K., Struewing, N., & Corkwell, C. (1998). Inquiry learning and curriculum planning. In L. J. Johnson, M. J. LaMontagne, P. M. Elgas, & A. M. Bauer, *Early childhood education: Blending theory, blending practice* (pp. 149-171). Baltimore, Maryland: Brookes Publishing Co.

Henniger, M. L. (2002). *Teaching young children: An introduction* (2nd ed.). Upper Saddle River, NJ: Merrill Prentice-Hall.

Johnson, J. E., Christie, J. F., & Yawkey, T. D. (1999). *Play and early childhood development*. New York: Longman.

Tyler, B. J. (1999). *A child goes forth: A curriculum guide for preschool children*. Upper Saddle River, New Jersey: Merrill Prentice-Hall.

White, C. S., & Coleman, M. (2000). *Early childhood education*. Upper Saddle River, New Jersey: Merrill.

Wortham, S. C. (2006). *Early childhood curriculum* (4th ed.). Upper Saddle River, New Jersey: Merrill.

2 영유아 교수학습활동의 운영

제6장 영유아교수학습활동의 계획
제7장 영유아교수학습활동의 운영
제8장 영유아교수학습활동의 평가

제 6 장 영유아 교수학습활동의 계획

교수학습활동의 계획은 영유아와 교사가 무엇을 할 것이며 언제, 어떠한 순서로 활동을 전개할 것인가를 계획하는 것이다. 영유아 교수학습의 목표에 따라 활동을 선정하고 어떠한 순서로 활동을 전개할 것인가를 고려하여 선정한 활동을 조직하고 배열한다.

1. 교수학습활동의 목표설정

교수학습활동은 영유아 보육의 목적과 목표를 달성하기 위한 구체적 실행 과정이다. 목표가 너무 광범위하면 학습활동을 선택하기 위한 지침을 제공해 주지 못하고(권영례, 1999, p. 299) 또 목표가 너무 좁으면 교사와 영유아의 활동 가능성을 제한한다. 목표는 영유아 보육의 전 과정을 고려한 장기적 목표에서부터 연간, 월간, 주간, 일간의 목표로 구체화될 수 있다. 또한 보육대상의 특성과 발달수준에 따라서 목적과 목표는 연령별, 대상별로 세분화된다.

1) 대상에 따른 목표설정

보육대상인 영아와 유아, 일반영유아와 장애영유아의 발달특성이 다르고 발달적 요구가 다르기 때문에 영아의 월령에 따라 또 유아의 연령이나 발달수준에 따라 목표가 설정되어야 한다.

영아나 유아의 경우 다음과 같은 목표를 수립할 수 있다.

표 6-1 대상에 따른 목표설정

영아를 위한 목표	유아를 위한 목표
건강한 몸	신체조절력과 안전한 생활습관
신체조절력	기본생활습관
운동기능	자아존중감
정서적 안정감	사회적 지식과 태도
건강한 자아	타인 및 세계에 대한 배려와 관심
기초적 언어능력	정서적 안정감과 심미감
사고능력	언어능력 발달과 풍부화
타인에 대한 긍정적 감정	합리적 문제해결능력과 태도
	창의적 자기표현능력

출처: 이순형 외(2007). 보육과정(2판). 서울: 학지사.

2) 기간에 따른 목표설정

보육프로그램의 성격에 따라 장기적 단기적 목표를 세우며 이러한 목표는 연간, 월간, 주간, 일간 목표로 구체화된다. 주제탐구 중심으로 활동을 진행하는 경우는 주제가 전개되는 기간에 따라 하위 목표가 구체화된다.

장기 목표는 '자신을 사랑하고 존중하며 또래와 가족, 보육교사 등 타인과 긍정적 관계를 맺으며 사회에서 더불어 사는 태도를 기른다.' 와 같이 일반 목

표 6-2 기간에 따른 목표설정의 예

〈연간목표〉
• 자신을 사랑하고 존중하며 또래와 가족, 보육교사 등 타인과 긍정적 관계를 맺으며 사회에서 더불어 사는 태도를 기른다.
〈연간목표 달성을 위한 하위 목표〉
• 자신의 독특한 자아에 대해 인식하고 자신감과 독립심을 기른다. • 자신과 타인의 정서를 이해하고 표현하며 정서를 조절하고 활용한다. • 다른 사람과의 관계를 이해하고 더불어 살아가는 능력을 기른다. • 자신을 둘러싼 사회현상에 관심을 가지고 이해한다.
〈자신과 타인의 정서 인식과 조절에 관한 목표 성취를 위한 구체적 하위목표〉
• 2세 미만: 자신의 정서를 느끼고 표현하기 • 2세: 자신의 정서를 적절하게 표현하기, 다른 사람의 정서에 관심 가지기 • 3~5세: 자신과 다른 사람의 다양한 정서를 인식하고 표현하기, 자신의 정서를 조절하고 활용하기

출처: 여성가족부(2005). 표준보육과정연구(http://www.educare.or.kr)

표로 설정되며 월간, 주간 목표는 일반 목표를 달성하기 위한 구체적 목표로 구성된다. 일반 목표는 대개 사회적 기술, 자조기술, 자존감 발달, 학업적 역량, 사고기술 및 문제해결력, 학습준비도, 언어 및 문해, 건강 및 영양, 안전 등을 포함할 수 있다.

3) 프로그램에 따른 목표설정

보육프로그램의 이론적 기초와 특성에 따라 영유아에게 다른 목표를 지향하고 있다.

직접교수 프로그램의 경우 교사가 영유아에게 기대하는 여러 가지 능력을 명시한다. 예를 들어, 수개념의 획득을 목표로 하는 경우 하나에서 열까지 세기, 10 이하의 수 일대일 대응하기, 10 이하의 수 읽기 등의 구체적 수행 목표를 수립한다. 구성주의 프로그램은 더 광범위한 목표를 활용하고 아동의 요구와 관심에 기초해 통합적으로 교육과정을 구성한다. 주제나 개념을 선택하여 폭넓게 조사하게 되며 그러한 활동 가운데 지식을 획득하거나 기술을 발달시키고 성향을 계발하며 감정을 발달시키기를 기대한다.

프로그램에 따른 목표설정의 예를 보면 다음과 같다.

표 6-3 프로그램에 따른 목표설정

주제 중심 프로그램	단원 중심 프로그램
• 지식: 주제관련 아이디어, 정보, 이야기, 노래 등 • 기술: 표상 기술 • 성향: 호기심, 인내심, 탐구심 등 • 감정: 긍정적 정서, 자존감, 삶에 대한 긍정, 적극성	신체의 조화로운 발달과 안전의식 예절과 규범 습득, 자율성과 책임감 의사소통 및 자기표현 능력 논리적 과학적 사고와 문제해결력

2. 교수학습활동의 계획

목표가 설정되면 목표달성을 위한 내용 및 활동을 선정하고 조직해야 한다. 어떤 내용을 다룰 것인가, 그리고 영유아들이 직접 활동하도록 할 것인가 아니면 교사가 제시할 것인가를 정해야 한다. 또한 그러한 내용과 활동을 얼마나 반복하며 수준을 어떻게 달리할 것이고 어떠한 순서로 전개할 것인지를 결정해야 한다.

1) 교수학습활동의 선정

교수학습활동을 선정할 때는 목표와 관련된 내용과 활동을 가능한 한 다양하게 고려해야 한다. 활동 선정 시 활동 선택의 폭을 넓게 하며 각각의 활동은 개인수준에서 또는 소집단이나 대집단수준에서 이루어질 수 있도록 다양해야 하고 실내활동과 실외활동을 포함해야 한다. 또한 한 가지의 내용이나 기술, 지식을 다루는 활동뿐 아니라 다양한 내용과 지식, 기술을 포함하는 통합적 활동도 포함되도록 해야 한다.

직접교수 프로그램에서는 목적을 진술하고 그에 따라 구체적 수행목표가 수립되며 목표달성을 위해 교사가 투입할 것이 무엇이며 영유아가 해야 할 활동이 무엇인지를 정한다. 대개는 단원 접근을 취하며 교사가 활동을 사전에 정하고 약 일주일 동안 한 단원을 다룬다. 단원주제에 관한 정보는 대부분 교사가 대집단을 대상으로 매일의 단원수업을 진행하는 가운데 제공된다. 예를 들어, 수개념을 가르치는 경우 단순히 기계적으로 세는 활동에서 시작하여 다음에는 일대일 대응에 대해 다루고 숫자를 읽어 보게 하며, 구체물을 가지고 덧셈을 해 보고, 이어서는 구체물과 상징을 사용해 셈을 해 보고, 나중에는 상징만을 가지고 셈을 해 보게 하는 방식을 적용할 수 있다(Decker & Decker, 2001). 이런 방식으로 주제가 선택되고 활동이 계획되면 매해 그 활동이 반복되며 교사들은 동일한 교재교구를 가지고 동일한 단원수업을 진행한다.

표 6-4 직접교수 프로그램과 구성주의 프로그램의 활동 예

직접교수(학업지향적) 프로그램	구성주의 프로그램
목표: 8가지 기본 색을 인지하기	목표: 친구 사귀기
• 색종이를 이용하여 영유아가 색 이름을 말하고 색을 짚어 보게 하기 • 1차색 이름을 말해 보게 하고 이어서 2차색 이름을 말해 보기, 물감이나 크레용과 종이를 제공하고 영유아가 2차색을 만들어 보게 하기 • 교사의 지시대로 색을 칠해 보게 하기	• 영유아가 자기들끼리 놀이집단을 이루도록 허용해 주기 • 방관하는 영유아가 있다면 그 아이가 할 수 있는 역할을 제안해 주면서 놀이집단에 합류하도록 격려해 주기 • 영유아들이 모방할 수 있도록 긍정적 상호작용을 본보여 주기

출처: Decker & Decker, 2001, pp. 245-247.

주제 접근법에서는 관심 영역이나 문제를 선택하고 그것을 교육과정으로 통합하는 통합적 접근을 취한다. 하나 이상의 학문 분야에서 주제나 개념을 선택하여 폭넓게 조사하면서 토론, 표상활동, 조사활동, 현장조사활동 등이 이루어진다. 통합적 교육과정의 대표적 접근법으로 주제탐구 접근법(the project approach)과 주제 접근법(the theme approach)이 있다. 가을 주제를 다루고자 할 때 가을과 관련된 경험과 기억에 관해 이야기를 나누고 가을 동산에 가거나 가을들판에 나가 보는 것, 수확에 참여하거나 수확에 관한 이야기를 듣는 것, 나뭇잎과 열매를 모으고 분류하며 조사하기, 나뭇잎과 열매를 활용한 미술활동, 가을과 다른 계절에 볼 수 있는 꽃과 열매를 비교하는 것 등 여러 가지 활동이 이루어질 수 있다. 이때 이러한 다양한 활동은 주제에 따라 어떤 영역이 더 많은 비중을 차지하고 어떤 영역은 활동 기회가 적을 수도 있다. 즉, 주제에 따라 인지적, 탐구적 활동이 더 많은 경우도 있고 사회적 활동이 더 많은 경우도 있다. 단원주제에 따라 활동을 하는 경우는 영역 간의 균형 있는 경험이 이루어지도록 활동을 선정하려 노력하지만 주제 접근법의 경우 영역 간의 균형보다는 주제의 특성과 성격에 따라 활동 내용의 구성이 달라질 수 있다. 또한 영유아의 활동에 대한 흥미와 관심에 따라 어떤 영역의 활동은 더 오랜 기간 더 깊이 있게 진행되기도 하므로 교사가 정교하

표 6-5 주제 접근법에 의한 활동목록의 예

주제	가을
가능한 활동목록	가을 관련 동화, 동시, 짧은 글 듣기와 짓기 노래와 음악 듣기와 짓기 동극, 신체표현과 게임활동 관련경험 이야기 나누기 가을동산, 가을들판, 가을산 실제와 필름, 사진, 그림, 체험과 관찰 농부 및 원예인 방문과 면담, 일 관찰과 참여 나뭇잎과 열매, 꽃 등을 이용한 미술, 공작활동, 실험활동 가을에 볼 수 있는 구체물을 활용한 비교, 서열화 활동

게 사전에 활동을 계획하여 영유아가 그 활동을 경험하게 되는 교수학습방법과는 다르다. 교사는 선택할 수 있는 다양한 활동 목록을 고려하되 경험이 이루어질 것인가의 여부는 학습주체에 의해 결정되며 활동내용 역시 학습주체의 의견과 관심사가 더 많이 반영된다.

직접교수 프로그램과 구성주의 프로그램의 교수학습활동을 비교하면 다음과 같다.

표 6-6 직접교수 프로그램과 구성주의 프로그램의 교수학습활동의 비교

직접교수(학업지향적) 프로그램	구성주의 프로그램
• 내용은 일회적인 주간의 주제단위에 포함된다. • 교육과정은 별개의 과목으로 구분하여 가르치게 된다. • 교사가 마련한 수업에서 제시된 내용이나 기술이 때로는 아동의 입장에서 볼 때 낯설다.	• 프로젝트는 집중적인 학습(기간 면에서 몇 주에 이르기도 함)이며 여러 가지 개념은 수차례에 걸쳐 다시 접하게 된다. • 교육과정은 통합적이다. • 아동들이 과거의 경험을 회상하면서 새로운 개념을 이해 및 획득하게 된다(Forman & Hill, 1980).
• 기술은 때때로 개별적인 요구를 충족시키지 못한다. 왜냐하면 수업이 아동의 투입이나 선택 없이 교사에 의해 정해지고 모든 아동들에게 동일한 능력을 필요로 하기 때문이다. • 각각의 교과수업에서 배운 능력은 교실 밖의 실제 상황에선 무용지물일 수도 있다.	• 프로젝트는 협력하여 계획되고 아동은 여러 가지 활동 중에서 선택한다. • 프로젝트를 통해 획득된 능력은 실생활 장면에서 학습되며 현재 및 미래와 더 관련이 있다.

출처: Decker & Decker, 2001, p. 250.

2) 교수학습활동의 조직

목표에 따라 활동이 선정되면 활동을 어떻게 배열할 것인가를 결정해야 한

다. 어떤 활동들은 동시에 제시될 수도 있고 어떤 활동은 순차적으로 제시되어 영유아들이 이전의 활동 경험을 바탕으로 다음의 활동을 경험하여 이익을 얻도록 배열될 수 있다. 학습활동과 내용의 순서를 결정하는 데 있어 핵심적 요소는 영유아에게서 얻은 정보들이다. 맥코비(Maccoby)와 젤러(Zeller)는 유아를 위한 교수의 출발은 유아의 현재 수준으로부터 모든 활동을 시작하는 것이라고 제안하였다(이기숙, 2000, p. 240). 영유아를 위한 학습활동 내용을 조직하기 위한 원칙(Schwartz & Robinson, 1982, p. 68; 이기숙, 2000, p. 241, 재인용)을 고려하여 교수학습활동을 조직하면 다음과 같다. 첫째, 학습이 구체적인 것에 대한 학습에서 추상적인 것의 학습으로 진전되므로 현재 보이는 사물과 사실을 우선 다루도록 여러 가지 활동을 조직해야 한다. 둘째, 학습은 단순한 것에서 복잡한 것으로 진행하므로 항목이나 변인 또는 사건의 수가 적고 단순한 활동을 먼저 경험하고 보다 복합적인 경험은 나중에 하도록 활동내용을 조직해야 한다. 셋째, 학습은 단순한 사실에서 점차 개념으로 진행하므로 영유아가 가진 기존 경험의 내용을 바탕으로 여러 가지 사실을 접하는 경험이 우선되고 이어서 사물과 사건 간의 관계를 이해하는 활동을 경험하도록 조직해야 한다. 마지막으로 학습은 이미 알고 있는 것에서 점차 모르는 것으로 진행되므로 우선은 영유아들이 이미 알고 있는 것을 다루고 점차 모르는 것을 포함시켜 활동하도록 조직해야 한다. 이처럼 학습 경험을 조직할 때 초반에는 구체적이고 단순한 것, 그리고 영유아가 이미 알고 있는 사실과 내용으로 시작하되 점차 추상적이고 복합적인 것, 그리고 영유아가 잘 알지 못하는 개념과 내용으로 조직하도록 한다. 이때 각 과정에서 구체적이고 단순한 사실을 다루건, 추상적이고 복합적인 개념을 다루건 각각의 학습 경험은 일회적이거나 단편적이 되지 않도록 유의해야 한다. 즉, 활동경험을 조직할 때 반복성, 연계성, 통합성(Tyler, 이해명 역, 1998, p. 77)을 고려해야 한다. 반복성은 중요한 교육과정 요소를 수직적으로 강조하는 것이다. 영유아가 어떤 기술을 습득하기를 기대한다면 이러한 기술을 연습하고 계발할 수 있는 기회가 계속 주어져야 한다. 또는 어떤 개념을 학습하기를 기대한다면 여러 활동 영역에서 그 개념이 자주 다루어져야 한다. 연계성은 학습 경험이 단계적으로 깊어지고 넓어져서 경험이 계속적으로 축적되는 것을 의미한다(Tyler, 이해명 역, 1998, p. 78). 앞서 다루었던 개념이 있다면 다음번의 활동에서는 개념을 반복하는 데서 나아가 부수적 의미를 보다 폭넓게 이해하도록 인도하는 것이다. 통합성은 교육과정의 내용을 수평적으로 연관시키는 것이다(Tyler, 이해명 역, 1998, p. 78). 수 영역에서의 활동이 과학적 탐구 영역이나 사회생활 영역에서 어떻게 활용될 수 있는가를 고려하는 것이며 더불어 학습 내용이 실생활에서 활용될 수 있도록 하는 것이다.

예를 들어, 긍정적 자아발달을 목표로 하는 경우 이를 위한 활동은 영유아 자신에게 가장 가까운 자신에서 시작하여 부모형제 및 가족, 이웃과 지역사회, 우리나라, 세계 등에 관한 활동을 포함할 수 있다. 영유아 자신에게 가깝고 구체적인 근접환경에서 기본적인 사실과 개념을 접하고 활동을 전개하다가 차차 원거리로 확대하는 방식으로 조직할 수 있다. 또한 영유아 자신에 관한 활동에서 부모 및 가족과 관련된 활동으로 전개하되 각 단계에서의 활동이 반복되면서 동시에 심화되고 다양해지도록 조직할 수 있다. 자신에 관한 활동이라도 자신의 구체적이고 가시적인 특성 및 신체적인 내용에서 점차 추상적이고 내면적인 것, 심리적인 내용과 개념으로 심화 확대할 수 있다. 즉, 반복성을 위해 영유아의 생활 주변세계를 중심으로 한 내용에서 시공간적으로 원거리에 있는 내용으로 확대하여 자아에 관해 다룬다. 연계성을 위해 영유아가 다루는 개념을 점차 일반화, 복잡성, 추상성의 측면에서 점차 상위수준으로 다루도록 조직하는 것이다.

학습활동의 조직은 하루 단위로 구성될 수도 있고 주제 단위로 구성될 수도 있으며 단원에 따라 구성될 수도 있다. 하루 단위로 구성된 경우 하루하루의 활동내용은 상호관계가 없이 독자적으로 전개되고 마무리된다. 주제 단위로 구성하는 경우 주제의 시작에서 마무리까지 일정기간 반복과 연계성을 가지고 활동이 진행되며 단원별로 조직되는 경우 사전에 계획한 일정기간 동안 교사에 의해 활동이 조직되고 실행된다. 주제 단위로 조직하거나 단원에 의해 조직하더라도 실제적인 활동계획과 전개는 기본적으로 기간에 따라 계획되고 조직된다.

활동 계획을 기간별로 나누어 보면 장기 계획, 단기 계획으로 나눌 수 있으며 구체적으로 연간, 월간, 주간, 일일 계획으로 구분할 수 있다. 장기 계획은 월간 계획을 중심으로 1년 동안 진행되는 교육내용의 여러 활동들을 연속적으로 관련지어 연결한 계획이다. 우리의 경우 계절을 중심으로 1년에 걸쳐 활동이 계획될 수 있다. 지역사회의 실정을 고려하여 유아의 연령, 흥미와 관심, 발달수준, 발달적 요구를 바탕으로 기관의 특성과 프로그램의 초점, 시설과 자원, 계절 등을 참고로 1년의 보육을 계획한다. 연간 계획은 주제나 단원에 따라 시간의 범위기준을 잡되 학기의 초반과 중반, 후반, 계절과 명절, 휴일, 행사, 특별한 사건 등을 고려하여 영유아의 교육, 영양과 건강관리, 안전관리, 부모교류와 지역사회 교류에 관한 1년의 계획을 조직한다. 연간 계획은 연중의 활동들이 반복성과 연계성을 가지며 통합성을 갖도록 조직되어야 할 뿐 아니라 전년도와 다음 해의 계획 및 활동과 연계성을 갖도록 고려해야 한다.

영아와 유아를 위한 연간 교육계획의 예를 보면 다음과 같다.

표 6-7 연간 교육계획의 예 1

	2세 미만		2세		4세	
월	주제	다루어질 내용	주제	다루어질 내용	주 제	소주제
3	어린이집 적응	어린이집에 왔어요 엄마와 기분 좋게 헤어져요 나는 ㅇㅇ반 선생님이 웃어요	어린이집 생활	나는 ㅇㅇ반 엄마 다녀오세요 화장실에 갈래요 잘 먹겠습니다 내 신발과 서랍장	설레는 마음	새로운 반 선생님과 친구들 즐거운 어린이집 생활 즐거운 어린이집 생활 사이좋은 친구
4	즐거운 약속	깨끗하게 씻어요 냠냠 먹어요 낮잠은 기분 좋아요 배변의사를 표현해 봐요 1	놀잇감 탐색	놀잇감을 탐색해요 모두 제자리 약속해요 모래놀이	봄	봄의 변화 꽃과 나무 꽃과 나무 나만의 것

5	쏟고 담기	친구가 노는 것을 지켜보아요 안전하게 놀아요 담고 쏟아요 1 담고 쏟아요 2 긁적거리기는 재미있어요	바깥 놀이	꽃에 물을 주어요 나비를 쫓아가요 산책 가서 개미를 봤어요 미끄럼은 신나요 다치지 않게 놀아요	나와 가족	우리들 세상 나의 가족 나의 몸 나의 몸 소중한 몸
6	바깥 놀이	계단을 올라가요 어린이집 바깥은 어떻게 생겼을까? 딸기, 토마토, 곤충을 보았어요 미끄럼 타기 슝~	나	내 얼굴과 몸 화장놀이 내 기분을 말해요 난 할 수 있어요	운동회	내가 좋아하는 운동 공놀이 운동회 우리 동네
7	나	내 이름을 불러요 내 몸을 탐색해요 몸을 움직여요 내가 좋아하는 것이 있어요	여름을 건강하게	비 오는 날 시원한 바람이 좋아요 물놀이1 물놀이2	우리 동네	가게놀이 가게놀이 우리를 돕는 기관 여름의 변화
8	첨벙 첨벙 물놀이	덥고 땀이 나요 몸을 깨끗이 씻어요 장난감도 물을 좋아해요 첨벙첨벙 물놀이 배변의사를 표현해 봐요 2	가족여행	엄마 · 아빠 할아버지 · 할머니 우리집 가족여행 여행을 가요	여름	물놀이 여름비와 태풍 여름철 과일 산과 바다 내가 좋아하는 동물
9	밀고 끌기	움직이는 장난감을 쫓아가요 유모차를 밀어요 영차! 영차! 장난감 옮기기 탈것	자동차	여러 가지 탈 것 안전하게 타요 신호등을 볼 수 있어요 동그라미, 세모, 네모	동물 가을	개 동물원 동물 토끼 가을의 변화
10	산책 놀이	추석 바구니에 담아요 꼭꼭 발로 밟아요 바람이 시원해요 소리가 달라요	맛있는 음식	추석 과일과 열매 맛이 달라요 골고루 먹어요 나뭇잎	우리나라	한가위 나라를 나타내는 것 전통 의상과 고유의 음식 우리나라의 전통놀이 민속의 날
11	혼자 해 볼래요	화장실에 갈래요 친구에게 나눠 줘요 혼자서 먹어 볼래요 정리정돈	내가 가 본 곳	내가 가본 곳 아저씨 아줌마를 만났어요 슈퍼에 가요 미용실 놀이	교통기관	여러 가지 교통기관 내가 좋아하는 교통기관 1 내가 좋아하는 교통기관 2 내가 좋아하는 교통기관 3

12	추워요	추워요 따뜻한 옷을 입어요 산타 할아버지가 오신대요 눈사람	추워요	감기 병원놀이 크리스마스트리 장식하기 눈과 얼음	겨울	겨울이 왔어요 불조심 크리스마스 동극-팥죽할머니와 호랑이
1	동물친구	내가 좋아하는 동물이 있어요 동물과 친해져요 동물을 보살펴줘요 동물 흉내 놀이 1 동물 흉내 놀이 2	동물	내가 좋아하는 동물 동물병원 동물 흉내 내기 1 동물 흉내 내기 2	기계와 정보통신	새해 여러 가지 기계 핸드폰과 전화 컴퓨터 1 컴퓨터 2
2	우리반 친구	밀가루 점토놀이 설날 친구랑 사이 좋게 놀아요 형님 반이 되요	형・언니	혼자서 할래요 설날 도울 수 있어요 형・언니가 되요	형・언니가 되어요	즐거웠던 ㅇㅇ반 고마운 선생님과 친구들 형님반에 올라가요

참고: http://children.seoul.go.kr/c_plan/planyy.html?BAREA=01
http://children.seoul.go.kr/c_plan/planwk.html?BAREA=02
http://children.seoul.go.kr/c_plan/planwk.html?BAREA=04

표 6-8 연간 교육계획의 예 2

월	영아반	유아반
3월	즐거운 어린이집	즐거운 어린이집 나와 친구
4월	봄(식물의 성장)	봄 (날씨・꽃・나무・새싹・개구리)
5월	나와 가족	우리 가족(집)
6월	색깔과 모양	우리 이웃 (우리 동네・시장・지역사회기관・직업)
7월	여름과 물놀이	여름 (여름과일・물놀이・물고기・바다)
8월	과일	
9월	교통기관과 여행	가을 (가을과일・추수・열매)
10월	가을	우리나라와 세계 (우리말과 글・태극기와 무궁화・세계 여러 나라)

11월	동물	교통기관 (운송수단 · 교통규칙)
12월	겨울	겨울 (날씨 · 성탄절 · 얼음 · 옷 · 불)
1월	형님이 되었어요	동물
2월	민속놀이	우리의 전통놀이 형님이 되었어요

참고: http://kidshome.snu.ac.kr/seoul/plan.htm

단기 계획에는 시간 지도계획이나 일일 교육안, 주간 교육계획안, 주제 계획안 등이 포함되며 일일 교육계획에 따라 활동 영역별로 고루 분류되어 교육되어야 한다.

주간 교육계획안은 연간 및 월간 계획에 기초하여 일주일간의 활동을 계획한다. 단원을 단위로 학습활동을 조직하는 경우 일주일 또는 몇 주간에 걸쳐 하나의 단원을 다루게 되고 교사는 영유아가 해야 할 활동을 사전에 선정하므로 활동의 반복성과 연계성을 더 깊이 고려하여 주간의 활동을 결정하고 조직하게 된다. 주제 단위로 학습활동을 조직하는 경우 주제에 대한 탐구는 영유아들의 관심과 몰입 정도에 따라 교사가 예상한 활동내용과 일치할 수도 있고 그렇지 않을 수도 있다. 교사가 예상한 대로 영유아들이 학습경험을 가지게 된다면 학습 경험의 반복성과 연계성이 확보될 수 있다. 그렇지 않을 경우에는 월간의 활동이나 연간의 활동에 걸쳐 영유아들이 반복적 활동 경험과 심화되고 폭넓은 활동 경험을 가질 수 있도록 주제 전개 시 교사의 세심한 개입이 필요하다.

다음은 건강한 여름을 주제로 2세 미만, 2세, 4세를 위해 한 달의 활동을 계획한 사례다. 자유선택활동과 실외자유선택활동, 일상생활활동에 관해 주별 주제에 따라 매주의 활동을 계획하였다. 이를 기초로 각 주의 활동이 구체화된 주간 계획안이 구성된다.

표 6-9 월간 계획안의 예(2세 미만)

7월 월간 프로그램	
기간	2006년 7월 3일~7월 29일
주제	나
목표	자신에 대해 관심을 갖고 긍정적인 자아존중감을 갖는다.

		1주 내 이름을 불러요	2주 내 몸을 탐색해요	3주 내 몸을 움직여요	4주 내가 좋아하는 것이 있어요
오전 실내 자유 선택 놀이	기본생활 습관	• 이름 불러 주며 맞이하기 • 자기 칫솔, 양치컵 찾아보기	• 얼굴 살펴보고 씻기 • '응가' '쉬' 하고 싶을 때 선생님께 말하기	• 혼자 바지 내려 보기	• 음식을 남기지 않고 골고루 먹기
	신체영역	• 손가락 나이만큼 펴 보기 • '꼬마야 꼬마야' 노래에 영아 이름 넣어 부르며 높이 뛰어 보기	• 구멍에 넣기 • 벽돌 블록 높이 쌓아 보기	• 매달린 풍선 깡총 뛰어 쳐보기 • '곰 잡으러 간단다' 노래 말처럼 움직여 보기	• 볼록이 비닐 위에서 콩콩콩 뛰어 보기 • 큰 상자에 좋아하는 놀잇감 태워 주기
	의사소통 영역	• '○○이를 부르면 네네 네네네.' 라고 반응해 보기 • 그림책-'넌 누구니' 보며 이름 대답하기 *• '△△가 했어요.' 라고 말해 보기	• 몸의 여러 부분의 이름 정확히 듣고 따라 발음해 보기 • 그림책-'코를 비벼요' 보며 신체 접촉해 보기	• 그림책-흔들흔들 흔들어 봐요 • 그림책-끙끙 응가응가	• 그림책-태워 보아요 • 그림책-건강한 생활을 해요
	창의표현 영 역	• 새노래 -○○옷 빨아 보자 • 밀가루 점토로 음식 만들어 친구에게 먹여 주기 • 거울 보고 로션 바르기	• 통통통 체조 • 우유병 마라카스 만들기	• '여름비' 노래 부르며 리본 춤추기 • '흔들흔들 흔들어 봐요' 이야기에 맞추어 신체 부위 흔들어 보기	• 인형 업기 • '어떻게 할까' 노래 들으며 움직임 만들어 보기 • 물고기 도장 찍어 부채 만들기
	탐색영역	• 반지 끼우고 빼기 • 놀잇감 숨기고 찾기	• 차곡차곡 탑 쌓기 • 세수하고 거울 쳐다 보기	• 슬라이드 막 앞에서 움직여 보기 • 영아의 움직임 말로 표현해 주기	• 수건 티슈 꺼내 보기 • 자석 낚시하기
실외자유 선택활동		• 두드려 소리내기 • 빗물 웅덩이 찾아보기	• 손과 발로 풀 만져 보기	• 터널 지나기	• 두꺼비 집 짓기
오후 실내·외 자유선택 놀이		• 비눗방울 잡기 • 모래 케이크 만들어 생일 축하하기	• 큰 인형 신체 부위 이름 말해 보기	• 우산 써 보기	• 물놀이(비누거품, 인형 목욕시키기, 주방세제 병)
일상생활			• 산책하며 더러운 곳, 깨끗한 곳 찾아보기		• 주변 상가 둘러보기

참고: http://children.seoul.go.kr

표 6-10 월간 계획안의 예(2세)

7월 월간 프로그램	
기간	2006년 7월 3일~7월 29일
주제	건강한 여름
목표	여름의 날씨 변화를 느끼고 건강하게 지낸다.

		1주	2주	3주	4주
		비오는 날	시원한 바람이 좋아요	씻기 놀이	물놀이
오전 실내 자유 선택 놀이	기본 생활 습관	• 대소변 후 물 내리기	• 그늘 찾아 쉬기 • 땀 날 때 수건, 휴지로 닦아 보기	• 거품 내어 손 씻어 보기	• 잘 때 얇은 이불 배 덮기
	의사 소통 영역	• 그림책 - 똥이 잘 나와요 • 그림책 - '어떤 옷을 입을까요?' 보며 계절에 맞는 옷차림 경험하기	• '낮잠 자는 사자' 이야기 꾸며 보기 • 부채로 바람을 만들며 '세다, 약하다, 빨리, 천천히' 단어 경험하기	• 그림책 - '어디 숨었니?' 보며 물속에 사는 동물 이름 들어 보기 • 그림책 - 물이 없다면	• 그림책 - '씻는 것도 괜찮아' 본 후 혼자 손 씻어 보기 • 그림책 -바다에 가면 어떤 놀이를 할까
	탐색 조작 영역	• 곰돌이 여름옷 입히기 • 콩 껍질 까기	• 선글라스 끼어 보기 • 옥수수 껍질 벗겨 보기	• 콩나물 기르기 • 고깔 과자 손가락에 끼어 보기	• 요리 -바나나 요거트 만들기 • 느낌 주머니
	그리기 만들기	• 그림책 '우산 씌워 줄께' 들으며 비 긁적거려 보기 • 얼음그림	• 돌멩이 그림 • 우산 모양에 수수깡 잘라 붙여 완성	• 색종이 두 번 접어 보기 • 수영복에 무늬 긁적이기	• 물놀이용품 그림자 맞추기 • 지퍼 열고 수박 꺼내기
	소꿉 쌓기 영역	• 설거지놀이 • H블록 연결하기	• 아이스크림 가게 놀이 • 과일볼링	• 설거지놀이 • 징검다리 건너기	• 선글라스 만들기 • 물고기 모양 위에 긁적거리기
	음률 영역	• 새 노래 - '어떻게 하고 있니?' • 체조 - 월드컵 꼭짓점댄스	• 새 노래 - 아이스크림 • 감상 - 동물의 사육제 중 '수족관'	• 새 노래 - 돌과 물 • 'NUDER THE SEA' 들으며 헤엄치는 모습 표현하기	• 수영복 입고 놀기 • 흔들배 타기

실외자유 선택활동	• 우산 위에 물조리개로 물 뿌리기	• 비닐 고깔로 모래 아이스크림 만들기	• 인형 목욕시키기	• 손유희 - 거미가 줄을 타고 올라갑니다. • 작은 북 위에 콩
오후 실내외 자유선택놀이	• 그늘에서 책 보기	• 여러 나뭇잎으로 부채 만들기	• 붕붕카 세차하기 • 비치공 차 보기	• 양말 빨기
일상생활		• 비온 뒤 어린이집 주변 산책하기		• 어린이용 텐트(그늘막) 치고 놀기

http://children.seoul.go.kr

표 6-11 월간 계획안의 예(4세)

7월 월간 프로그램	
기간	2006년 7월 3일~7월 29일
주제	우리 동네/여름
목표	1. 가게놀이를 통해 기초경제활동을 경험해 보고 가게를 이용할 때의 예절을 안다. 2. 우리를 도와주시는 분들의 직업에 관심가지며 그중 은행의 하는 일과, 역할을 알고 감사의 마음을 갖는다. 3. 여름 날씨의 변화와 여름에 피는 식물을 살펴봄으로써 계절적 특성을 안다.

		가게놀이	우리를 도와주시는 분	우리를 돕는 기관	여름의 변화
자유선택활동	조형놀이	• 빈 상자로 가게 만들기 • 슈퍼마켓 놀이 소품 만들기(돈, 지갑 등)	• 신문지 구겨 찍기 • 스탬프 모양 찍어 그리기 • 은행놀이 소품 만들기	• OHP 필름에 내가 커서 되고 싶은 사람 그리기 • 경찰서 놀이소품 만들기	• 주말 지낸 그림 그리기 • 여름 꽃 만들기 • 슬리퍼 만들기
	쌓기놀이	• 상자 블록으로 슈퍼마켓 구성하기	• 레고 블록으로 여러 가지 기관 만들기 • 은행 꾸미기	• 도로 구성하기(소형 자동차 첨가) • 경찰서 구성하기	• 아이스크림 가게 만들기
	역할놀이	• 슈퍼마켓 놀이(역할 나누기, 물건 위치 정하기)	• 은행놀이(가게 정하기, 역할 나누기)	• 잃어버린 물건을 찾아 주는 경찰서 놀이	• 아이스크림 가게놀이

자유선택활동	의사소통	• 가게 이름 부직포 글자 맞히기 • 엄마와 함께 장보기 • 이웃 간의 예절 • 동시 - 구멍가게	• 사고 싶은 것과 꼭 필요한 것 말해 보기 • 용돈기입장 만들기 • 엄마와 은행에 갔어요 • 여러 가지 직업	• 경찰아저씨께 감사카드 쓰기 • '참 좋아요' 동시 짓기 • 동화 - 숲 마을 우체부, 사이 좋은 우리 이웃 • 직업사전 만들기	• 여름철 용품(일대일 대응) • 동시 - '여름 낮' • 듣기 - 여름의 소리 듣기 • 과학 - 시원한 바람 • 더운물 찬물 비교해 보기
	수과학	• 동전서열 • 가게빙고 • 자기 짝을 찾아주세요 • 동전을 넣어요 • 시장보기 게임	* 직업과 도구 * 직업카드 뒤집기 * 스탬프 인주 모양 보고 특징 알기	* 게임 - 직업과 도구 * 경찰서 퍼즐 무엇을 놓을까(패턴) * 직업카드 뒤집기 * 이웃 기관	• 여름 날씨 달력 • 숫자 바퀴 맞히기 • 여름을 시원하게 해 주는 것 • 나뭇잎 퍼즐 만들기
	음률	• 시장잔치 노래 불러 보기	• 땡그랑 한푼 노래 불러 보기	• 손뼉나라	• 비발디의 사계 중 여름 • 여름 곤충소리 듣기
대소집단활동		• 이야기 나누기 - 주말 지낸 이야기 - 우리 동네 주변의 친근한 가게 -궁금한 가게 - 가게 이용 시의 예절 • 견학 - 슈퍼마켓에서 간식 사기 • 동화 - 슈퍼마켓에 갔어요 • 새 노래 - 가게놀이	• 이야기 나누기 -주말 지낸 이야기 -우리를 도와주시는 분들 • 견학 - 은행의 하는 일을 살펴보아요 • 새 노래 - 저금 • 게임 - 스탬프 찍고 오기 • 동화 - 돈과 은행은 이렇게 해서 생겨났어요	• 이야기 나누기 - 주말 지낸 이야기 - 여러 가지 직업 • 견학 - 경찰서 • 새 노래 - 빙빙 돌아라 • 신체표현 - 여러 가지 직업 • 동화 - 소방관이 될 테야 • 게임 - 직업에 따라 필요한 물건	• 이야기 나누기 - 주말 지낸 이야기 - 더운 날씨 - 여름에 피는 꽃 • 새 노래 - 여름철이 좋아요 • 동화 - 빨간 부채, 파란 부채 • 신체표현 - 깡총놀이
실외자유선택활동		• 자전거 타기 • 모래 음식 가게놀이	• 걷기 • 모래주머니 던지기	• 교통경찰놀이 • 얼음땡놀이 • 여러 가지 자연물 주워 모양 분류하기	• 그림자 잡기놀이 • 양산 쓰고 산책하기 • 스펀지 짜기
오후 실내외 활동		• 의사소통 - 내가 미용사라면 • NIE - 잘 팔리는 가게들	• 동전 베껴내기 • NIE - 우리를 도와주는 이웃	• 경찰에게 감사카드 쓰기 • 수조작 - 관련 표지판 찾기	• 동화 '해와 바람' • 율동 '옆에 옆에'

일상생활 활동	• 동네 슈퍼마켓 둘러보기	• 은행에 가서 저금하기	• 경찰에게 감사카드 전달하기	
기본생활 습관	• 가게 이용할 때 바르게 행동해요	• 가게 이용 시 바르게 행동하기	• 경찰서 견학 시 질서 지키기	• 여름철에 알맞은 옷차림을 해요

출처: http://children.seoul.go.kr

하루 일과의 계획은 실제적인 교수학습활동에서 가장 중요한 요소다. 일과 계획은 기본적으로 일관성이 있어야 하며 하루 동안 이루어질 다양한 활동들이 균형 있게 포함되어야 한다. 또한 하루의 일과가 매일 일관성이 있고 예측 가능하면서도 영유아의 흥미나 특별한 사건, 날씨 등에 따라 융통성 있게 조절될 수 있어야 한다.

2세 미만 영아의 경우 생리적, 정서적 리듬이 일관되게 반복되도록 하기 위해 신체적, 생리적 요구를 충분히 고려하여 일과를 계획해야 한다. 2세 영아의 경우도 영아의 배변, 섭식, 휴식 등의 생리적 리듬을 고려하고 실내외 놀이, 정돈, 급 · 간식, 집단활동 등을 포함하여 일과를 계획한다. 3~5세 유아의 일과 계획에는 등원 및 계획, 실내외 자유선택활동, 정리정돈, 대소집단 활동, 휴식 및 낮잠, 실외 활동 등을 포함한다. 실내활동과 실외활동, 정적인 활동과 동적인 활동, 놀이와 휴식, 집단활동과 개별활동이 균형 있게 포함되도록 계획하며 교사와 유아간, 유아와 유아간, 유아와 교재교구 간의 상호작용이 다양하게 일어날 수 있도록 계획한다.

일과시간 중 실내외 대집단활동, 소집단활동에 관해서는 별도의 수업계획안을 마련하여 사전에 필요한 교재교구를 선정하고 견학장소나 자원인사를 결정하며 실제적인 교사-영유아 간 상호작용을 예상해 본다.

일과 계획안의 예를 보면 다음과 같다.

표 6-12 하루 일과의 예

시간	활동명	활동내용
8:30 ~ 9:30	등원 및 실내 자유놀이	• 교사는 영유아의 건강/기분 상태를 살피고 소지품 및 준비물을 정리합니다. • 영유아는 교실에서 자유놀이를 합니다. 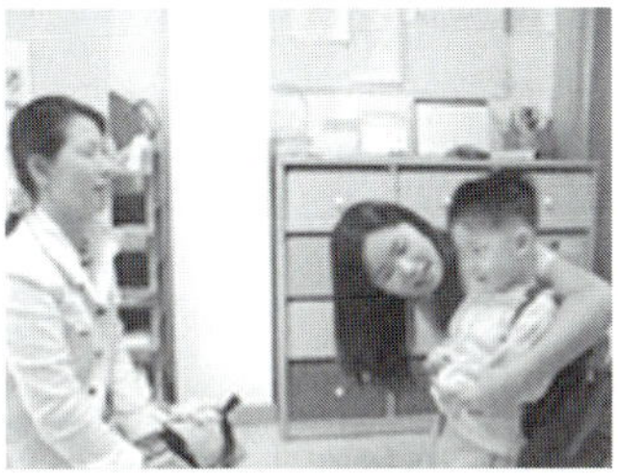 
9:30 ~ 10:00	오전 간식	• 간식 전 손을 씻습니다. • 간식 먹은 후 그릇을 정리합니다. • 화장실을 다녀옵니다. 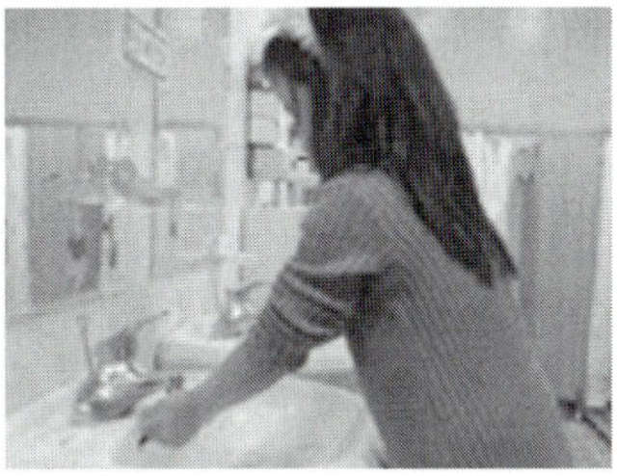 
10:00 ~ 12:00	대집단활동 소집단활동 실외활동	• 이야기 나누기 및 언어활동, 미술작업활동, 음률, 신체활동 등을 대집단 또는 소집단으로 진행합니다. • 실외 대근육활동, 물 · 모래놀이, 산책, 동물 관찰, 텃밭활동을 대집단 또는 소집단으로 진행합니다.  

12:00 ~ 1:30	점심	• 화장실을 다녀와서 손을 씻고 점심식사를 합니다. 
1:00 ~ 2:00	휴식	• 밥 먹은 후 양치를 합니다. • 동화 듣기/낮잠 준비를 합니다. • 조용한 음악을 들으며 낮잠을 자거나 휴식을 취합니다. • 만 5세반은 낮잠시간 없이 휴식시간/특별활동시간으로 운영합니다. • 화장실에 다녀옵니다. • 이불을 정리합니다.

<table>
<tr><td>2:00 ~ 3:30</td><td>낮잠시간
정리하기</td><td>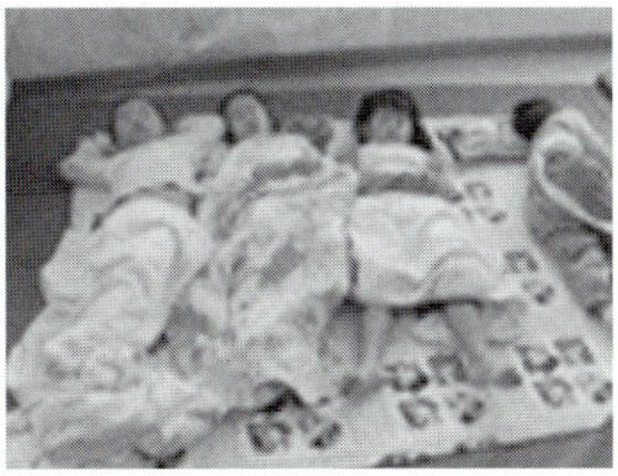 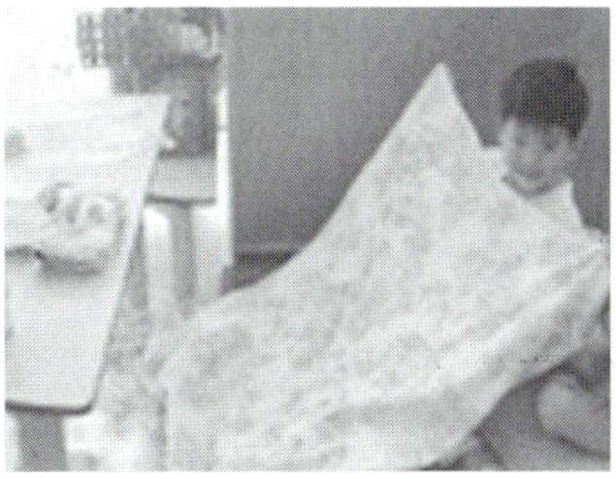</td></tr>
<tr><td>3:30 ~ 4:00</td><td>오후 간식</td><td>• 간식 전 손을 씻습니다.
• 간식 먹은 후 그릇을 정리합니다.
</td></tr>
<tr><td>4:00 ~ 5:00</td><td>실내 · 외
자유놀이
특별활동</td><td>• 실내 · 외에서 자유놀이/특별활동을 합니다.

 </td></tr>
</table>

5:00~6:30	귀가준비 자유놀이	• 부모님이 오시는 대로 귀가합니다.
6:30~7:00	실내 자유놀이	• 당직 교사가 보육합니다. 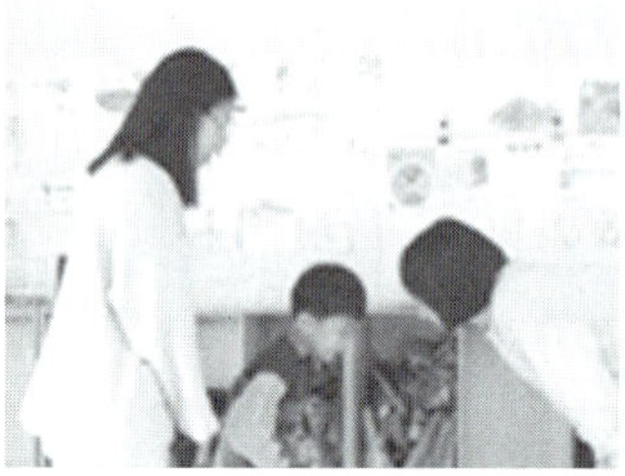 

출처: http://kidshome.snu.ac.kr/seoul/plan.htm

참고문헌

권영례(1999). 유아를 위한 교수-학습 방법의 이해. 서울: 양서원.
이기숙(2000). 유아교육과정(개정 2판). 서울: 교문사.
이순형 외(2007). 보육과정(2판). 서울: 학지사.
이해명 역(1998). 교육과정과 학습지도의 기본원리(R. Tyler 저). 서울: 교육과학사.

Decker, C. A., & Decker, J. R. (2001). *Planning and Administering Early Childhood Programs* (7th ed.). Merrill Prentice-Hall.
Morrison, G. S. (2000). *Fundamentals of Early Childhood Education* (2nd ed.). Merrill Prentice-Hall.

http://children.seoul.go.kr
http://children.seoul.go.kr/c_plan/planwk.html?BAREA=02
http://children.seoul.go.kr/c_plan/planwk.html?BAREA=04
http://children.seoul.go.kr/c_plan/planyy.html?BAREA=01
http://www.educare.or.kr
http://www.kidshome.snu.ac.kr/seoul/plan.htm

제 7 장 영유아 교수학습활동의 운영

1. 교수학습활동의 준비

1) 실내외 자유활동의 준비

실내외 자유활동은 실내외 보육공간에 마련된 활동 영역에서 영유아들이 놀이나 활동을 개별로 또는 대소집단으로 진행하게 되며 프로그램에 따라서는 하루 일과 중 중심이 되는 교수학습시간이다.

활동 영역은 교사가 영유아의 연령과 발달수준, 진행 중인 주제, 시기, 계절, 실내외 공간의 규모와 종류 등을 고려하여 선정 배치한다. 언어활동, 수과학활동, 조형활동, 음률동작활동, 조작활동, 극화활동, 쌓기활동, 물-모래 놀이활동 등 신체운동발달, 인지 및 언어발달, 사회정서발달을 도모할 수 있는 영역들을 고려할 수 있다. 일정 기간을 두고 고정적으로 배치하는 기본활동 영역이 있으며 진행 중인 주제와 영유아의 관심, 특별한 행사에 따라 배치되는 활동 영역이 있다. 기본적으로 배치되는 영역은 일정 기간을 두고 교재교구를 재배치하거나 교체하여 영유아가 관심을 지속할 수 있도록 해야 한다. 계절의 변화나 학기, 주제의 변화에 따라 특정 영역을 새로 배치하기도 하고 영역을 더 넓게 확대하기도 한다.

진행 중인 주제 및 단원에 맞추어 각 활동 영역에 영유아의 개별활동이나 소집단활동을 마련해 주며, 활동은 영유아들이 자율적으로 선택하여 진행할 수 있도록 한다. 영유아가 하루에 할 활동을 스스로 선택하고 활동한 후 자신의 활동을 점검하고 평가할 수 있도록 자유선택활동 계획표 및 점검표를 마련해 두면 좋다. 자율적인 자유선택활동의 운영을 통해 영유아들은 자신의 관심사에 따라 활동에 몰입하므로 더 즐겁게 활동하는 가운데 집중력을 기르며 스스로 선택하고 점검하면서 자율감과 책임감, 의사결정능력을 기른다. 또한 효과적으로 시간을 조절하는 경험도 할 수 있고 주제나 활동 특성에 따라 유아 간에 자연스럽게 협력과 의사소통이 발생하기도 한다.

교사는 지속적으로 영유아들의 활동을 관찰하면서 유아들이 어떤 영역에서, 어떤 활동을 어떻게 하는가를 파악해야 한다. 활동하는 유아를 관찰할 뿐 아니라 적절한 질문을 통해 유아의 놀이를 촉진시키며 문제해결을 위한 자료나 아이디어를 제공하고 놀이를 확장시킬 수 있도록 안내해야 한다. 유아 간에 발생하는 문제와 갈등을 세심히 관찰하되 직접 개입하기보다는 유아들이 스스로 조정하고 해결할 수 있도록 지지하는 역할을 해야 한다.

2) 대소집단활동의 준비

대소집단활동으로 영유아와 교사가 모두 모여 약 10~15분 또는 20분간 게임, 노래, 동작활동, 악기 연주, 시청각자료 시청, 이야기, 동화 듣기 등을 할 수 있다. 소요시간은 영유아의 연령에 따라, 활동의 특성에 따라, 영유아의 몰입 정도에 따라 융통성 있게 조절할 필요가 있다. 특히 영아에 비해 유아는 집단활동을 즐기며 흥겹고 재미있었던 활동은 집단활동시간 후에도 지속하는 경우가 흔하므로 대집단활동은 소집단활동이나 개별활동 및 주제활동과 연관성을 갖도록 준비하는 것이 좋다. 영유아들은 또래들과 함께 활동함으로써 개별활동에 비해 더 흥겨운 경험을 가질 수 있고 일체감을 경험할 수 있으며 공통의 경험에 관해 서로 이야기 나누며 감정과 의견을 나눌 수 있다.

대집단활동을 위해서 교사는 영유아가 모두 편안히 앉을 수 있는 자리 또는 모두 여유롭게 움직일 수 있는 공간을 마련하거나 선택해야 한다. 교사는 영유아에게 활동을 소개하고 주도하면서 영유아들의 관심과 흥미를 살펴보아야 한다. 영유아들이 계획한 활동에 흥미를 보이지 않거나 계획한 활동을 할 수 없는 경우(권영례, 1999, p. 355; Decker & Decker, 2001)에 대비하여 대안적 활동을 마련해 둘 필요가 있다.

3) 실외놀이활동의 준비

실외놀이는 실내놀이와 전혀 다른 경험을 준다. 트인 공간과 실외공기만으로도 영유아는 심리적 자유를 느낄 수 있고 공간의 제약을 벗어남으로써 실내에서와는 다른 활동이 발생할 수 있다. 더구나 실외활동은 계절별 독특한 날씨와 자연현상을 경험할 수 있는 기회가 된다. 봄철의 푸른 새싹과 여름철의 뜨거운 햇살, 장마철의 비, 가을철의 단풍, 겨울철의 찬 공기와 눈 등 자연의 변화는 그 자체로 영유아들에게 새로운 자극이 되며 놀이의 장이 될 수 있다. 하루 일과 중 반드시 실외놀이활동을 포함시켜야 하며 실내놀이활동과의 관련성이나 균형을 고려해야 한다.

실외놀이활동을 준비하는 과정에서 가장 초점을 두어야 할 사항은 안전문제다. 우선 사전에 안전점검을 통해 실외 공간의 안전을 확보해야 한다. 실외놀이를 자유놀이로 운영할 경우 교사는 영유아 모두의 움직임을 관찰하며 안전문제가 발생하지 않도록 살피고 영유아가 각기 원하는 놀이활동에 몰입하고 있는지를 살펴 지도해야 한다.

실외놀이활동을 자유선택활동의 한 영역으로 또는 실내활동의 연장으로 운영할 수도 있다. 실내에 두기 어려운 활동 영역이나 실외에 두는 것이 더 좋은 활동 영역을 실외에 둘 수 있다. 대근육활동, 동식물 기르기와 관찰,

[그림 7-1] 곤충, 나무, 꽃을 자유로이 탐색하는 영유아

출처: http://kidshome.snu.ac.kr/seoul/share.htm

물-모래놀이, 사회극놀이, 집짓기놀이나 대집단 게임 등을 실외놀이활동으로 준비할 수 있다. 그 외 휴식 및 자유탐색의 시간으로 운영할 수도 있으며 현재 진행 중인 주제와 관련된 활동을 실외에서 전개하도록 마련할 수 있다. 교사는 활동의 특성에 따라 실외활동이 적절한지 또는 실내활동이 적절한지를 판단하여야 한다.

2. 교수학습활동의 지도

1) 일상생활지도

(1) 등 · 하원지도

등 · 하원지도에서 초점을 둘 사항은 영유아의 심신이 편안한가를 살피는 것과 등 · 하원과정에서 또래 및 성인들과 적절하게 상호작용하고 자조적인 행동을 습득하도록 돕는 것이다. 교사가 영유아의 이목구비와 표정, 말, 행동과 태도, 기분을 세심하게 관찰하면 건강상태에 대해 파악할 수 있다. 등·하원하는 동안에 영유아는 또래 및 성인들과 인사하는 법이나 습관, 서로 안부를 묻는 말과 태도, 다른 사람을 대하는 적절한 행동과 태도를 배울 수 있다. 또한 등하원 시 자기 물건을 정리하고 관리하면서 어린 시기부터 자조행동을 습관화할 수 있다.

(2) 식사지도

점심과 간식시간은 영유아에게 건강상의 요구를 채워 주고 건강관련 습관과 행동을 배우는 시간이 될 수 있다. 체계적인 식단 구성과 조리를 통해 영유아에게 필요한 균형 잡힌 영양을 공급하고 가정에서와는 다른 분위기와 약속을 통해 바람직한 식사행동을 지도해야 한다. 점심과 간식시간을 전후하여 손 씻기나 양치하기 행동을 습관화하며 배식되는 동안 차분한 태도로 기다리는 것을 배울 수 있다. 또래 및 교사와 함께 식사하면서 먹는 즐거움과 대화의 즐거움을 공유할 수 있으며 나누기나 양보하기를 실천할 기회를 가질 수 있다. 또한 스스로 먹는 행동, 편식하지 않는 태도나 식사 중의 여러 가지 예절을 배우는 기회가 될 수 있다.

영유아들은 배식에 참여하게 하면 음식에 대해 더 관심을 가질 기회가 되며 책임감을 경험하는 기회가 될 수 있다. 더불어 수세기나 가감, 일대일 대응, 양, 보존, 비교, 물질의 변화 등 수학적, 과학적 경험을 하는 기회가 될 수 있다.

(3) 낮잠지도

영유아들은 끊임없이 움직이며 활동에 열중하지만 언제 쉬어야 할지를 스스로 잘 판단하지 못한다. 활동으로 인한 피로와 긴장감은 심리적 안정을 해치며 이어지는 일과와 활동, 상호작용에 문제를 초래하기 쉽다. 특히 더 일찍 등원하고 늦게 하원하여 보육시설에서 머무는 시간이 긴 영유아는 피로와 긴장으로 인해 활동이나 상호작용, 건강에서 어려움을 겪을 가능성이 더 높다.

하루 일과에서 정적 활동시간과 동적 활동시간의 균형을 통해 일정한 휴식을 갖도록 하며 고정된 휴식 및 취침시간을 두어 충분히 심신이 이완되고 에너지를 되찾을 수 있도록 해야 한다. 단, 영유아 개개인의 생리적 욕구에 개인차가 있음을 고려해야 한다. 영아는 유아에 비해 더 자주 휴식시간이 필요하고 낮잠시간도 더 필요하다. 또한 등원 시부터 피곤하고 불편한 영유아가 있는가 하면 휴식이나 낮잠시간을 싫어하는 영유아도 있다. 고정된 휴식 및 낮잠시간이 아니더라도 매우 피곤하고 불편한 영유아를 위해 개별적 휴식시간을 갖도록 배려해야 하며 낮잠을 원하지 않는 영유아라면 또래를 방해하지 않는 가운데 조용한 활동을 하면서 휴식시간을 가질 수 있도록 배려해야 한다.

교사는 낮잠시간이 즐거운 휴식시간이 되도록 분위기를 조성할 필요가 있다. 일률적으로 정해진 시간이 아니라 편안히 이완된 가운데 조용한 음악을 들으며 또는 위로가 되는 동화나 동시를 들으며 피로를 풀고 심리적으로 위안을 느끼는 시간이 되도록 장소나 준비물을 마련해야 한다.

휴식 및 낮잠시간은 너무 늦고 길어도 바람직하지 않다. 유아들의 경우 낮잠시간이 늦고 너무 길 경우 귀가 후 늦게 잠들고 다음날 늦게 일어나는 등 일과의 리듬이 흐트러질 수 있다.

(4) 정리지도

활동한 후에 사용한 물품이나 교재교구를 정리하면서 영유아는 물건을 정리하는 방법을 배울 수 있으며 자기 행동에 책임지는 경험을 할 수 있다. 또한 자신이 잘 정리함으로써 결과적으로 또래나 교사가 불편하지 않도록 배려하는 경험을 할 수 있으며 공동생활의 질서를 배우는 기회가 된다.

교사는 영유아의 발달수준에 따라 정리할 수 있는 활동의 한계를 조정할 필요가 있다. 영아라면 등하원 시 자기 가방을 스스로 찾아 들도록 하고 흥미영역에서 활용했던 책을 제자리에 가져다 두거나 쌓았던 적목을 한곳으로 모으도록 기대할 수 있다. 유아라면 등하원 시 자기 가방에서 필요한 물품을 꺼내어 정리하고 흥미 영역에서 활용했던 교구들을 교구장에 되돌려 정리하고 수납하도록 기대할 수 있다. 영유아가 정리하기에 너무 어려운 환경인 경우 정리해야 할 수많은 다양한 교재교구로 인해 영유아가 압도될 수 있다. 교사는 영유아가 교사의 도움이나 지시 없이도 스스로 잘 정리할 수 있도록 환경을 마련할 필요가 있다. 교구장의 적절한 배치나 교구장에 마련된 표식, 작은 조각 교구를 담을 수 있는 바구니나 주머니 등을 활용할 수 있다.

2) 활동 영역별 지도

(1) 전이

전이활동은 하루 일과를 진행하는 중에 한 활동이 끝난 후 다음 활동으로 이어 주는 중요한 활동이다. 한 활동이 마무리되어도 다음 활동에 대한 준비 정도는 유아에 따라 다르다. 교사는 유아들에게 다음 활동으로 바뀐다는 것을 미리 알려 주어 유아들이 현재의 활동을 조절할 수 있도록 하며 장소를 이동할 경우 이동하는 방법과 약속을 알려 주어야 한다. 너무 성급하게 다음 활동으로 넘어가거나 시간을 재촉할 경우 유아들은 오히려 혼란스러워하고 서로 갈등하거나 비난하게 될 수 있다. 유아들의 활동양식을 관찰하여 전이를 위한 적절한 시간을 계획하며 매일 일정한 시간에 이루어지는 활동들이 있는 경우 음악이나 다양한 신호를 활용하여 전이를 알려 주는 것도 좋은 방법이다. 유아들은 교사의 언어적 지시와 관계없이 음악이나 신호를 통해 스스로 전이 시간임을 알고 스스로 활동을 정리하고 자율적으로 다음 활동을 준비할 수 있게 된다.

(2) 이야기 나누기(동시, 동화)

이야기 나누기 시간은 영유아가 또래 및 교사와 모여 자신의 경험이나 생각을 서로 들려주고 주제와 관련된 문제에 관하여 계획을 세우고 의견을 제시하고 토론하며 생각을 나눌 수 있는 시간이다. 매일 하지 않아도 좋으며 전체 유아가 매번 참여하지 않아도 무방하다. 일과와 주간의 계획에 따라 월요일에 주말 지낸 이야기 및 주제에 관한 소개로 진행할 수도 있고 매일 일과시작시간에 하루의 주요 활동에 대해 소개하는 시간으로 포함시킬 수도 있다.

이야기 나누기 시간은 유아가 자신의 생각이나 경험을 친구들 앞에서 발표하는 기회를 가짐(권영례, 1999, p. 348)으로써 자신을 표현하는 능력을 기르며 서로의 경험을 공유하고 의견을 나누면서 의사소통기술을 발달시킬 수 있다. 교사가 가르치거나 안내할 내용이 있는 경우 구체물이나 감각적 자료를 준비하여 활용하면 더 효과적이다.

이야기 나누기 시간은 영유아들이 자발적으로 편안하게 참여할 때 활성화될 수 있다. 따라서 교사는 유아들이 알아듣기 쉬운 말로 이야기 나누기 시간을 이끌어 가야 하며 유아들이 자기 의견을 편안히 말할 수 있도록 동기를 유발해야 한다. 유아들의 여러 가지 언어적 반응을 무시하지 않고 존중해야 하며 유아들의 표정과 몸짓이 전하는 의미를 잘 관찰하고 수용적 분위기를 조성해야 한다. 또한 유아 간에도 의견을 존중하고 각 유아가 스스로 이야기를 마칠 때까지 관대하게 지지하는 태도를 기르도록 도와야 한다.

(3) 극놀이

전조작기의 유아들이 가장 많이 하는 놀이 중 하나가 역할놀이, 가상놀이다. 역할놀이를 통해 유아들은 다양한 사람들을 모방하고 상상하며 그들의 역할을 경험해 볼 수 있고 감정이입의 기회를 가질 수 있다. 뿐만 아니라 자신의 감정과 욕구를 표현하기도 하므로 억압된 감정이나 소망이 표출될 기회도 된다. 또래와 명시적 또는 잠정적 약속을 통해 역할놀이를 하면서 협력하는 경험, 문제를 직면하고 해결하는 경험, 타협하고 언어적으로 자기를 표현하고 주장하는 경험, 상상과 가상을 분별하는 경험을 가진다. 즉, 정서적 욕구를 충족시킬 수 있으며 언어적인 의사소통능력, 어휘력, 사고력, 문제해결력 등을 발달시킬 수 있다.

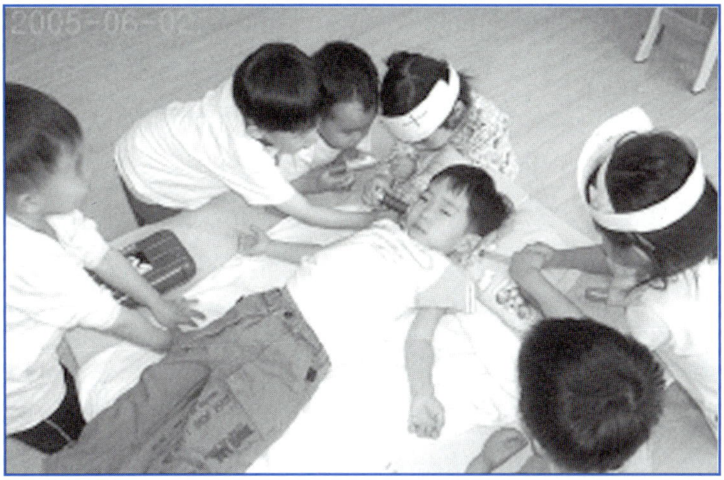

[그림 7-2] 병원놀이를 하는 유아들

출처: http://kidshome.snu.ac.kr/seoul/share.htm

교사는 영유아들이 즐겨하는 역할놀이를 파악하고 필요한 교재교구를 준비해야 한다. 소꿉놀이, 병원놀이, 시장놀이, 경찰놀이, 소방서놀이, 우체국놀이, 음식점놀이(권영례, 1999, p. 338) 등이 대표적 놀이다. 이러한 역할놀이를 위한 인형으로 손가락 인형, 손인형, 동물인형, 막대인형 등을 준비할 수 있고 필요한 물건을 실제 물건으로 또는 모형으로 제공할 수 있다. 부모의 지원과 협력을 얻고 실제 각 기관에서 실물을 지원받으면 영유아들이 보다 흥미롭게 활동을 꾸밀 수 있다. 역할놀이과정에서 역할 독점이나 갈등이 일어나는 경우 교사는 영유아들이 문제 및 갈등해결방법을 찾아내도록 격려할 필요가 있다.

(4) 게임

게임은 영유아들이 집단을 이루어 일정한 규칙 하에 움직이거나 상호작용하는 기회를 제공한다. 따라서 영유아들은 교사의 언어적, 비언어적 지시를 듣고 이해하는 경험을 하며 규칙의 필요성과 중요성을 체험하는 기회를 가질 수 있다. 즉, 게임은 집단 상호작용 상황에서 적응하는 방법과 규칙 지키기의 경험(권영례, 1999, p. 355)을 제공해 준다. 게임을 하는 동안 영유아들은 신체적, 정신적 순발력을 발달시킬 수 있고 게임에서의 성공을 도모하는 동안 전략을 세우고 또래와 또는 집단끼리 협동하고 공조하는 경험을 할 수 있다. 협동과 공조의 필요성을 영유아들이 직접 체험하는 기회가 된다. 교사는 영유아에게 적합한 게임을, 그리고 경쟁 못지않게 협동의 경험을 가질 수 있는 게임을 선정해야 하며 공정하게 운영하여야 한다.

시간과 장소 및 계절과 시기를 고려하여 게임을 선정할 필요가 있고 특히 게임활동이 현재 진행 중인 주제와 관련 있도록 하면 더 바람직하다. 때로는 영유아들이 스스로 게임을 개발하기도 하는데 유아들이 개발한 좋은 게임을 활용한다면 영유아들의 동기를 유발하기도 좋으므로 유아들이 게임을 만들도록 하는 것도 고려할 만하다.

(5) 음률동작

영유아들이 음악을 듣고 노래를 부르며 여러 가지 악기를 연주해 보고 자신의 느낌을 동작으로 표현해 볼 수 있다. 교사는 다양한 리듬악기(탬버린, 캐스터네츠, 트라이앵글, 마라카스, 리듬막대 등), 멜로디 악기(실로폰, 멜로디언, 피아노 등)를 마련해 두어야 하며 영유아들이 직접 악기를 만들고 이를 배치하는 것도 좋다. 악기 이외에 소리 나는 여러 가지 재료를 비치하여 영유아들이 직접 소리를 만들어 내고 여러 영유아가 소리를 조합하는 활동을 시도하는 것도 가능하다.

음률동작활동의 전개에서 중요한 점은 영유아에게 다양한 경험의 기회를 제공하는 것과 영유아의 감상이나 노래, 연주, 동작 표현의 개별성과 독창성을 수용하는 일이다. 교사가 정해진 틀과 기준에 따라 영유아의 표현과 행동을 평가하거나 반응을 나타낼 경우 자유롭고 창의적인 표현을 위축시킬 수 있다.

[그림 7-3] 자유롭고 창의적인 신체표현활동

출처: http://kidshome.snu.ac.kr/seoul/share.htm

(6) 조형

평면활동이나 입체활동 등 다양한 표현활동이 이루어질 수 있다. 조형활동에서는 다양한 재료와 다양한 표현방법, 결과물의 독창성과 고유성을 수용하는 것이 중요하다.

교사는 영유아들이 주제와 관련된 조형활동을 할 수 있도록 다양한 재료와 표현방법을 소개하고 시도한다. 손가락으로 그리기나 풀을 이용한 그리기, 나뭇잎이나 과일, 채소를 이용한 그리기, 크레파스나 색연필, 파스텔로 그리기, 붓이나 솔로 그리기 등 다양한 소재와 방법을 소개할 수 있다. 물감이라는 재료를 이용할 경우에도 물감을 이용해 평면으로 그리기, 데칼코마니, 불어 표현하기, 물감을 흘려 표현하기, 스펀지나 솜, 면봉 등으로 물감을 찍어 그리기, 실이나 끈을 이용해 그리기 등의 방법을 시도해 볼 수 있다.

평면활동 못지않게 입체활동은 다양한 표현욕구를 가진 영유아의 요구를 충족시키기에 적절하다. 지점토나 컬러점토, 밀가루 반죽을 이용한 조형활동, 여러 가지 재활용품을 이용한 만들기와 구성하기, 채소나 과일과 나뭇잎,

[그림 7-4] 다양한 재료를 활용한 미술표현활동

출처: http://kidshome.snu.ac.kr/zb41/data/class_mooji

그리고 그 외의 여러 가지 재료를 이용한 찍기활동이 가능하다.

조형활동을 시작하기 전에 다양한 재료에 대한 소개와 자유로이 표현할 수 있는 분위기를 조성하고 영유아가 개별적으로 또는 짝을 지어 때로는 소집단이나 대집단으로 조형활동에 몰입할 수 있는 기회를 제공한다. 조형활동을 진행하는 것과 함께 활동을 끝까지 마무리하고 결과물을 전시하는 일도 중요하다. 시작한 활동을 유아가 끝까지 마무리하면서 자기 활동에 대한 자율성과 책임을 경험할 수 있고 결과물을 전시하면서 또래 간에 경험을 나눌 뿐 아니라 자신의 결과물에 대한 자긍심을 갖는 기회가 될 수도 있기 때문이다.

(7) 탐구

수활동을 즐기며 그 가운데 기초적 수개념을 발달시킬 수 있고 생물과 무생물, 여러 물질과 자연현상을 관찰하고 탐구하면서 기초적인 과학개념을 형성할 수 있다. 분류, 배열, 공간, 시간 및 보존개념에 관련된 활동을 할 수 있고 이를 통해 수와 관련된 용어를 인식하며 또래와 함께 탐색하고 발견하는 수놀이를 통해 상호자극 및 인지적 갈등을 경험할 수 있다. 과학적 활동을 통해 영유아는 관찰력, 논리적 사고력, 사고하는 습관을 기를 수 있으며 과학적 문제해결뿐 아니라 합리적이고 논리적인 문제해결 태도를 발달시킬 수 있다. 수학적, 과학적 탐구는 영유아 개별적으로 또는 짝을 이루어 활동이 진행될 수 있는데 교사는 영유아들에게 활동을 소개하고 안내하는 역할을 할 수 있다. 나아가 교사는 탐구과정에서 영유아들 스스로 측정의 방법이나 단위 등을 발견하고 그 필요성을 느낄 수 있도록 지지해 주면 좋다. 또한 관찰, 탐색, 실험에 도움이 될 수 있는 백과사전이나 활동카드, 녹음기, OHP, 비디오 등 다양한 자료를 마련해 둘 필요가 있으며 직접적인 실험을 필요로 하는 경우 교사의 제안으로 실험을 진행해 볼 수도 있다.

(8) 조작

조작활동은 주로 영유아가 개별적으로 탐색하고 시행착오를 거치며 활동이 이루어진다. 주로 소근육발달, 수개념, 모양과 크기개념, 언어발달을 도와줄 수 있는 교구와 인지적 사고를 돕는 교구들을 마련해 줄 수 있다. 각종 퍼즐, 종이나 실을 이용한 짜기, 끼우기, 꿰기 등의 활동 중에서 영유아 개별적으로 선택하고 활동을 진행하므로 조작활동은 영유아의 집중력과 지구력, 자율성을 발달시킬 수 있고 스스로 문제해결과정을 거치고 성공하는 경험을 통해 자신감을 발달시킬 수 있다.

교사는 영유아가 서로 방해받지 않고 조작활동에 몰입할 수 있도록 조용하고 정적인 영역에 배치하도록 하며 영유아 스스로 교구를 선택하고 활동하도록 교구를 배치해야 한다. 연령에 적절하면서도 다양한 교구를 마련해 주되 한 번에 여러 가지 교재교구를 제시하면 혼란스러워질 염려가 있으므로 일정 수의 교구를 기간을 두고 차례차례 제시할 필요가 있다. 교사는 활동을 선택하지 못한 영유아에게는 활동을 소개하고 안내해 주며 시행착오를 경험하고 있는 영유아는 지지하고 격려하며 지도할 수 있다.

(9) 요리

요리는 유아들이 매우 즐기는 놀이이면서 과학활동, 미술활동도 가능한 활동이다. 요리를 하기 위해 재료를 준비하고 양을 측정하며 배합하는 가운데 손과 눈의 협응력, 소근육의 발달이 촉진되고, 긍정적 사회관계를 경험하며(이기숙, 2000) 수학적, 물리적, 화학적 경험을 가질 수 있다. 재료를 섞거나 즙을 내거나 모양을 만들거나 찍고 여러 가지 재료를 배치하는 가운데 미술적 경험도 가질 수 있다.

요리활동을 운영하는 데 있어서는 영유아가 할 수 있는 요리활동을 선정하는 일이 중요하다. 성인의 도움이 많이 필요한 요리를 선택하는 경우 영유아들은 활동의 주체가 되기보다 간섭받고 감독받기 쉽다. 연령이 어린 경우는 간단하게 조리할 수 있는 요리를 선정하며 유아의 경우는 가열 기구를 이용하여 음식물의 화학적 변화를 직접 관찰할 수 있는 요리도 가능하다. 유의할 점은 유아들이 요리에 참여하기보다 관찰하며 기다려야 하는 시간이 길어지지 않도록 해야 한다는 것이다.

[그림 7-5] 요리활동

출처: http://kidshome.snu.ac.kr

(10) 현장학습

현장학습은 직접 경험하고 관찰할 수 있는 기회를 줌으로써 학습활동에 대한 흥미를 촉진시키고 학습을 심화, 확장시킬 뿐 아니라 사회현상을 바르게 이해하고 사회구성원으로 살아가는 데 필요한 가치, 지식, 태도, 기술을 익히게 할 수 있다(권영례, 1999, p. 359).

현장학습은 영유아들에게 새로운 자극을 주는 경험이 될 수도 있다. 단, 단편적 경험이 되기보다는 현재 진행 중인 주제나 단원에 대한 유아들의 관심과 흥미를 불러일으키기 위해 준비되거나 현재 진행 중인 활동의 연장선상에서 진행될 필요가 있다.

현장학습을 위해 교사는 사전활동과 현장에서의 활동, 사후활동을 염두에 두고 전체에 대해 계획하고 예상해 두어야 한다. 영유아들이 사전활동을 통해 현장견학의 목적을 분명히 하도록 하고 직접경험 이전에 궁금증을 정리하고 기존지식과 정보를 정리하며 표상 경험을 갖도록 한다. 현장에서 어떤 활동을 할 것이며 어떤 질문과 탐색을 할 것인지 사전에 의견을 모으고 논의하도록 한다. 현장견학에서는 안전하게 이동하고 영유아들이 질서와 협력을 배울 수 있도록 하며 영유아들이 직접 정보를 모으고 탐색활동을 진행할 수 있도록 교사가 이끌어야 한다. 현장학습 이후 사후활동을 통해 현장학습에서 얻은 내용을 점검하고 정리하며 사전활동에서 제기된 질문을 돌아보고 마무리하도록 한다.

참고문헌

권영례(1999). 유아를 위한 교수-학습 방법의 이해. 서울: 양서원.

이기숙(2000). 유아교육과정(개정 2판). 서울: 교문사.

Decker, C. A., & Decker, J. R. (2001). *Planning and Administrating Early Childhood Programs* (7th ed.). Merrill Prentice-Hall.

http://kidshome.snu.ac.kr/seoul/share.htm

http://kidshome.snu.ac.kr/zb41/data/class_mooji

제 8 장
영유아 교수학습활동의 평가

1. 영유아 발달의 평가

1) 영유아 발달 평가의 의의

평가는 많은 의미를 가질 수 있다. 구드윈과 구드윈(Goodwin & Goodwin, 1982)에 따르면 평가는 관찰이나 검사를 통하여 개인의 특질이나 행동, 프로그램의 특징 등에 대해 판단하고 판단한 바에 대해 수치, 등급, 점수를 부여하는 과정이다. 아동은 출생 시부터 특질이나 행동에 대하여 다양한 방법으로 평가를 받는다. 지필 검사를 받게 되기 이전에 아동은 의학적인 검사, 부모 및 가족구성원이나 유아교육기관 교사에 의한 관찰 등을 통하여 평가를 받는다.

그런데 아동에 대한 평가는 아동기 이후 사람들을 대상으로 하는 평가와 다르다. 평가 방법은 아동의 정신적, 사회적, 신체적 발달수준에 적합해야 하며 발달적 변화가 정상적으로 이루어지고 있는지도 평가할 필요가 있다. 발달이 정상적으로 이루어지고 있지 않다면 평가결과는 아동에게 어떤 도움을 주어야 할지를 결정하기 위한 근거 자료로서 매우 중요하다.

평가는 다양한 목적에 사용된다. 영유아가 특정 발달 영역에서 연령에 적합한 범위 내에서 발달하고 있는지를 알아보고자 할 때나 아동의 성취 상황을 살펴보고자 할 때 평가를 사용한다. 평가는 진단목적으로도 사용된다. 의사가 질병을 진단하기 위해 신체적인 검사를 하듯이 아동을 대하는 심리학자, 교사 등은 발달지연을 진단하거나 학습의 어려움의 원인을 알아내기 위하여 평가를 할 수 있다. 운동, 언어, 인지, 사회성발달 등에서 지연이 발견되면 아동이 취학하기 전에 교정하거나 문제를 최소화하거나 치료할 수 있다. 발달적인 결함과 차이는 조기에 발견하여 처치할수록 좋은 효과를 얻을 수 있다. 교육프로그램을 계획하는 것도 평가의 목적이다. 개입프로그램이나 서비스를 위해 아동을 평가한 후에는 평가결과를 바탕으로 아동에게 적합한 프로그램을 선택할 수 있고 프로그램 적용 후에는 그 효과성을 평가할 수 있다.

2) 영유아 발달 평가의 과정

영유아 발달에 대한 평가는 일회적 성격이어서는 안 되며 연중 수시로 이루어져야 한다.

(1) 학기 초 평가: 사전 평가

새로운 학년도가 시작될 때마다 교사는 새로 담당하게 된 아동들의 개인적인 특성과 발달 상황을 파악해야 한다. 영유아의 발달은 영역에 따라 발달수준이 다르며 같은 연령이라 하더라도 아동 간에 개인차가 있다. 교사는 관찰, 평정척도, 아동이나 부모와의 면담을 통해서 아동의 현재 발달 상태를 파악할 수 있다. 학기 초 평가를 통해서 교사는 학습활동의 수준과 방향을 설정할 수 있다.

(2) 수시 평가

수시 평가는 1년 내내 계속적으로 이루어진다. 교사는 수업, 학습활동, 놀이 상황에서 아동을 관찰하여 아동의 발달 진행 상황이나 발달상의 어려움에 대해 기록한다.

(3) 중간 평가

학년 중간에 교사는 아동의 발달과 성취에 대해 평가한다. 학기 말과 일정한 단위의 학습이 끝났을 때 그 기간 동안 아동이 여러 영역에서 얼마나 성장하였고 성취하였는지를 평가하고 내용을 부모에게 전달하며 부모도 아동을 관찰한 바에 대해 교사에게 정보를 제공할 수 있다.

(4) 학년 말 평가

학년 말 평가는 아동의 발달에 대한 가장 종합적인 평가다. 교사는 아동에 대하여 1년 동안 이루어진 모든 평가를 요약한다.

3) 영유아 발달 평가의 방법

(1) 표준화 검사

표준화 검사는 영유아의 능력, 성취, 적성, 흥미, 태도, 가치관, 성격 등을 측정하기 위한 것이다. 검사결과는 수업을 계획하거나 영유아 개인 간의 차이 또는 집단 간의 차이를 살펴보거나 상담이나 지도를 하는 데 사용될 수 있다. 지능검사, 성취검사, 적성검사, 성격검사 등이 대표적인 표준화 검사다. 영유아의 발달적 변화를 알아보기 위해 이러한 검사들이 사용되는데 예를 들면, 지능검사로는 한국 웩슬러 아동지능검사(Korean Wechsler Intelligence Scale for Children-Third Edition: K-WISC-III)나 한국판 카우프만 아동용 지능검사(Korean Kaufman Assessment Battery for Children: K-ABC) 등이 있고 성격검사로는 한국판 아동용 성격검사(Korean Personality Inventory for Children: K-PIC)가 있다.

① 영아용 검사

영아는 주의집중 시간이 짧기 때문에 검사를 실시하기 어렵고 발달 속도가 빠르므로 검사결과의 신뢰성이 오래 지속될 수 없다. 따라서 영아용 검사의 타당도와 신뢰도는 안정적이지 못하며 검사 실시와 해석이 어려운 한계가 있다(Wodrich, 1997).

게젤 발달검사(The Gesell Developmental Schedules; Yang, 1979)는 생후 1개월~2세까지 영아의 발달을 평가하는 최초의 검사로서 발달이 지연되고 있는 영아를 선별하여 중재하기 위한 것이다. 베일리 영아발달척도(The Bayley Scales of Infant Development; Bayley, 1993)는 전반적인 발달보다는 지능을 알아보고자 개발된 검사다. 또한 영아의 상징놀이와 구성놀이 등 의사소통 및 상징발달을 평가하기 위해서 개발된 것으로 의사소통 및 상징적 행동척도(Communication and Symbolic Behavior Scales; Wetherley & Prizant, 1993)가 있다. 덴버 검사(The Denver II)는 발달지연을 미리 알아내어 적절한 중재를 해 주기 위한 검사다.

② 유아용 검사

6세 미만의 유아를 평가하는 것은 발달적 특징을 고려하여 그에 맞는 검사를 사용해야 한다. 검사 항목은 구체적인 과제나 활동으로서 아동의 능력에 근거하여 설계되지만 아동의 주의집중 시간이나 검사에 응하는 태도에 따라서 타당도와 신뢰도가 영향을 받는다.

유아 지능검사와 적응행동척도는 정신지체를 진단하기 위해 사용된다. 아동의 지능은 유아기와 청소년기 사이에 상당히 많이 변할 수 있기 때문에 유아기의 지능검사는 대체로 신뢰도가 낮지만 아동의 학습 잠재력을 알아보기 위하여 실시된다.

스탠퍼드-비네 지능검사(Stanford-Binet Intelligence Scale-Fourth Edition; Throndike et al., 1986)은 일반적인 사고력이나 문제해결력을 측정하기 위한 것으로서 발달지연이나 정신지체를 알아보기 위해 사용된다. 맥카시 아동능력척도는 경도의 정신지체나 학습장애를 진단하는 데 유용하며 웩슬러 유아 초등학생 지능검사(WPPSI-III; Wechsler, 2002)는 발달 영역 간의 부조화를 알아내는 데 사용된다.

적응행동 측정 도구들은 학습장애와 관계있는 발달상의 문제를 측정한다. 이런 도구들은 유아가 용변이나 식사 등 일상생활 과제를 얼마나 숙달했는지를 알아보려는 것이다. 바인랜드 적응행동척도(Sparrow, Balla, & Cicchetti, 1984)는 발달수준을 나타내는 일상생활 행동을 평가한다. 의사소통, 일상생활, 사회화, 운동능력 등에서 강점과 약점을 측정한다. 퍼스트 스텝 검사(First Step: Screening Test for Evaluating Preschoolers; Miller, 1993)는 발달지연 위험이 있는 유아를 알아내기 위해 다섯 개의 발달 영역을 측정하며, 유아 언어척도(Preschool Language Scale; Zimmerman, Steiner, & Pond, 2002)는 아동의 수용언어와 표현언어를 측정한다.

③ 표준화 검사 선택 시 고려할 사항

유아교육기관에서 표준화 검사를 사용하여 영유아를 평가하고자 할 때는 다음과 같은 요인들을 반드시 고려하여 검사를 선택해야 한다(Brown, 1983).

- 검사의 목적
- 측정하려고 하는 특성
- 검사결과의 사용 목적
- 검사 해석자의 자격
- 검사 실시 상의 한계

④ 표준화 검사의 장단점

검사를 실시하는 방법이 정확하게 정해져 있으므로 결과가 신빙성 있으며 결과를 수치화할 수 있으므로 아동 간 비교가 가능하며 타당도와 신뢰도 검증을 거쳤다면 검사결과를 믿을 수 있다. 그러나 영유아를 평가하는 데 표준화 검사가 최상의 방법인 것은 아니다. 표준화 검사는 아동의 상대적인 강점과 약점에 대해 정확한 정보를 제공하지만 대부분의 검사는 아동의 발달에 대한 의미 있는 정보를 제공할 만큼 다양한 항목으로 구성되어 있지 않으며, 검사가 개발될 때의 준거집단과 다른 문화적 배경을 가진 아동들은 검사결과가 좋지 않을 수 있다.

(2) 관찰

관찰은 영유아의 학습과 발달을 평가하기 위한 가장 직접적인 방법이다.

① 관찰의 목적

관찰의 목적은 아동의 행동을 이해하기 위해서, 아동의 발달을 평가하기 위해서, 학습 상황을 평가하기 위해서다. 영유아는 아직 언어능력이 완전히 발달되지 않았기 때문에 자신을 언어로 충분히 표현할 수 없다. 따라서 아동을 가장 정확하게 알 수 있는 방법은 일상적인 활동 상황에서 아동을 관찰하는 것이다.

② 관찰방법

- 일화기록법: 일화기록법은 아동의 행동을 서술해 놓은 것으로서 어떤 사건에 대해 어떤 일이 언제 어디서 어떻게 일어났는지를 객관적으로 기록하는 것이다. 영유아의 발달과정이나 문제행동을 이해하기 위한 자료로 사용한다.
- 시간표집법: 시간표집법은 일정한 기간 동안 어떤 행동이 발생한 빈도를 기록하기 위한 것으로서 미리 정해놓은 시간 동안 관찰 대상 행동이 몇 번 일어났는지를 관찰하여 기록한다. 관찰 기록을 모아서 관찰 대상 행동이 일어나는 이유를 파악할 수 있다.
- 사건표집법: 사건표집법은 관찰 대상 행동이 자주 일어나지 않거나 특정한 상황에서 일어나는 경향이 있을 때 사용한다. 관찰자는 행동이 일어날 가능성이 많은 상황을 찾아 행동이 발생하기를 기다린다. 이 방법의 단점은 시간 낭비가 있을 수 있다는 점이다.

• 행동 체크리스트: 행동 체크리스트는 범주별로 행동 목록을 만들어서 아동이 목록에 있는 행동들을 나타내는지 표시하는 방법이다. 관찰 대상 행동이 많을 때 사용하면 좋은 방법으로서 신속하게 평가할 수 있다.
• 평정척도: 평정척도는 아동이 어떤 행동을 보이는 정도나 행동의 수준 등을 단계로 구분하여 기록하기 위한 방법이다.

③ 관찰을 통한 평가의 장단점

교사는 영유아와의 일과를 진행하면서 관찰할 수 있으며 구조화된 방법으로는 얻을 수 없는 정보를 얻을 수 있다. 일상적인 교실활동을 할 때 아동을 관찰하면 아동이 학습과제, 놀이활동, 개인이나 집단활동을 하는 자연스런 모습을 볼 수 있고 아동의 행동에 영향을 미치는 요인들을 발견할 수 있다. 그리고 아동의 행동 중에서 특히 관심을 가져야 할 부분에 중점을 두고 관찰을 할 수도 있다. 그러나 관찰자의 편향이 평가에 영향을 미칠 수 있는 단점이 있다. 관찰자가 아동의 행동이나 수행에 대해 고정관념을 가지고 있다면 아동에 대한 관찰 결과를 해석하는 데 영향을 미칠 수 있다. 또한 관찰결과를 해석할 때 상황을 고려하지 않고 해석한다면 오해의 소지가 있다.

④ 관찰법을 사용하여 영유아를 평가할 때 주의할 점(김진영 외, 2003).

- 다양한 상황에서 관찰할 수 있도록 시간과 장소를 선택한다.
- 관찰 내용은 미리 정해놓은 형식에 따라 기록한다.
- 교사의 해석을 배제하고 실제로 관찰한 것만을 기록한다.
- 유아에 대한 교사의 선입견이 관찰 기록에 영향을 미치지 않도록 객관적 태도를 유지한다.

(3) 포트폴리오 평가

① 포트폴리오의 개념

포트폴리오란 영유아의 발달과 학습에 관한 기록과 결과물을 시간 흐름에 따라 조직적으로 모아놓은 것이다. 포트폴리오를 평가에 활용하면 영유아가 학습해 온 과정과 발달해 온 과정을 전체적으로 파악할 수 있다. 그러나 영유아의 작품을 모아 놓는다고 해서 모두 포트폴리오로서 가치를 갖는 것은 아니다. 평가방법으로서 기능을 할 수 있으려면 교사는 사전에 체계적인 계획을 세워서 구체적인 목적에 맞는 포트폴리오가 구성되도록 해야 한다.

[그림 8-1] 영유아의 포트폴리오

② 포트폴리오 구성하기

포트폴리오를 구성하기 위해서는 먼저 포트폴리오의 형식과 저장 방식을 결정하고 포트폴리오에 들어갈 내용물을 선정한 후 내용물 배치 방식 등을 정한다. 포트폴리오의 형식은 시간적 순서, 주제별, 학습 영역별로 정리하는 방식을 따를 수 있다. 형식이 결정되면 차례를 정하고 제목, 포트폴리오의 내용 요약, 날짜, 교사의 코멘트 등으로 꾸민다. 만들어진 포트폴리오는 파일 폴더, 박스, 서류봉투, CD 등에 저장할 수 있다.

③ 포트폴리오 평가의 장단점

포트폴리오는 아동에 대하여 막대한 정보를 제공하며 아동의 발달과 성취에 대해 다양한 평가를 가능하게 하며 아동의 숙달과 성장을 다양한 방식으로 보여 줄 수 있다는 장점을 갖는다. 그러나 포트폴리오를 구성하고 만들어 나가는 과정에서 시간 투자와 계속적인 관심과 노력이 필요하며 평가의 타당성 확보가 어렵다는 점이 단점으로 지적된다. 사전에 정해놓은 기준과 절차에 따라 포트폴리오 내용을 평가하더라도 교사의 평가가 적절한지에 대해서는 논란의 여지가 있을 수밖에 없다.

(4) 수행평가

영유아를 대상으로 하는 평가는 지식을 측정하는 전통적인 평가방법보다는 아동이 사고하고 문제를 해결하는 능력을 평가하는 수행평가가 적합하다.

① 수행평가의 개념

수행평가(performance assessment)는 아동이 무엇을 알고 있는지를 평가하는 데서 그치는 것이 아니라 실제 상황에서 무엇을 할 수 있는지를 평가하는 것이다. 따라서 실생활과 관련이 있어야 하며 여러 가지 측면을 동시에 평가하기 때문에 표준화된 검사보다는 다차원적인 접근을 취하여 영유아를 평가하는 데 다양한 정보 원천을 사용한다. 이런 특성 때문에 수행평가는 대안적 평가(alternative assessment)라고도 불리며 아동에게 의미 있는 맥락을 고려하여 아동이 실제로 경험하는 세상과 관계가 있다는 뜻에서 참평가(authentic assessment)라고도 한다. 수행평가는 아동이 이해한 것을 과제수행이나 활동을 통해서 보여 줄 수 있게 한다(Wortham, 1998).

② 수행평가의 기능

미국 유아교육학회와 유아교육전문가협회(National Association for the Education of Young Children, & National Association of Early Childhood Specialists in State Departments of Education, 1992)는 평가에 대해 광범위한 관점을 취하여 평가의 목적이 아동의 어떤 기술을 특정 시점에서 평가하고자 하는 것이 아니라 아동 개인에게 도움을 주고자 하는 것이며 유아교육 프로그램을 개선하기 위한 것이라고 한다. 수행평가는 이러한 평가의 목적에 부합하는 평가 방식으로서 영유아의 이해정도와 이해한 내용을 실생활의 문제해결에 어떻게 적용했는지에 대한 다면적인 정보에 근거하여 이루어진다. 특히 영유아를 대상으로 하는 프로그램에서는 다양한 영역에서 아동의 발달과 성취에 대한 통합적 평가를 하고자 하기 때문에 수행평가가 필요하다. 또한 교육과정과 수업을 통해 프로그램의 교육목표가 제대로 달성되고 있는지를 확인하여 프로그램의 질을 향상시키고 교사와 부모의 협력을 증진하고 아동의 요구가 적절히 충족되도록 하는 데 도움을 줄 수 있어야 하는데(Hills, 1992) 적절한 수행평가는 이러한 기능을 할 수 있다.

③ 수행평가의 유형

영유아를 대상으로 하여 실시할 수 있는 수행평가로는 다음과 같은 유형들이 있다(Wortham, 1998).

- 면담: 아동이 개념을 이해한 정도를 알아보기 위하여 면담을 할 수 있다. 면담은 특히 글을 배우기 시작했지만 글쓰기를 완전히 할 수는 없는 아동들을 대상으로 할 때 적합하다.
- 계약: 교사는 아동이 하게 될 활동에 대해 아동과 함께 계약을 작성할 수 있다. 계약은 아동이 하게 될 활동에 대한 계획을 정해놓은 것으로서 하루 중 일정 시간이나 하루 전체나 며칠간에 대한 내용을 담는다. 아동의 이해를 높이기 위해서 아동이 해야 할 활동은 그림이나 사진 등 시각적인

자료를 활용하여 나타낸다. 계획을 바탕으로 학습활동을 해 나가면서 진행 상황이나 완료 여부를 기록함으로써 아동의 성취에 대한 정보가 된다.

- 과제: 교사가 평가를 목적으로 하여 과제를 주고 아동이 실제로 과제를 해내는 것을 평가한다. 예를 들면, 읽기를 시작한 아동에게 책을 읽어 보게 하고 책 내용에 대해 교사와 이야기를 나누는 것이다.
- 게임: 아동의 기술이나 개념 이해가 발전되는 정도를 알아보기 위해 게임을 사용할 수 있다. 예를 들어, 더해서 10이 되는 숫자 카드를 두 개씩 찾아보는 게임을 할 수 있다.
- 프로젝트: 프로젝트는 아동 개인이나 집단이 한 시간 수업 동안 하는 활동보다 비교적 긴 기간 동안 수행하는 활동이다.
- 포트폴리오: 포트폴리오는 수행평가에서 가장 많이 사용되는 방법 중 하나다.

④ 수행평가의 장단점

영유아는 전조작기나 구체적 조작기에 속해 있으므로 직접 행동으로 해 봄으로써 가장 잘 학습한다. 따라서 수행평가는 영유아기 아동에게 특히 적합하다. 수행평가는 아동이 실제로 경험하는 맥락에서 이루어지므로 의미 있는 평가이고 아동이 학습한 결과뿐만 아니라 과정까지 평가할 수 있다. 그러나 주관적인 평가이므로 교사의 편견이 영향을 미칠 수 있고 공정한 평가를 하기 위해 교사의 책임이 크며 평가과정에 대한 기술을 요한다. 시간이 많이 걸리며 과정이 복잡하고 학습해 나가는 과정을 평가하는 구체적인 방법을 고안하는 것이 쉽지 않은 것도 수행평가의 단점이라고 할 수 있다.

2. 교수학습활동의 평가

1) 교수학습활동 평가의 의의

교사가 계획에 따라 충실히 학습활동을 진행하더라도 영유아의 흥미나 성취도가 낮을 수 있다. 이런 경우에 영향을 미치는 요인은 영유아와 관련된 것도 있지만 교사의 계획이나 수업 진행과정과 관련 있는 요인 때문일 수도 있다. 따라서 교수학습활동을 평가하는 데 있어서 아동의 발전과정과 성취도뿐만 아니라 교사의 행동과 교수활동에 대한 평가도 반드시 필요하다. 교수학습방법의 효율성을 알아보기 위한 평가를 통해 교육프로그램을 개선하고 보다 효과적인 교수방법을 선택하여 영유아를 위한 학습의 효과를 높일 수 있다.

2) 교수학습활동 평가의 접근법

교수학습활동 평가모형은 많은데 이들을 다음과 같은 두 가지로 크게 구분할 수 있다(변영계, 이상수, 2003).

(1) 학습자의 성취에 의한 평가

학습자의 성취에 의한 평가는 학습자인 영유아가 교수학습활동에서 목표한 바를 성취한 정도에 따라서 교수학습활동의 효과를 판단하는 방법이다. 이 접근법에서는 교육목표, 학습경험, 성취평가를 교육과정의 세 가지 요소라고 보며 교수학습활동의 양호도는 그 결과인 학습자의 성취도를 교육목표를 기준으로 평가함으로써 알아볼 수 있다고 본다(Tyler, 1970). 따라서 이 모형을 목표지향적 평가모형이나 산출지향적 평가모형이라고 부르기도 한다.

(2) 과정 중심의 평가

과정 중심의 평가방법은 교수학습활동의 최종 단계에서 평가를 하기보다는 교수학습활동을 계획하고 사용할 자료를 개발하는 과정에서 수시로 평가하는 방법을 말한다(Scriven, 1967). 이 접근법에서 중요시하는 점은 교수학습활동에 대한 계획이나 학습자료 준비가 완성된 후에는 수정을 하기가 어려우므로 계획과 준비를 하는 도중에 수시로 평가하여 보다 나은 결과를 얻기 위한 수정을 해야 한다는 것이다. 즉, 교수학습활동의 목표를 설정하는 단계, 영유아의 발달수준과 학습능력을 확인하는 단계, 구체적인 교수학습활동 방법을 수립하는 단계, 학습자료를 선택하거나 개발하는 단계 등에서 그때마다 적절성을 평가하여 수정하고 보완함으로써 교수학습활동의 효과를 높이고자 한다.

3) 교수학습활동 개선을 위한 평가의 방법

교수학습활동을 평가하는 것은 교사가 자신의 교수방법을 객관적인 시각에서 바라봄으로써 장단점을 파악하여 개선해 나가기 위한 것이다. 따라서 교사가 자신의 교수활동을 바르게 볼 수 있는 방법이 중요한데 다음과 같은 방법들을 통해서 가능할 것이다(변영계, 이상수, 2003).

(1) 관찰법

진행되고 있는 교수학습활동을 제3자가 관찰하여 기록하거나 녹음 또는 녹화하는 방법이다. 관찰자가 기록하는 방법으로는 기호체계법과 범주체계법을 예로 들 수 있다. 기호체계법은 교수학습활동 상황에서 발생할 수 있는 현상과 행동들로 구성된 측정도구를 미리 작성하여 그중에서 관찰된 교수학습활동 장면에서 발생한 일들을 모두 체크하는 방법이다. 어떤 현상이나 행동의 발생 여부에 초점을 맞춘 관찰법이다. 반면에 범주체계법은 교수학습 장면에서 발생한 모든 일들을 기록하는 것을 목적으로 하지 않고 특정 행동에 초점을 맞추어 그 행동이 진행되는 과정을 기록하고자 하는 방법이다. 예를 들어, 학습에 참여하고 있는 아동집단의 학습집중도를 관찰하는 것을 목적으로 하여 일정한 학습시간 동안 3초 간격으로 관찰하여 집중하고 있는지 아닌지를 미리 정해진 부호로 기록한다.

(2) 평정척도법

평정척도법은 교수학습활동에서 관찰하고자 하는 행동을 부호로 쉽게 기록하기 어려운 경우에 사용하는 방법으로서 관찰 대상 행동이나 현상을 정도나 수준 등에 따라 구분한 척도를 사용하여 기록한다. 예를 들어, 학습활동 중에 교사가 아동의 질문에 대해 성의 있게 답하는 정도를 관찰하여 1점(전혀 그렇지 않다)~5점(매우 그렇다)으로 표시하여 기록할 수 있다.

(3) 교사의 자가평가법

교사가 자신의 교수활동과 자신이 준비한 학습자료에 대해 스스로 평가하는 방법도 교수학습활동 평가에서 중요하다. 교사가 자가평가를 하는 데 사용될 수 있는 측정도구로는 교사의 자가평가검목표나 교수학습자료 분석용 질문지 등이 있다. 자가평가검목표는 바람직한 수업을 구성하는 요소 중 교사가 해야 할 일들을 목록화한 것으로서 교수학습활동을 마친 교사가 자신이 진행한 수업에서 이러한 일들을 했었는지 여부를 확인해 보는 것이다. 예를 들면, '아동에게 질문한 후 대답할 시간을 충분히 주었다.' 라는 항목에 대해 교사가 그렇게 했는지 아닌지를 스스로 평가한다.

참고문헌

김진영, 백혜리, 최윤정(2003). 유아를 위한 교수-학습방법론. 서울: 양서원.

변영계, 이상수(2003). 수업설계. 서울: 학지사.

American Guidance Service (1997). *Peabody Individual Achievement Test-Revised.* Circle Pines, MN: Author.

Bayley, N. (1993). *Bayley Scales of Infant Development. (BSID-II)* (2nd ed).. San Antonio, TX: Psychological Corp.

Brown, E. G. (1983). *Principles of educational and psychological testing* (3rd ed.). New York: CBS College Publishing.

Goodwin, W. L., & Goodwin, L. D. (1982). Measuring young children. In B. Spodek (Ed.), *Handbook of research in early childhood education* (pp. 523-563). New York: Free Press.

Hills, T. W. (1992). Reaching potentials through appropriate assessment. In S. Bredekamp & T. Rosegrant (Eds.), *Reaching potentials: Appropriate curriculum and assessment for young children* (pp. 43-64). Washington, DC: National Association for the Education of Young Children.

McCarthy, D. (1983). *McCarthy' s Scales of Children' s Abilities.* New York: Psychological Corp.

Miller, L. J. (1993). *First Step: Screening Test for Evaluating Preschoolers.* San Antonio, TX: Psychological Corp.

National Association for the Education of Young Children and the National Association of Early Childhood Specialists in State Departments of Education. (1992). Guidelines for appropriate curriculum content and assessment in programs serving children ages 3 through 8. In S. Bredekamp & T. Rosegrant (Eds.), *Reaching potentials: Appropriate curriculum and assessment for young children* (pp. 43-64). Washington, DC: National Association for the Education of Young Children.

Scriven, M. (1967). *The mothodology of evaluation*. AERA Monograph No. 1, Chicago: Rand McNally.

Sparrow, S. S., Balla, D. A., & Cicchetti, D. V. (1984). *Vineland Adaptive Behavior Scale*. Circle Pines, MN: American Guidance Service.

Throndike, R. L., Hagen, E. P., & Sattler, J. P. (1986). *Stanford-Binet Intelligence Scale* (4th ed.). Chicago: Riverside Publishing Company.

Tyler, R. W. (1970). *Basic principles of curriculum and instruction*. Chicago: The University of Chicago Press.

Wechsler, D. (2002). *Wechsler Preschool and Primary Scales of Intelligence (WPPSI)*. San Antonio, TX: Psychological Corp.

Wetherley, A. M., & Prizant, B. M. (1993). *Communication and Symbolic Behavior Scales* (CSBS). Baltimore: Paul H. Brookes.

Wodrich, D. (1997). *Children' s psychological testing: A guide for nonpsychologists*. Baltimore: Paul H. Brookes.

Wortham, S. C. (1998). *Assessment in early childhood education* (4th ed.). Upper Saddle River, NJ: Pearson Education.

Yang, R. K. (1979). Early infant assessment: An overview. In J. D. Osofsky (Ed.), *Handbook of infant development* (pp. 1-23). New York: Wiley.

Zimmerman, I. L., Steiner, V. G., & Pond, R. E. (2002). *Preschool Language Scale (PLS-4)* (4th ed.). San Antonio, TX: Psychological Corp.

3

영유아 교수학습활동의 실제

제 9 장 기본생활 교수학습활동
제10장 신체운동 교수학습활동
제11장 사회관계 교수학습활동
제12장 의사소통 교수학습활동
제13장 자연탐구 교수학습활동
제14장 예술경험 교수학습활동

제 9 장 기본생활 교수학습활동

1. 기본생활 교수학습활동의 개념 및 목적

1) 기본생활 교수학습활동의 개념

"세 살 버릇 여든 간다."는 속담은 영유아기의 기본생활습관이 평생을 간다는 의미로 이 시기 기본생활습관 형성의 중요성을 말해 준다.

일생의 기초가 되는 영유아기의 건강과 안전, 바른 생활을 제공하기 위해, 보육시설은 기본생활에 대한 교수학습활동을 계획하고 실행 · 평가하여야 한다. 일반적으로 교수는 특정의 교육목표를 달성하기 위해 교사가 행하는 모든 교육적인 행위와 활동을, 학습은 경험을 통해 이루어진 영유아의 행동 변화가 지속적으로 유지되는 상태를 의미하는 것으로 볼 때(변영계, 2006; Mastropieri & Scruggs, 2000), 기본생활 교수학습활동이란 영유아가 신체적으로 정신적으로 사회적으로 건전하게 성장 발달할 수 있도록 영유아로 하여금 지속적으로 영양을 균형 있게 섭취하고 올바른 식습관을 형성하게 하며, 개인 및 집단 위생을 철저히 관리하여 질병을 예방하게 하고, 안전을 위협하는 다양한 요인들에 올바르게 대처할 수 있는 지식과 기술을 획득하여 안전하게 생활할 수 있게 하며 기본적으로 습관화되어야 할 초보적인 예절과 질서를 알고 지키도록 도와주는 활동 경험의 총체라고 할 수 있다.

2) 기본생활 교수학습활동의 목적

기본생활 교수학습활동의 목적은 건강하고 바른 생활습관을 통해 자신의 건강을 스스로 관리하고 위험으로부터 자신을 보호하는 능력을 길러 즐겁게 생활하는 것이다. 기본생활 교수학습활동은 올바른 식습관을 형성하며 위생을 철저히 관리하며 안전한 생활을 실천하고 초보적인 예절과 질서를 익힐 수 있는 활동을 경험하게 함으로써 영유아의 심신을 건전하게 발달시키는 데 중점을 둔다. 이러한 기본생활 교수학습활동의 목적은 다음의 세 가지로 설명될 수 있다.

첫째, 먹기, 입기, 청결, 잠자기에 관한 건강한 습관을 형성하는 것이 목적이다. 영유아기는 자아발달과 병행하여 식품을 선택하고 결정하는 데 적극적인 역할을 수행하게 되면서 음식에 대한 선호가 분명해지고 일생동안 지속될 수 있는 식습관이 형성되는 시기(이자형, 김일옥, 천기정, 2002)로, 건강한 식품에 대한 기호와 바른 식사예절을 토대로 올바른 식습관을 형성하는 것이 중요하다. 그러나 영유아는 발달 특성상 자신의 영양섭취 문제를 확인하고 스스로 식습관을 조절하는 데 어려움이 있다. 따라서 교수학습활동을 통해 단순한 영양 공급의 차원을 넘어 영유아에게 요구되는 영양의 균형 있는 섭취와 올바른 식습관 형성을 도와줄 수 있어야 한다.

영양 관리와 더불어 영유아 개인과 주변환경을 위생적으로 관리하는 습관을 기르고 정기 건강검진과 예방접종의 중요성을 알고 능동적으로 참여하여 질병을 예방하는 것이 필요하다. 영유아는 세균에 대한 저항력이나 면역력이 약하므로 질병에 쉽게 노출된다. 또한 대부분의 영유아들이 물체를 입으로 빨거나 손가락을 입에 넣는 등 세균의 전염을 촉진하는 버릇을 가지고 있어

감염성 질병에 걸릴 위험이 매우 높다. 보건위생의 체계적 관리를 통해 영유아의 질병을 사전에 예방하는 방향으로 교수학습활동이 이루어져야 한다. 또한 스스로 옷을 입고 벗으며 적절한 수면을 취하는 습관을 갖도록 교수학습활동을 구성한다.

둘째, 영유아의 안전한 생활을 위협하는 다양한 위험 요소와 상황에 대해 적극적으로 대처할 수 있는 능력을 기르는 것이 안전을 위한 교수학습활동의 목적이다. 영유아는 자기중심적 사고로 자신의 행동 결과를 제대로 예측하지 못할 뿐만 아니라 호기심이 많아 자신의 행동을 제어하기 힘들기 때문이다. 따라서 안전한 환경의 제공을 통해 물리적 환경으로 인한 안전사고를 철저히 예방하는 것은 기본이고, 정기적인 안전교육을 통해 영유아 스스로 안전한 생활을 실천할 수 있도록 교수학습활동이 이루어져야 한다.

셋째, 영유아가 초보적인 예절과 질서를 알고 지켜 기본적인 예절과 질서가 습관화되는 경험을 하게 하는 것이 바른 생활을 위한 교수학습활동의 목적이다. 유아는 예절과 질서의 준수는 물론 예절과 질서의 필요성과 중요성이 내면화되는 경험을 하게 된다. 일상생활 속에서의 절약은 물론 자원을 재활용하는 수준까지 경험하게 되고 추상적인 시간의 개념을 좀 더 구체적으로 인식하고 시간자원의 중요성을 인식하도록 교수학습활동이 이루어져야 한다.

2. 기본생활 교수학습활동의 내용

1) 내용체계

기본생활 교수학습활동의 내용은 영유아의 기본생활이 가지는 특성을 고려하고 표준보육과정의 내용에 따라 건강한 생활, 안전한 생활, 바른 생활의 세 가지 영역으로 구분되며(이순형 외, 2007), 각 영역의 하위 영역은 영유아의 발달 특성을 고려하여 구성된 구체적인 활동들을 체계적으로 경험함으로써 장 · 단기적으로 상위 영역의 목적 달성에 기여할 수 있는 구체적인 목표의 수준으로 구성된다. 구체적인 기본생활 교수학습활동의 내용을 표로 제시하면 〈표 9-1〉과 같다.

표 9-1 기본생활 교수학습활동의 내용

내용 범주	2세 미만	2세	3~5세
건강한 생활	• 몸을 깨끗이 하기 • 즐겁게 먹기 • 적당한 잠자기와 휴식하기 • 즐거운 생활하기 • 건강한 배설습관 갖기	• 몸을 깨끗이 하기 • 올바른 태도로 먹기 • 적당한 잠자기와 휴식하기 • 즐겁게 활동하기 • 건강한 배설습관 갖기 • 스스로 옷 입고 벗기 • 건강에 관심 갖기	• 몸과 주변환경을 깨끗이 하기 • 올바른 태도로 먹기 • 적당한 잠자기와 휴식하기 • 즐겁게 활동하기 • 건강한 배설습관 갖기 • 스스로 옷 입고 벗기 • 건강에 관심 갖기
안전한 생활	• 놀잇감을 안전하게 사용하기 • 위험한 상황을 알기	• 놀이규칙에 따라 안전하게 놀이하기 • 위험한 상황을 알고 조심하기 • 탈것의 위험을 알고 안전하게 다니기	• 안전하게 놀이하고 타인의 안전을 배려하기 • 위험한 상황에서 안전하게 행동하기 • 교통안전 실천하기 • 안전교육의 중요성을 알고 참여하기
바른 생활	• 예절 바르게 생활하기 • 질서 지키며 생활하기	• 예절 바르게 생활하기 • 질서 지키며 생활하기	• 예절 바르게 생활하기 • 질서 지키며 생활하기 • 아끼며 생활하기

건강한 생활 영역은 균형 있는 영양 등 의식주의 올바른 습관 형성하기와 질병을 예방하기 위해 몸과 주변환경을 깨끗이 하고 건강에 관심을 갖는 하위 영역으로, 안전한 생활 영역은 안전한 생활의 습관화를 위해 놀이안전, 교통안전을 비롯하여 다양한 위험 상황을 알고 안전하게 행동할 수 있도록 교육하고 습관 형성을 하는 내용으로 구성된다. 바른 생활 영역은 공동생활을

위해 필수적인 기본예절과 질서를 지키며 아끼는 습관을 형성하는 내용으로 구성된다.

2) 내용별 교수학습활동

기본생활 교수학습활동의 세 가지 영역, 즉 건강한 생활, 안전한 생활, 바른 생활 영역에서 중점을 두어야 할 특징적 교수학습방법을 살펴보면 다음과 같다.

첫째, 건강한 생활 영역과 관련된 교수학습활동에서는 영유아가 균형 있는 영양 섭취와 올바른 식사습관을 형성할 수 있는 활동을 지속적이고 일관되게 계획하며, 이를 위해 기관에서의 하루 일과 중에서 식생활과 밀접하게 관련되어 있는 시간을 충분히 활용하는 방향으로 설정한다. 기관에서 일상적으로 운영되는 급 · 간식 시간에 영유아는 친구들과 어울려 먹으며 식사의 즐거움을 알게 될 뿐만 아니라, 혼자서는 잘 먹지 않던 음식도 친구들을 따라 먹으면서 몸에 좋은 음식을 골고루 섭취하는 경험을 가질 수 있다. 뿐만 아니라 교사의 행동을 그대로 모방하고자 하는 성향이 강한 영유아의 특성을 고려할 때 바른 자세로 앉아 음식을 가리지 않고 골고루 즐겁게 식사하는 교사의 모습은 영유아들에게 좋은 모델이 된다. 또한 조사탐구, 견학, 실험, 요리, 극놀이 등 음식을 주제로 이루어지는 다양한 활동을 경험하는 동안 몸에 좋은 음식과 해로운 음식을 구별하게 되고 몸에 필요한 영양소를 골고루 섭취해야 한다는 것을 자연스럽게 인식하게 된다. 식생활뿐 아니라 청결과 위생, 수면과 휴식, 의생활을 적절히 하고 좋은 습관을 익힐 수 있도록 한다.

하루 일과에서 일상적으로 손을 씻게 하고 청결하게 정리하는 기회를 갖게 하고 정기적으로 건강검진과 예방접종을 실시하여 각종 질병 및 위험인자를 조기에 발견, 치료 예방하는 일의 중요성을 인식할 수 있는 활동을 다양한 방법으로 제시한다. 세균 감염에 매우 취약한 영유아들에게 질병을 예방하는 가장 효과적인 방법은 손 씻기와 양치질을 습관화하는 것이다. 그러나 함께 놀이를 하고, 함께 점심과 간식을 먹고, 함께 낮잠을 자며 단체생활을 하는 영유아들은 개인위생을 철저히 하는 것만으로는 부족하다. 따라서 급·간식 시간 전후, 놀이 및 활동 시간 전후 등 일과 운영상의 다양한 상황에 토대를 둔 실제 경험을 통해 영유아 자신뿐만 아니라 친구들과 함께 생활하는 공간에 대해서도 청결히 관리하는 것을 습관화하는 훈련이 이루어져야 한다. 또한 적당한 잠자기와 휴식하기를 통해 영유아는 기본생활의 리듬이 생기고 건강한 생활을 습관화할 수 있으므로 꼭 필요한 교수학습활동 영역이다.

둘째, 안전한 생활 영역과 관련된 교수학습활동에서는 놀이안전사고, 교통안전사고, 소방안전사고 등과 같이 영유아들이 일상적으로 접하게 되는 위험상황뿐만 아니라 성폭력, 유괴, 학대, 환경오염 문제 등 현대사회에서 새롭게 부각된 위험요소들에 대해서도 정확하게 인식하고 상황에 따라 적절하게 대처할 수 있는 기술을 익히도록 활동을 상황별로 구체적으로 제시하는 방향으로 교수학습이 이루어져야 한다. 가령 교통기관을 이용할 때 일어날 수 있는 안전사고의 유형과 교통기관을 이용할 때의 안전규칙에 대해 알아보고, 실제 지하철을 타 보고 교통공원에 가서 안전규칙을 실천해 보는 활동을 통해 교통안전을 습관화하는 계기를 마련할 수 있다.

셋째, 바른 생활 영역과 관련된 교수학습활동에서는 만나고 헤어질 때 인사하는 것에서부터 놀잇감 정리, 약속 지키기 등을 할 수 있도록 하여 공공규칙을 인식하며 지키고 자원을 아끼고 재활용할 수 있으며 시간의 소중함을 알도록 하는 방향으로 이루어진다.

3. 기본생활 교수학습활동의 실제

여기서는 기본생활 교수학습활동의 내용이 영유아 보육 및 교육 현장에서 어떻게 적용될 수 있는지를 실제 활동사례를 통해 알아보고자 한다. 먼저 특정 주제를 중심으로 활동 유형에 따라 기본생활 교수학습활동이 어떻게 구성될 수 있는지를 살펴보고, 다음으로 제시된 활동 유형 가운데 요리활동, 견학활동의 2가지 영역을 선정하여 2세 미만 영아, 2세 영아, 3~5세 유아 수준의 활동사례를 구체적으로 살펴본다. 활동의 수준별 차이를 알아보기 쉽게 사례를 제시하였다.

1) 유형별 교수학습활동

기본생활 교수학습활동의 내용은 활동 유형에 따라 크게 이야기 나누기, 극놀이, 음률동작, 조형, 요리, 견학, 시청각매체의 7가지 유형으로 구분할 수 있다. 예를 들어, 2세 미만 영아, 2세 영아, 3~5세 유아 수준에서 '나의 몸' 을 주제로 기본생활과 관련하여 이루어질 수 있는 교수학습활동을 활동 유형에 따라 살펴보면 〈표 9-2〉에 제시된 바와 같다.

이야기나누기활동으로 2세 미만 영아 수준에서는 급·간식, 손 씻기나 양치, 옷 입기 등을 도우며 규칙과 요령을 일러주고, 2세 영아 수준에서는 위생적으로 생활하기 위해 지켜야 할 기본적인 규칙이 있음을 이야기하고 기관에서 함께 지킬 수 있는 규칙을 정해 보는 활동을, 3~5세 유아 수준에서는 건강한 생활을 위해 위생적인 생활습관을 가지는 것이 중요하며 습관화하기 위해 어떠한 방법들이 효율적으로 활용될 수 있는지를 토의해 보는 활동을 구성할 수 있다. 이러한 활동을 통해 영유아는 내 몸과 주변을 깨끗이 하는 습관을 기를 수 있다.

극놀이활동에서는 2세 미만 영아는 주사기 놀이, 청진기 놀이 등으로 짧은 에피소드를 표현해 보는 수준으로 이루어지고, 2세 영아는 자신 및 또래 친구의 아픈 신체 부위를 검진하고 치료해 주는 병원놀이활동을, 3~5세 유아 수준에서는 진료 범위를 안과 및 치과까지 확장한 종합병원 놀이활동을 통해 영유아가 정기 건강검진의 중요성을 알고 적극적으로 참여할 수 있는 계기를 마련할 수 있다.

음률동작활동으로 2세 미만 및 2세 영아 수준에서는 '눈은 어디 있나 요

표 9-2 교수학습 유형에 따른 활동 내용(주제: 나의 몸)

유형	내용		
	2세 미만 영아	2세 영아	3~5세 유아
이야기 나누기	• 위생적 생활 돕기	• 위생적 생활을 위한 규칙 정하기	• 위생적 생활의 습관화 방법 토의하기
극놀이	• 병원 놀이	• 병원 놀이	• 종합병원 놀이
음률동작	• '눈은 어디 있나 요기'	• 신체의 어느 부분일까?	• 내 몸속의 나는 누구일까?
조형	• 점토로 만들기	• 점토로 놀잇감 만들기	• 폐품 활용한 운동기구로 체력단련센터 꾸미기
요리	• 내 몸에 좋은 과일꼬치 만들기	• 내 몸에 좋은 과일꼬치 만들기	• 내 몸에 좋은 쌀요리 경연대회
견학	• 우리 동네 놀이터 견학	• 우리 동네 놀이터 견학	• 체력단련센터 견학
시청각 매체	• 내 몸은 소중해요	• 내 몸은 소중해요	• 내 몸은 내가 지켜요

기' 나 '머리 어깨 무릎 발' 과 같이 신체 각 부분의 명칭을 익힐 수 있는 노래를 부르며 신체 동작을 해 보는 활동을, 3~5세 유아 수준에서는 신체 각 부분의 다양한 움직임을 시각적으로 단순화해서 표현한 그림카드를 보고 음악에 맞추어 신체 동작으로 나타내 보는 한편, 내 몸속 각 기관의 움직임(예: 콩닥콩닥 뛰는 심장, 연동수축 운동을 하는 위 등)을 표현해 보면서 어떤 기관인지 알아맞히는 활동을 구성할 수 있다.

조형활동으로 2세 미만 및 2세 영아 수준에서 공과 같이 간단한 놀잇감 모형을 점토로 만들어 보는 활동을, 3~5세 유아 수준에서는 폐품과 재활용품을 활용하여 만든 실물 크기의 놀잇감으로 놀이실을 직접 꾸며 보는 활동을 구성해 볼 수 있다. 이러한 활동을 하며 놀잇감을 다루거나, 놀이터에서 놀 때의 안전규칙을 정할 수 있다.

요리활동으로는 2세 미만 및 2세 영아 수준에서 내 몸에 좋은 과일을 꼬치로 만들어 먹는 활동을, 3~5세 유아는 김밥, 떡볶이, 경단 등 쌀을 이용한 다양한 요리를 만들어 보는 활동을 구성할 수 있다. 이러한 활동은 영유아로 하여금 식품과 영양소의 관계를 이해하고 올바른 식습관을 형성하는 계기를 마련할 수 있다.

한편, 아직 멀리 견학을 가기에 무리가 있는 2세 미만 및 2세 영아는 기관 가까이에 위치한 놀이터에 가서 놀이기구를 안전하게 이용하는 방법을 익히고 직접 이용해 보는 활동을, 3~5세 유아는 다양한 종류의 운동기구가 구비되어 있는 체력단련센터에 견학을 가서 여러 운동 기구들의 안전한 사용방법을 알아보고 직접 이용해 보는 활동을 통해 안전하게 기구를 이용하는 방법을 알고 이를 실천하는 능력을 기른다.

시청각매체활동으로 영아는 영아의 이해 수준에 맞게 교사가 직접 제작한 동영상 자료를 시청하는 활동을, 유아는 성교육 비디오를 함께 보고 유괴 및 성폭력의 위험상황을 인지하고 위험상황에 대처하는 방법을 모의 상황극으로 연출해 보는 활동을 통해 영유아는 내 몸의 소중함을 인식하고 내 몸을 안전하게 지키는 능력을 기르게 된다.

2) 교수학습활동 지도의 실제

(1) 요리

① 2세 미만 영아

❖ **활동명** : 내 몸에 좋은 과일 꼬치 만들기

❖ **활동목표**

- 여러 가지 과일을 즐겁게 먹는 경험을 가진다.
- 내 몸에 좋은 음식과 해로운 음식에 대해 관심을 가진다.
- 손 씻기와 같은 기본적인 위생 습관을 익히며 바른 식생활 습관의 기초를 형성한다.

❖ **활동자료** : 여러 가지 과일, 산적용 꼬치, 플라스틱 빵칼, 개인 접시

❖ **활동준비** : 영아들에게 꼬치에 꽂을 과일을 2~4개 주고 직접 골라 보는 활동을 진행한다. 영아들이 선택한 과일을 꼬치에 쉽게 꽂을 수 있도록 꼬치에 쉽게 꽂을 수 있는 과일만을 제시한다.

❖ **활동내용** : 영아들이 직접 고른 과일을 보고, 만지고, 냄새 맡아 보는 등 오감각을 사용해 여러 가지 과일의 특징을 탐색해 보고, 과일을 적당한 크기로 잘라 산적과 같이 꽂아서 만든 과일 꼬치를 함께 먹어 보는 활동이다.

도입 영아들이 직접 고른 과일을 함께 만져 보며 개별적으로 색이나 모양에 대해 물어본다. 어떤 모양인지, 만졌을 때 어떤 느낌이 나는지, 어떤 냄새가 나는지를 말해 보도록 한다. 다양한 과일의 특징을 살펴본 후에는 과일을 그냥 먹기도 하지만 과일들을 적당한 크기로 썰어서 꼬치를 만들어 먹을 수도 있다는 것을 보여 준다. 음식을 손으로 만지는 요리활동을 할 때는 무엇보다 손 씻기가 우선되어야 하므로 함께 깨끗이 손을 씻고 깨끗한 보자기나 개인용 접시를 사용한다. 그리고 꼬치에 꽂을 과일을 자르기 위해 이용할 플라스틱 빵칼의 안전한 사용방법을 시범을 통해 보여 주고 샘플로 개인 접시에 미리 나누어 준 바나나를 직접 썰어 보도록 한다.

전개 준비된 여러 가지 과일을 적당한 크기로 미리 잘라 두고 꼬치에 꽂아 만든 과일꼬치를 보여 주어 만들어 보자고 말해 준다. 먼저 영아들에게 과일을 꼬치에 꽂을 수 있도록 적당한 크기로 나누어 주고 한두 개는 잘라 볼 수 있는 기회를 준다. 2~3가지 과일을 꽂기 좋게 잘라 큰 접시에 두고 원하는 과일을 꽂도록 알려 준다. 자기가 가장 좋아하는 과일을 골라 섞기도 하고 한 가지만 하기도 하며 다양한 개수와 순서로 꽂아 보게 하며, 엄마와 아빠에게 선물할 꼬치까지 만들 수 있도록 격려한다.

마무리 과일 꼬치 만들기에 계속 흥미를 느끼는 영아들을 위해서는 남은 과일 조각을 가지고 작은 꼬치를 더 만들 수 있게 해 준다. 각자가 완성한 과일 꼬치를 친구들에게 보여 주며 자신이 무슨 과일을 제일 좋아하는 지 친구들에게 이야기할 수 있도록 격려한 후 과일 꼬치를 먹는다.

❖ **교수학습 주안점**

- 영아들이 요리활동 시 가장 선행되어야 할 부분은 청결 및 안전임을 인식할 수 있도록 지도한다. 따라서 요리활동 전에는 반드시 손을 함께 씻고, 요리활동 시에 일어날 수 있는 다양한 안전사고를 예방하도록 주의하여야 한다.
- 활동을 시작하기 전에 이야기 나누기를 통해 몸이 건강하고 튼튼해지려면 과일을 잘 먹어야 한다는 것을 알려 주며, 몇 가지 종류의 과일을 골고루 꽂은 과일 꼬치를 맛있게 먹는 경험을 통해 골고루 먹는 기회를 제공해 준다.
- 영아들은 과일 꼬치를 다 완성할 때까지 먹고 싶은 욕구를 지연하기가 힘들기 때문에 미리 맛을 볼 수 있는 기회를 충분히 제공하여야 한다.

② 2세 영아

❖ **활동명** : 내 몸에 좋은 과일 꼬치 만들기

❖ **활동목표**

- 여러 가지 과일을 즐겁게 먹는 경험을 가진다.
- 내 몸에 좋은 음식과 해로운 음식에 대해 관심을 가진다.
- 손 씻기와 같은 기본적인 위생 습관을 익히며 바른 식생활 습관의 기초를 형성한다.

❖ **활동자료** : 여러 가지 과일, 산적용 꼬치, 플라스틱 빵칼, 개인 접시

❖ **활동준비** : 영아들과 함께 꼬치에 꽂을 과일을 가까운 시장이나 슈퍼에 가서 직접 골라 보는 활동을 진행한다. 영아들이 선택한 과일

을 사지 못하는 경험을 하지 않도록 미리 가게 주인에게 협조를 요청해 꼬치에 꽂을 수 있는 과일만을 전시해 놓게 한다.

❖ **활동내용**: 영아들이 직접 고른 과일을 보고, 만지고, 냄새 맡아 보는 등 오감각을 사용해 여러 가지 과일의 특징을 탐색해 보고, 과일을 적당한 크기로 잘라 산적과 같이 꽂아서 만든 과일 꼬치를 함께 먹어 보는 활동이다.

도입 영아들이 직접 고른 과일을 보여 주며 영아들의 주의를 집중시킨다. 그리고 과일을 한 가지씩 보여 주며 어떤 모양인지, 만졌을 때 어떤 느낌이 나는지, 어떤 냄새가 나는지를 말해 보도록 한다. 다양한 과일의 특징을 살펴본 후에는 과일로 무엇을 만들어 먹을 수 있는지를 물어보고, 오늘 활동에서는 이 과일들을 적당한 크기로 썰어서 꼬치를 만들어 먹을 것임을 알려준다. 음식을 손으로 만지는 요리활동을 할 때는 무엇보다 손 씻기가 우선되어야 함을 영아들과 함께 확인하고 손을 깨끗이 씻고 오도록 지도한다. 그리고 꼬치에 꽂을 과일을 자르기 위해 이용할 플라스틱 빵칼의 안전한 사용방법을 시범을 보여 주고 샘플로 개인 접시에 미리 나누어 준 바나나를 직접 썰어 보도록 한다.

전개 준비된 여러 가지 과일을 적당한 크기로 잘라서 꼬치에 꽂아 과일 꼬치를 완성하는 활동을 진행할 것임을 알려 준다. 먼저 영아들에게 과일을 꼬치에 꽂을 수 있도록 적당한 크기로 자르도록 한다. 이때 개별 영아에게 한 번에 여러 가지 과일을 주게 되면 어떻게 다루어야 할지 몰라 당황할 수 있으므로, 모든 영아들에게 똑같이 한 가지 과일을 자르게 한 후 다른 과일의 순서로 진행한다. 개인 접시에 적당한 크기로 잘려진 과일을 자기가 가장 좋아하는 순서로 꽂아 보게 하며, 엄마와 아빠에게 선물할 꼬치까지 만들 수 있도록 격려한다.

마무리 과일 꼬치 만들기에 계속 흥미를 느끼는 영아들을 위해 큰 접시에 남은 과일을 모아 놓고 더 만들 수 있게 해 준다. 활동이 끝난 후에는 완성된 과일 꼬치를 친구들에게 보여 주며 자신이 무슨 과일을 제일 좋아하는지 이야기하게 하고, 다 함께 둘러앉아서 과일 꼬치를 먹는 것으로 마무리한다.

[그림 9-1] 과일 꼬치 요리를 만들고 있는 영아들

❖ 교수학습 주안점

- 영아들이 요리활동 시 가장 선행되어야 할 부분은 청결 및 안전임을 인식할 수 있도록 지도한다. 따라서 요리활동 전에는 반드시 손을 씻고, 요리활동 시에 일어날 수 있는 다양한 안전사고의 위험을 미리 알려 주고 예방할 수 있는 구체적인 방법들을 지도한다.
- 활동을 시작하기 전에 이야기 나누기를 통해 몸이 건강하고 튼튼해지려면 과일을 잘 먹어야 한다는 것을 알게 하며, 모든 종류의 과일을 골고루 꽂은 과일 꼬치를 맛있게 먹는 경험을 통해 몸에 이로운 음식에 대해 관심을 갖도록 지도한다.
- 영아들은 과일 꼬치를 다 완성할 때까지 먹고 싶은 욕구를 지연하기가

힘들다는 것을 이해하고 미리 맛을 볼 수 있는 기회를 제공하고, 엄마와 아빠에게 선물하는 것을 좋아하는 영아들의 특성을 고려하여 다 완성한 후에 엄마와 아빠에게 선물할 것임을 활동을 시작하기 전에, 활동 중에 수시로 여러 번 반복해서 이야기해 주는 것이 좋다.

③ 3~5세 유아

❖ **활동명** : 가족과 함께 내 몸에 좋은 쌀 요리 경연대회

❖ **활동목표**

- 식품과 영양소의 관계를 이해한다.
- 내 몸에 좋은 음식과 해로운 음식을 구분하고 몸에 해로운 음식은 스스로 주의한다.
- 스스로 위생적인 생활습관을 실천한다.
- 올바른 식사 예절을 실천하며 즐겁게 식사를 한다.

❖ **활동자료** : 쌀요리(김밥, 경단, 주먹밥, 떡볶이 등) 재료, 조리도구, 가열기구

❖ **활동준비** : 유아들 스스로가 왜 쌀로 만든 음식을 먹어야 되는지를 깨달을 수 있게, 밀가루로 만든 음식과 쌀로 만든 음식의 특징을 토의해 보는 사전활동을 진행한다. 이때 밀가루로 만든 인스턴트 음식에 길들여진 유아들의 영양 불균형 문제를 다룬 시청각 자료나 도서자료를 활용하도록 한다. 그리고 요즘 유아들은 가족 모두가 한자리에 모여 식사하는 기회가 많지 않다는 것을 고려하여 엄마, 아빠를 초대하여 쌀 요리를 만들어 볼 것을 제안하고, 모둠별로 어떤 음식을 만들 것인지 상의하여 결정한다. 각 가정에는 결정된 사항에 대한 안내와 협조를 부탁하는 안내문을 발송하여 부모님들의 적극적인 참여를 도모한다.

❖ **활동내용** : 쌀을 이용한 음식을 만들기 위해 재료 구입에서부터 요리하기, 요리한 음식 먹기까지의 모든 활동을 가족과 함께 진행해 보는 활동이다.

도입 모둠별로 선정한 쌀 요리(예: 떡볶이, 경단, 김밥, 주먹밥 등)를 만들기 위해 어떤 재료들이 필요한지 가정에서 부모님과 함께 알아보도록 한 후, 가정에서 조사한 자료를 토대로 모둠별로 가까운 시장이나 슈퍼에 가서 필요한 음식 재료를 구입한다. 이때 유아들이 직접 돈을 지불하고 음식 재료를 구입하게 함으로써 경제생활을 경험해 볼 수 있게 한다.

전개 요리를 할 수 있도록 세팅된 장소에 모듬별로 유아들이 가족과 함께 자리하도록 한다. 그리고 "우리가 준비한 재료로 맛있는 요리를 만들기 위해서는 가장 먼저 무엇을 해야 할까요? 그리고 그 다음에는 무엇을 해야 할까요?" 라고 교사가 질문을 던짐으로써 유아들로 하여금 음식을 어떤 순서로 만들어야 하는지를 다시 한 번 숙지하도록 한다. 숙지한 순서에 따라 손 씻기부터 시작하도록 하며, 불로 가열하여 조리하는 과정을 제외한 모든 단계에서 유아들이 주된 역할을 하며 가족은 안전사고가 일어나지 않게 보조하는 역할을 수행한다. 그리고 모듬별로 완성된 요리는 큰 접시에 담아 중앙테이블에 모아 뷔페식으로 식사를 할 수 있게 준비한다.

마무리 활동을 마친 유아들에게 뷔페식으로 차려진 다양한 쌀 요리를 개인 접시에 담아 가족과 함께 식사를 할 것임을 알려 주고, 어른과 함께 식사를 할 때의 식사예절에 대해 이야기해 보는 시간을 가진다. 이야기 나누기가 끝난 후에는 가족이 다 함께 둘러앉아서 개별 모둠에서 만든 다양한 쌀 요리를 먹는 것으로 마무리한다.

[그림 9-2] 가족과 함께 쌀떡볶이 요리를 만들고 있는 유아들

❖ 교수학습 주안점

- 식품과 영양소의 관계 및 고른 영양의 섭취가 건강에 어떠한 영향을 미치는지를 이해하고 일상의 식생활에서 몸에 필요한 영양소를 골고루 섭취하는 습관을 기를 수 있도록 지도한다.
- 가족과 함께 식사를 하면서 올바른 식사예절을 배우고 바른 식습관을 형성하는 기회를 가질 수 있도록 지도한다. 일관성 있는 지도를 위해 가정에도 기관에서 하고 있는 식습관 지도의 내용을 안내하며 협조를 부탁한다.
- 요리활동을 하는 동안에 유아 스스로 자신의 청결 및 안전에 책임을 질 수 있도록 지도한다. 불가피하게 스테인리스 소재의 칼과 같이 위험한 기구를 사용해야 할 경우에는 반드시 교사의 보조 하에서만 사용해야 한다는 것을 주지시킨다.
- 유아들의 경우 부모님과 함께 있을 때 함께 한다는 사실 자체만으로도 매우 흥분이 되어 활동에 집중하지 못할 수 있으므로, 활동을 시작하기

전에 요리를 만들 때 유아들이 어떠한 역할을 해야 하는지 구체적으로 제시해 주도록 한다.

(2) 견학

① 2세 미만 영아

❖ **활동명** : 우리 동네 놀이터 견학

❖ **활동목표**

- 놀이기구를 안전하게 이용한다.
- 놀이기구를 탈 때 위험하다고 알려 주면 주의한다.

❖ **활동자료** : 놀이기구 사진자료, 돗자리

❖ **활동준비** : 사전에 놀이터를 방문하여 영아들이 이용하게 될 놀이터 놀이시설과 주변환경이 안전한지를 살펴본다. 외관으로만 관찰해서 판단하지 말고 놀이터를 관리하는 관리인에게 놀이시설의 안전 여부를 점검받는다. 안전에 대한 점검이 끝난 후에는 놀이터에 있는 각 시설을 사진으로 촬영하여 영아들이 미리 볼 수 있게 크게 확대 현상하여 준비한다.

❖ **활동내용** : 기관에서 가까운 거리에 위치한 동네 놀이터에 가서 놀이기구를 안전하게 이용하는 경험을 해 보는 활동으로, 이를 통해 실외에서의 놀이기구를 이용한 신체활동이 안전하게 이루어질 수 있도록 한다.

도입 영아들에게 놀이기구를 크게 확대 현상하여 준비한 사진을 벽면에 전시하여 영아들의 관심을 유도한다. 영아의 주의가 집중되는 대로 개별적 또는 소그룹으로 사진에 있는 놀이기구를 어떻게 이용하는지를 이야기해 보도록 한다. 그리고 이러한 놀이기구를 이용할 때 다친 경험이 있었는지, 다쳤다면 왜 다치게 되었는지에 대해 이야기 나눈 후 이를 토대로 다치지 않고 놀이기구를 이용하는 방법을 알아본다. 영아들에게 사진에 있는 놀이기구가 있는 놀이터에 가서 놀이기구를 직접 타 볼 것임을 알려 준다.

전개 안전하게 이동하여 놀이터에 도착하면 기관에서 사진으로 보았던 놀이기구를 직접 확인해 볼 수 있도록 하는 시간을 먼저 가진다. 놀이기구를 둘러본 후에는 놀이기구를 직접 타 보도록 한다. 이때 교사 부재 하에 놀이기구를 이용하는 일이 없도록 영아들을 2조로 나누어 각 조를 교사 1명이 담당하여 한 번에 한 가지 놀이기구만 이용하도록 한다. 놀이기구당 교사 1명에 영아는 2~3명을 넘지 않도록 하고 보조인력이나 자원봉사자와 함께 하며, 가능하면 교사가 직접 놀이기구를 어떻게 안전하게 타는지를 시연해 주는 것이 좋으며, 성인 이용이 규제되는 놀이기구의 경우에는 영아 1명이 먼저 시범을 보이도록 한다.

마무리 특정 놀이기구를 더 타고 싶어 하는 영아가 있다면 한 번 또는 두 번까지 더 이용할 수 있는 기회를 제공하고 다음에 또 올 것임을 약속하여 아쉬움을 달래준다. 놀이기구 타기활동이 끝난 후에는 깨끗한 곳으로 이동하여 돗자리를 깔고 물을 마시고 잠깐 쉰다. 어떤 놀이기구가 가장 재미있었는지, 무섭지는 않았는지를 확인해 보고 어린이집으로 돌아온다.

❖ 교수학습 주안점

- 놀이기구 설비의 안전 상태를 미리 점검한다.
- 안전사고는 순간적으로 일어날 수 있다는 것을 명심하고 놀이기구를 이용하는 영아들에게 시선을 고정한 채 영아들의 움직임을 체크한다. 영아에 따라 한 교사가 1~3명을 맡아야 한다.
- 놀이터의 모래 바닥은 각종 동물들의 배설물과 위험한 유리 조각 등으로 영아들의 건강 및 안전을 위협할 수 있으므로 반드시 신발을 신고 이용하도록 하며, 놀이터 이용 후에는 손과 발을 깨끗이 씻을 수 있도록 지도

한다.

② 2세 영아

❖ **활동명** : 우리 동네 놀이터 견학

❖ **활동목표**

- 놀이기구를 안전규칙에 따라 안전하게 이용한다.
- 놀이기구를 탈 때 일어날 수 있는 위험한 상황을 알고 조심한다.

❖ **활동자료** : 놀이기구 사진자료, 돗자리

❖ **활동준비** : 사전에 놀이터를 방문하여 영아들이 이용하게 될 놀이터 놀이시설과 주변환경이 안전한지를 살펴본다. 외관으로만 관찰해서 판단하지 말고 놀이터를 관리하는 관리인에게 놀이시설의 안전 여부를 점검받는다. 안전에 대한 점검이 끝난 후에는 놀이터에 있는 각 시설을 사진으로 촬영하여 영아들이 미리 볼 수 있게 크게 확대 현상하여 준비한다.

❖ **활동내용** : 기관에서 가까운 거리에 위치한 동네 놀이터에 가서 놀이기구를 안전하게 이용하는 방법을 익히는 활동으로, 이를 통해 실외에서의 놀이기구를 이용한 신체활동이 안전하게 이루어질 수 있도록 한다.

도입 영아들에게 놀이기구를 크게 확대 현상하여 준비한 사진을 이야기 나누기 공간의 벽면에 전시하여 영아들의 관심을 유도한다. 영아들의 주의가 집중되면 한자리에 모여 사진에 있는 놀이기구의 명칭이 무엇이며, 어떻게 이용하는지를 이야기해 보도록 한다. 그리고 이러한 놀이기구를 이용할 때 다친 경험이 있었는지, 다쳤다면 왜 다치게 되었는지에 대해 발표하는 시간을 가진 후에, 이를 토대로 다치지 않고 놀이기구를 이용하는 방법을 알아본다. 기초적인 안전지식을 충분히 숙지했다고 판단되면 영아들에게 사진에 있는 놀이기구가 있는 놀이터에 가서 놀이기구를 직접 타 볼 것임을 알려 준다.

전개 안전하게 이동하여 놀이터에 도착하면 기관에서 사진으로 보았던 놀이기구를 직접 확인해 볼 수 있게 놀이터 전체를 둘러보는 시간을 먼저 가진다. 이때, 놀이기구를 둘러볼 때마다 도입활동에서 이루어졌던 내용을 다시 숙지시키는 차원에서 각 놀이기구를 안전하게 이용하는 방법을 질문하여 하나하나 언급해 보도록 한다. 놀이기구를 모두 둘러본 후에는 놀이기구를 직접 타 보는 시간을 마련한다. 이때 교사 부재 하에 놀이기구를 이용하는 일이 없도록 영아들을 2조로 나누어 각 조를 교사 1명이 담당하여 한 번에 한 가지 놀이기구만 이용하도록 지도한다. 가능하면 영아들이 놀이기구를 타기 전에 교사가 직접 놀이기구를 어떻게 타는지를 시연해 주는 것이 좋으며, 성인 이용이 규제되는 놀이기구의 경우에는 영아 1명이 먼저 시범을 보이도록 한다.

마무리 특정 놀이기구를 더 타고 싶어 하는 영아들에게 한 번씩 더 이용할 수 있는 기회를 제공하고 다음에 또 올 것임을 약속하여 아쉬움을 달래준다. 놀이기구 타기활동이 끝난 후에는 깨끗한 곳으로 이동하여 돗자리를 깔

[그림 9-3] 놀이터에서 안전규칙에 따라 놀이기구를 타고 있는 영아들

고 둘러앉아 어떤 놀이기구가 가장 재미있었는지, 놀이기구를 탈 때 어렵거나 무서운 점은 없었는지를 이야기해 보고, 마지막으로 영아들이 놀이기구를 탈 때 안전사고가 일어날 뻔했던 위험한 상황에 대해 설명해 주는 것으로 활동을 마무리한다.

❖ **교수학습 주안점**

- 놀이기구 설비의 안전 상태를 수시로 점검한다.
- 안전사고는 순간적으로 일어날 수 있다는 것을 명심하고 놀이기구를 이용하는 영아들에게 시선을 고정한 채 영아들의 움직임을 체크한다.
- 영아들을 대상으로 놀이기구를 안전하게 이용하는 방법에 대해 학습할 수 있는 놀이안전교육을 정기적으로 실시한다.
- 놀이터의 모래 바닥은 각종 동물들의 배설물과 위험한 유리 조각 등으로 영아들의 건강 및 안전을 위협할 수 있으므로 반드시 신발을 신고 이용하도록 하며, 놀이터 이용 후에는 손과 발을 깨끗이 씻을 수 있도록 지도한다.

③ 3~5세 유아

❖ **활동명** : 체력단련센터 견학

❖ **활동목표**

- 운동기구의 사용방법을 바르게 인식하여 안전규칙을 지키며 안전하게 이용한다.
- 운동기구 이용 시 일어날 수 있는 안전사고 및 위험상황을 인식하고 스스로 대처한다.

❖ **활동자료** : 운동기구를 만들 수 있는 다양한 폐품 및 재활용품, 감사카드, 필기구

❖ **활동준비** : 교사는 사전에 체력단련센터를 방문하여 유아들이 안전하게 이용 가능한 운동기구를 알아보고, 관리자에게 안전 상태를

점검받는다. 더불어 체력단련센터에 있는 운동기구의 사용방법에 대해 유아들의 이해를 돕기 위해 운동기구 전체 모습뿐만 아니라 손잡이, 발판, 센서기 등 세부적인 부분을 함께 촬영하여 현상한 사진을 준비한다. 그리고 유아들이 방문했을 때 도움을 받게 될 체력단련사가 몇 명인지를 파악하여 모둠별로 이들에게 전달할 감사카드를 만들어 준비한다.

❖ **활동내용** : 다양한 운동기구를 사용할 때의 안전규칙을 이해하고 체력단련센터를 방문하여 다양한 운동기구를 사용할 때의 안전규칙을 이해하고 안전한 사용을 실천하는 활동이다. 더불어 운동기구를 이용할 때 발생할 수 있는 안전사고 및 위험상황에 대처하는 방법을 알아보는 활동이다.

도입 각 운동기구의 부분 사진을 보고 운동기구의 명칭을 알아맞히는 간단한 게임을 통해 운동기구에 대한 유아들의 관심을 모은다. 그리고 유아들을 여러 모둠으로 나누어 모둠별로 사진자료를 토대로 각 운동기구는 어떻게 이용하며 운동기구를 이용할 때 발생할 수 있는 안전사고에 대해 토론하여 기록해 보는 시간을 가진다. 유아들에게 사진자료에서 본 운동기구들을 직접 이용해 볼 수 있는 체력단련센터로 견학을 갈 것임을 알려 주고, 토론과정에서 궁금했던 사항들을 기록하여 질문할 것을 제안한다.

전개 먼저 체력단련사의 안내를 받아 각 운동기구를 둘러보며 운동기구의 명칭 및 이용방법에 대한 설명을 듣는다. 설명을 통해서도 해결되지 않은 유아들의 궁금 사항은 추가로 질문할 수 있는 기회를 제공한다. 다음으로 성인의 보조 하에 유아들이 이용 가능한 운동기구를 직접 이용해 보는 시간을 마련하되, 각 운동기구를 안전하게 이용하는 방법과 안전수칙을 지키지 못했을 때 일어날 수 있는 안전사고에 대해 반드시 다시 한 번 숙지하고 이용하도록 한다. 이때 모둠별로 이동하며 운동기구를 이용함으로써 유아들이 운동기구를 타기 위해 기다리는 시간을 단축한다. 견학을 마친 후에는 유아들로 하여금 견학을 도와주신 관계자 분들께 미리 준비한 감사카드를 전달하며 감사의 마음을 전달하도록 한다.

마무리 운동기구를 계속 이용해 보고 싶어 하는 유아들을 위해 모둠별로 폐품 및 재활용품 등의 재료를 활용, 가능한 한 실물 크기의 모형 운동기구(예: 종이벽돌을 이용한 러닝머신, 재활용품을 이용한 실내용 자전거, 신문지를 이용한 아령 등)를 제작하여 교실의 한쪽 공간에 ㅇㅇ반 체력단련센터를 개장한다. 제작된 각각의 운동기구 전면에는 견학활동을 통해 알게 된 이용방법과 안전사고의 위험을 기록, 부착하여 안전한 운동기구 사용을 습관화하도록 한다.

❖ 교수학습 주안점

유아들을 대상으로 운동기구를 비롯하여 각종 기구를 안전하게 이용하는 방법 및 위험 상황에 노출되었을 때의 대처 능력을 배울 수 있는 안전교육을 정기적으로 실시한다.

유아들의 활발한 신체적 움직임의 특성을 고려하여 체력단련센터를 실내가 아닌 실외에 개장하도록 하여 공간의 제약을 받지 않고 다양한 운동기구를 이용해 볼 수 있는 기회를 제공한다.

유아들은 영아기와 비교하여 급격한 신체발달로 신체적 움직임이 활발해지는 반면, 아직은 신체 조절 능력 및 자신들의 행동이 가져 올 위험상황에 대한 예측 능력이 미숙하므로 해서는 안 될 행동에 대해 처음부터 한계를 분명하게 지어 준다. 더불어 유아 자신뿐만 아니라 타인의 안전도 고려하여 행동할 수 있도록 지도한다.

참고문헌

변영계(2005). 교수 · 학습 이론의 이해(개정판). 서울: 학지사.

이순형 외(2007). 보육과정(2판). 서울: 학지사.

이자형, 김일옥, 천기정(2002). 유아를 위한 영양교육 프로그램 개발. 간호과학, 14(2), 19-30.

Mastropieri, M. A., & Scruggs, T. E. (2000). *Strategies for Effective Instruction*. Upper Saddle River, NJ: Prentice-Hall.

제 10 장
신체운동 교수학습활동

1. 신체운동 교수학습활동의 개념 및 목적

1) 신체운동 교수학습활동의 개념

일반적으로 교수는 특정의 교육목표를 달성하기 위해 교사가 행하는 모든 교육적인 행위와 활동을, 학습은 경험을 통해 이루어진 영유아의 행동 변화가 지속적으로 유지되는 상태를 의미하는 것으로 볼 때(변영계, 2006; Mastropieri & Scruggs, 2000), 신체운동 교수학습활동이란 영유아의 행복한 삶에 중요한 토대가 되는 신체적 건강을 유지하기 위해 영유아가 발달적으로 적합한 신체활동에 활발하게 참여하여 지속적으로 자신의 신체를 긍정적으로 인식하고 신체조절 및 기본 운동능력을 기를 수 있게 도와주는 활동경험의 총체라고 할 수 있다. 여기서 말하는 신체조절 및 기본 운동능력은 영유아가 자신의 신체를 유연하게 움직이면서 균형을 유지하며, 이동운동, 비이동운동, 조작운동 등의 기본 운동능력을 습득하고, 나아가 신체활동을 하면서 공간, 시간, 힘, 흐름 등 동작의 기본 요소까지 인식하는 것을 포함한다(표준보육과정, 2005).

2) 신체운동 교수학습활동의 목적

신체운동 교수학습활동의 목적은 자신의 신체에 대해 긍정적으로 인식하고 신체조절 및 기본 운동능력을 습득하며 신체활동에 즐겁게 참여하여 건강하고 행복한 삶을 누리는 데 있다. 이러한 신체운동 교수학습활동의 목적은 다음의 세 가지로 구체화 될 수 있다.

첫째, 기본적인 감각능력을 기르고, 자신의 신체를 긍정적으로 인식한다. 영유아는 기본적인 감각능력을 통하여 주변환경을 탐색하며 자신을 둘러싼 세계에 대해 이해한다. 따라서 시각 · 청각 · 후각 · 촉각 · 미각 등의 다양한 감각적 자극을 풍부하게 제공함으로써 영유아로 하여금 환경과 능동적으로 상호작용할 수 있게 도와주어야 한다. 이를 위해 신체운동 교수학습활동은 영아기에는 감각을 활용하여 주변의 여러 가지 사물과 대상을 탐색하는 경험을 통하여 기본적인 감각능력을 기를 수 있게, 유아기에는 두 가지 이상의 감각을 협응하여 대상이나 사물의 특성과 차이에 대해 탐색하면서 감각능력을 발달시키는 데 중점을 두고 구성하여야 한다. 한편, 영유아는 신체를 움직이는 경험을 통해 신체 기능을 탐색하게 되며, 신체능력을 인지하게 되면서 자신의 신체에 대해 긍정적 혹은 부정적 인식을 형성하게 된다. 따라서 신체운동 교수학습활동에서는 영유아가 자신의 신체적 특징 및 신체능력에 대해 긍정적으로 인식할 수 있도록 영유아의 일상생활 속에서 신체를 성공적으로 움직일 수 있는 기회를 충분히 제공할 수 있어야 한다.

둘째, 신체를 조절하고 균형감을 기르며, 기본 운동능력을 기른다. 영유아는 신체가 유연하고 모험심이 많아 새로운 운동 기술을 갈등 없이 받아들일 뿐 아니라 새로운 동작을 시도해 보려는 열의가 강하다. 그리고 신체놀이를 하는 가운데 신체 사용 방법을 터득하고 몸의 유연성과 신체균형감을 기르게 되므로, 영유아 시기는 신체놀이를 통한 신체조절 및 기본 운동기능의 학습이 이루어지기에 이상적이다. 따라서 개별 영유아의 성숙 시간표에 맞게 신체를 조절하며 이동운동, 비이동운동, 조작운동 등의 기본 운동능력을 체계적으로 습득할 수 있는 활동경험을 제공하는 것이 중요하다. 이를 위해 신체운동 교수학습활동은 신체 및 운동발달의 개인차가 큰 영아기에는 개별 영아의 발달 특성을 충분히 반영한 신체놀이 활동경험을 통하여 대소근육 및 신체균형감을 발달시키고 기초적인 운동기능을 습득할 수 있게, 유아기에는 놀이기구나 시설을 이용한 신체활동 이외에도 다양한 신체놀이나 게임 등의 활동 기회를 충분히 제공함으로써 유아로 하여금 신체활동을 하면서 공간, 시간, 힘, 흐름 등 동작의 기본 요소까지 인식하고 움직이는 능력을 갖추는데 중점을 두고 구성해야 한다.

셋째, 일상생활 속에서 다양한 신체활동에 자발적으로 즐겁게 참여한다. 영유아는 신체적 움직임에 대한 본능적 욕구를 일상생활 속에서 뛰고, 달리고, 밀고, 당기고, 기어오르고, 던지고 하는 신체활동으로 맘껏 표출한다. 신체와 정신이 미분화되어 있는 영유아는 이러한 신체활동 경험을 통해 자신의 신체가 할 수 있는 것에 대해 자각하며 성취감과 자신감을 얻어 신체적으로뿐만 아니라 정신적, 사회적으로도 건강한 상태에 이르게 된다. 따라서 궁극적으로 몸과 마음이 건강한 영유아로 성장하기 위해서는 즐겁게 신체활동에 참여할 수 있어야 하며, 이러한 신체활동은 일상생활 속에서 규칙적으로 충분히 경험할 수 있어야 한다. 일상적인 신체활동 경험을 위해서는 실내 · 외 공간의 구별이 없어야 하겠지만, 가능하면 자연과 교감하며 무한한 상상력을 키울 수 있는 실외에서의 신체활동이 적극 권장된다. 이를 위해 신체운동 교수학습활동은 영아 수준에서는 몸의 움직임을 즐기고 기구를 이용하여 다양한 신체활동에 적극적으로 참여할 수 있게, 유아 수준에서는 다양한 기구를 이용하여 신체활동에 능숙하게 참여할 수 있도록 내용을 구성해야 할 것이다. 더불어 아직 위험에 대한 인식 능력이 떨어지는 영유아들을 위해 자유롭게 몸을 움직일 수 있는 안전한 공간을 확보하여 안전하게 신체활동에 참여할 수 있도록 배려해야 한다.

2. 신체운동 교수학습활동의 내용

1) 내용체계

신체운동 교수학습활동의 내용은 표준보육과정에 따른 신체운동 보육과정의 내용으로 '감각 및 신체인식' '신체조절 및 기본 운동' '신체활동 참여'의 세 영역으로 구성되며, 각 영역은 2세 미만 영아, 2세 영아, 3~5세 유아의 세 연령집단으로 구분된다(이순형 외, 2007). 신체운동 교수학습활동의 구체적인 내용을 표로 제시하면 〈표 10-1〉과 같다.

2세 미만 영아들을 대상으로 한 신체운동 교수학습활동의 '감각 및 신체인식'은 감각적 자극에 반응하기, 감각기관을 통해 탐색하기, 신체탐색하기로,

표 10-1 신체운동 교수학습활동의 내용

내용범주	2세 미만	2세	3~5세
감각 및 신체인식	• 감각적 자극에 반응하기 • 감각기관 통해 탐색하기 • 신체탐색하기	• 감각능력 기르기 • 감각기관 활용하기 • 신체를 인식하고 움직이기	• 감각능력 기르기 • 감각기관 활용하기 • 신체를 인식하고 움직이기
신체조절 및 기본 운동	• 대근육 조절하기 • 소근육 조절하기 • 협응력 기르기 • 균형감 기르기 • 이동 운동 시도하기 • 비이동 운동 시도하기	• 신체조절력 기르기 • 신체균형감 기르기 • 이동 운동하기 • 비이동 운동하기 • 조작 운동하기	• 신체조절 및 균형감 기르기 • 이동 운동하기 • 비이동 운동하기 • 조작 운동하기 • 움직임의 요소를 인식하고 움직이기
신체활동 참여	• 몸 움직임 즐기기 • 기구를 이용한 신체활동 시도하기	• 신체활동에 참여하기 • 기구를 이용한 신체활동 하기 • 안전하게 신체활동하기	• 자발적으로 신체활동에 참여하기 • 다양한 기구를 이용한 신체활동하기 • 안전하게 신체활동하기

'신체조절 및 기본 운동' 은 대근육 조절하기, 소근육 조절하기, 협응력 기르기, 균형감 기르기, 이동운동 시도하기, 비이동운동 시도하기로, '신체활동 참여' 는 몸 움직임 즐기기, 기구를 이용한 신체활동 시도하기로 구성된다. 2세 영아를 대상으로 한 신체활동 교수학습활동의 '감각 및 신체인식' 은 감각능력 기르기, 감각기관 활용하기, 신체를 인식하고 움직이기로 구성되고, '신체조절 및 기본 운동' 은 신체 조절력 기르기, 신체 균형감 기르기, 이동 운동하기, 비이동 운동하기, 조작 운동하기로, '신체활동 참여' 는 신체활동에 참여하기, 기구를 이용한 신체활동하기, 안전하게 신체활동하기로 구성된다. 3~5세 유아를 대상으로 한 신체활동 교수학습활동의 '감각 및 신체인식' 은 감각능력 기르기, 감각기관 활용하기, 신체를 인식하고 움직이기로, '신체조절 및 기본 운동' 은 신체조절력 및 균형감 기르기, 이동 운동하기, 비이동 운동하기, 조작 운동하기, 움직임의 요소를 인식하고 움직이기로, '신체활동 참여' 는 자발적으로 신체활동에 참여하기, 다양한 기구를 이용한 신체활동하기, 안전하게 신체활동하기로 구성된다.

2) 내용별 교수학습방법

영유아를 위한 신체운동 교수학습활동의 내용 구성에서 참고해야 할 일반적인 교수학습원리는 다음과 같다.

첫째, 영유아를 위한 신체운동 교수학습활동은 일상생활 속에서 신체놀이활동을 계획적이고 체계적으로 경험할 수 있도록 구성해야 한다. 신체 및 운동 기능의 발달은 영유아의 전인적 발달에 가장 기초가 되는 것으로 신체놀이활동의 경험을 통해 이루어진다. 따라서 신체놀이활동의 경험이 일상적으로 주어지는 것이 중요하다. 이때 우연에 의한 단순한 신체놀이에만 의존해서는 신체 및 운동기능의 발달이 체계적으로 이루어지기 어려우므로 신체놀이 활동 프로그램을 영유아의 발달 특성을 세심하게 고려하여 계획적이고 체계적으로 구성해야 한다.

둘째, 영유아를 위한 신체운동 교수학습활동은 다양한 영역의 활동경험과 통합적으로 다루어질 수 있도록 구성되어야 한다. 영유아의 신체, 인지, 언어, 정서, 사회성발달은 분리된 것이 아니라 유기적으로 연결되어 있다. 따라서 영유아의 신체운동 활동경험 속에 사회관계, 의사소통, 자연탐구, 예술경험, 기본생활의 내용이 통합적으로 다루어지는 것이 중요하다. 예를 들어, 음악을 들려주는 한편 언어적인 상황 구성을 통해 창의적인 신체표현활동을 풍부하게 하고, 또래와의 협력적인 신체활동을 제안함으로써 사회적 상호작용을 원활하게 할 수 있다.

셋째, 영유아를 위한 신체운동 교수학습활동은 교사가 함께 신체활동에 적극적으로 참여할 수 있도록 구성되어야 한다. 교사의 신체활동은 영유아에게 시각적인 모델이 되어 영유아의 자발적인 신체활동을 촉진시킬 뿐만 아니라 자신의 동작에 대한 인식을 발달시켜 좀 더 높은 수준의 신체움직임을 유도하는 비계설정의 역할을 하게 된다. 또한 교사가 함께 신체활동에 참여한다는 것은 영유아의 신체움직임을 활성화하는 긍정적인 분위기를 형성한다.

넷째, 영유아를 위한 신체운동 교수학습활동은 활동의 전개에 적절한 물리적 환경의 구비를 통해 영유아의 활발한 신체활동을 지원할 수 있도록 구성해야 한다. 영유아는 제한적인 실내외 공간보다 개방적인 실내 · 외 공간에서, 한정된 놀이시설과 기구보다 다양한 놀이시설과 기구가 구비된 곳에서의 신체활동을 더 선호하며 보다 적극적으로 참여한다. 그리고 실내외 놀이시설 및 기구가 안전하게 설치되어 있으며 모든 활동 공간이 안전하게 계획되어 있을 때, 영유아는 자유롭게 몸을 움직이며 신체활동을 안전하게 수행할 수 있다. 따라서 본 활동을 전개하기에 앞서 반드시 적합한 물리적 환경을 구비하는 절차가 이루어져야 한다.

마지막으로, 영유아를 위한 신체운동 교수학습활동에서는 활발한 신체활동 후에 휴식의 기회를 가질 수 있도록 구성해야 한다. 영유아는 체력이 가지고 있는 한계를 인식하고 활동의 강도를 조절하는 것이 미숙하므로 활동을 통해 신체움직임과 휴식을 골고루 경험할 수 있도록 해야 한다.

3. 신체운동 교수학습활동의 실제

신체운동 교수학습활동의 실제 활동사례를 통해 신체운동 교수학습활동의 내용이 영유아 보육·교육 현장에서 어떻게 적용될 수 있는지 살펴보고자 한다. 여기서는 특정 주제를 중심으로 각 교수학습활동의 유형에 따라 신체운동 교수학습활동이 어떻게 구성될 수 있는지를 살펴본다. 구체적인 교수학습활동의 사례는 게임활동과 견학활동의 두 가지 영역을 선정하여 2세 미만 영아, 2세 영아, 3~5세 유아 수준으로 살펴본다.

1) 유형별 교수학습활동

신체운동 교수학습활동은 이야기나누기활동, 극놀이활동, 게임활동, 음률동작활동, 견학활동으로 진행될 수 있다. 여기서는 '나의 몸' 을 주제로 2세 미만 영아, 2세 영아, 3~5세 유아 수준에서 이루어질 수 있는 신체운동 교수학습활동을 활동 유형별로 살펴보고자 한다.

이야기나누기활동으로 2세 미만 영아 수준에서는 신체 부분을 자기 몸에서 찾아보기 활동을, 2세 영아 수준에서는 신체 각 부분의 명칭 알아보기 활동을, 3~5세 유아 수준에서는 신체의 세부 부분의 특징을 알아보는 활동을 구성할 수 있다. 구체적으로 2세 미만 영아들은 눈, 코, 귀, 입, 팔, 다리 등 쉽게 구분되는 신체 부분을 각각의 그림카드로 제시하고 영아 자신의 신체에서 직접 찾아보는 활동이며, 2세 영아들은 '입을 크게 벌리고 하하 웃는 입' '눈물을 흘리고 있는 눈' '킁킁 냄새를 맡고 있는 코' 와 같이 특정 상황을 연출하고 있는 신체 각 부분의 그림카드를 보고 신체 각 부분의 명칭을 특정 상황과 연결하여 이야기를 나누는 활동이며, 3~5세 유아는 조별로 얼굴, 팔, 다리에서부터 팔꿈치, 무릎, 어깨 등 신체의 세부적인 부분의 특징을 스무고개 놀이로 준비하여 발표하고 다른 조의 유아들이 알아맞히는 활동이다.

극놀이활동으로 2세 미만 영아 수준에서는 제시된 극적 상황을 그대로 재현하는 활동을, 2세 영아 수준에서는 친숙한 극적 상황을 듣고 극적 상황에 맞게 표현하는 활동을, 3~5세 유아 수준에서는 즉흥적인 극적 상황을 듣고 상황에 맞게 신체로 표현하는 활동을 구성할 수 있다. 구체적으로 2세 미만 영아들의 활동은 "어제 우리 친구들이랑 함께 놀러간 꽃밭에서 무엇을 보았어요? (나비요) 그래요, 나비가 이 꽃에서 저 꽃으로 이렇게 훨훨 날아다녔어요(교사가 훨훨 날아다니는 나비의 동작을 흉내낸다). 우리 친구들도 나비가 되어 날아볼까요."라고 이야기함으로써 교사가 표현한 극적 상황을 보고 그대로 재현하는 활동이며, 2세 영아들은 "깊은 산속에 토롱이라는 토끼가 살았어요. 토끼는 이 돌에서 저 돌까지 깡충깡충 뛰어다니기도 하고, 목이 마르면 옹달샘에 가서 물을 마시기도 하고, 배가 고프면 풀을 뜯어 먹기도 했어요." "모두 일어나 보세요. 선생님이 음악을 틀어 주면 음악이 끝날 때까지 토롱이가 되는 거예요. 폴짝폴짝 뛰기도 하고 물을 먹을 수도 있고 풀을 뜯어 먹을 수도 있어요."와 같이 친숙한 극적 상황을 듣고 신체로 자유롭게 표현해 보는 활동이다. 3~5세 유아들은 친숙한 상황을 신체로 표현하다가 "그런데 갑자기 사자와 호랑이가 나타났어요. 토끼는 어떻게 하지요."와 같은 즉흥적인 상황을 듣고 새롭게 제시된 상황에 맞게 표현해 보는 활동이다.

게임활동으로 2세 미만 영아 수준에서 내 몸이 사자가 되어 잡기활동을, 2세 영아 수준에서는 내 몸이 캥거루가 되어 블록 넘기 활동을, 3~5세 유아 수준에서 내 몸을 다양한 생선의 형태로 변형시켜 이동하는 활동을 구성할 수 있다. 구체적으로 2세 미만 영아들은 사자 혹은 쥐가 술래가 되어 나머지 친구들을 잡으러 다니는 활동이며, 2세 영아들은 캥거루처럼 팔을 앞으로 내밀어 일정 간격으로 놓여 있는 블록을 넘어 반환점을 돌아오는 활동이며, 3~5세 유아들은 게 오징어 미꾸라지 등 지시에 따라 다양한 생선으로 몸의 형태를 변형시키며 블록을 넘어 반환점을 돌아오는 활동이다.

음률동작활동으로 2세 미만 영아 수준에서는 '사과 같은 내 얼굴' 노래를 부르며 동작으로 표현해 보는 활동을, 2세 영아 수준에서 '머리 어깨 무릎 발

무릎 발' 노래에, 3~5세 유아 수준에서는 '나처럼 해 봐요, 이렇게' 노래에 맞추어 동작으로 표현해 보는 활동을 구성해 볼 수 있다. 2세 미만 영아들의 활동은 '사과 같은 내 얼굴' 노래를 부르며 노래 가사에 맞게 동작으로 표현하는 활동이며, 2세 영아들의 활동은 '머리 어깨 무릎 발 무릎 발' 노래를 매우 느린 속도로 부르다가 점차 빠르게 부르며 신체 각 부분의 명칭을 알아보는 활동이며, 3~5세 유아들의 활동은 원형으로 둘러선 전체 유아 가운데 한 명의 유아가 중앙으로 나와 '나처럼 해 봐요, 이렇게' 노래에 맞추어 자신만의 창의적인 동작을 표현하면 나머지 유아들이 그 동작을 그대로 따라해 보는 활동이다.

견학활동으로 2세 미만 영아 수준에서는 기관의 동작실에 견학가는 활동을, 2세 영아 수준에서 기관 가까이에 위치한 놀이터로 견학가는 활동을, 3~5세 유아 수준에서는 다양한 운동기구가 구비되어 있는 체력단련센터로 견학하는 활동을 구성할 수 있다. 2세 미만 영아들의 활동은 기관에 있는 동작실에 가서 영아용 미끄럼틀, 바퀴 달린 자동차 등과 같이 영아 수준에서 안

표 10-2 교수학습 유형에 따른 활동 내용(주제: 나의 몸)

유형	내용		
	2세 미만 영아	2세 영아	3~5세 유아
이야기 나누기	• 신체 부분 찾기	• 신체 부분의 명칭 알아맞히기	• 신체 각 부분의 기능 알아맞히기
극놀이	• 제시된 극적 상황대로 움직이기	• 친숙한 극적 상황에 맞게 신체 표현하기	• 즉흥적 상황 구성에 맞게 신체 표현하기
게임	• 내 몸이 사자가 되었어요	• 내 몸이 캥거루가 되었어요	• 내 몸이 생선이 되었어요
음률 동작	• 사과 같은 내 얼굴	• 머리 어깨 무릎 발 무릎 발	• 나처럼 해 봐요, 이렇게
견학	• 영아동작실 견학	• 우리동네 놀이터 견학	• 체력단련센터 견학

전하게 이용할 수 있는 기구를 직접 타 보는 활동이며, 2세 영아들의 활동은 놀이터에 가서 놀이기구를 안전하게 이용하는 방법을 익힌 후에 놀이기구를 이용한 신체활동에 참여하는 활동이며, 3~5세 유아들의 활동은 다양한 종류의 운동기구가 구비되어 있는 체력단련센터에 가서 운동기구를 이용해 보는 활동이다.

2) 교수학습활동 지도의 실제

(1) 게임활동

① 2세 미만 영아

❖ **활동명** : 내 몸이 사자가 되었어요

❖ **활동목표**

- 신체 부분(얼굴, 팔, 다리)의 움직임을 탐색한다.
- 걷기의 이동운동과 서 있기, 앉기 등의 비이동운동을 시도한다.

❖ **활동자료** : 대형매트, 사자 모양 머리띠, 쥐 모양 머리띠

❖ **활동준비** : 안전하게 활동이 이루어질 수 있도록 영아들의 움직임이 미칠 수 있는 모든 공간에 대형매트를 깔아 둔다. 사자 모양의 머리띠는 폭이 5cm 정도 되는 부직포의 끝과 끝을 연결해 만들고, 머리띠를 쓴 유아가 사자임을 알 수 있도록 사자 얼굴 모양의 그림을 머리띠의 중앙 부분에 붙여 제작한다. 쥐 모양의 머리띠도 동일한 방법으로 제작하며 각각 유아 수만큼 준비한다.

❖ **활동내용** : 이 활동은 한 명의 영아가 술래가 되어 사자 혹은 쥐의 움직임을 신체로 흉내 내면서 나머지 친구들을 잡으러 다니는 게임활동을 진행한 후에, 사자와 쥐가 서로 도움을 주고받으며 사이좋게 지내게 된다는 『사자와 쥐』 동화를 듣고 이야기를 나누는 활동이다.

도입 교사는 "사자(쥐)는 어떤 소리를 내지요?" "사자(쥐)가 어떻게 움직이나요? 우리 친구들이 한번 사자(쥐)가 되어 볼까요?" 라는 질문을 던져 사자의 움직임에 대해 영아들이 스스로 탐색해 보는 기회를 가진다. 그리고 교사 두 명이 각각 사자와 쥐 머리띠를 쓰고 사자와 쥐 흉내를 내며 잡기놀이 하는 것을 시범을 보인다.

전개 먼저 사자가 쥐를 잡는 활동을, 다음으로 쥐가 사자를 잡는 활동을 진행한다. 사자가 되고 싶은 영아 한 명을 자원받아 사자 모양의 머리띠를 씌워 준다. 만약 한 번에 지원자가 너무 많을 경우 지원한 모든 영아들에게 사자 흉내를 내 보도록 해서 가장 사자의 신체움직임에 가깝게 흉내 낸 친구에게 기회를 준다. 나머지 영아들이 모두 쥐 모양의 머리띠를 쓰고 나면, 사자 모양의 머리띠를 쓴 영아가 사자처럼 신체를 움직이면서 이동하여 쥐 모양의 머리띠를 쓴 영아들을 잡으러 다닌다. 일정 시간이 지난 후에는 사자와 쥐의 설정을 바꿔 쥐가 사자를 잡으러 다닌다. 희망하는 영아에 한 해 모두 한 번씩 술래의 역할을 할 수 있게 활동을 진행한다.

마무리 영아들이 대집단으로 둘러 앉아 사자와 쥐가 서로 도움을 주고받고 사이좋게 지내게 된다는 『사자와 쥐』 동화를 들은 후에, 사자 머리띠와 쥐 머리띠를 쓴 모든 친구들이 함께 손을 잡고 춤을 추는 활동으로 마무리한다. 활동이 끝난 후에도 역할놀이 영역 혹은 신체활동 영역에 사자와 쥐 모양의 머리띠를 두어 영아들의 지속적인 신체활동을 지원한다.

❖ 교수학습 주안점

- 아직 신체조절이나 균형감 발달이 미숙해 넘어지거나 다치기 쉬우므로 교실 바닥이나 영아의 발바닥이 미끄럽지 않도록 하며, 영아가 걸려서 넘어지는 물건이 없도록 주위를 안전하게 정돈한다. 그리고 활동 내내 영아들의 움직임에서 시선을 떼지 않고 잘 관찰한다.

- 영아에 따라 잡기의 속도가 크게 다르다 보면 활동에 대한 영아들의 집중도가 떨어질 수 있으므로, 영아들에게 특정 노래를 들려주고 노래가 끝나면 1회의 술래잡기 활동이 종료되는 것임을 알려 준다.
- 영아들의 활발한 신체활동을 유도하기 위해 진행한 활동이 자칫 약육강식의 사고에 영향을 미칠 수 있으므로, 반드시 게임활동이 끝나면 동화 등을 이용한 이야기나누기활동을 통해 모든 친구들이 사이좋게 지내야 한다는 것을 인식할 수 있도록 한다.

② 2세 영아

❖ **활동명** : 내 몸이 캥거루가 되었어요

❖ **활동목표**

- 신체 각 부분의 명칭을 안다.
- 신체 각 부분의 움직임을 탐색한다.
- 팔, 다리, 목, 허리 등의 신체 부분을 조절하는 능력을 기른다.

❖ **활동자료** : 대형매트 2장, 캥거루 모형 머리띠, 종이벽돌, 색테이프

❖ **활동준비** : 활동 공간에 대형매트 2장을 깔고 매트 위에 이동 동선을 표시하는 색 테이프를 붙여 영아들이 안전하게 이동할 수 있도록 한다. 또한 영아들이 좋아하는 캥거루 머리띠를 미리 제작하여 준비함으로써 영아들이 활동에 더욱 적극적으로 참여하도록 유도한다.

❖ **활동내용** : 이 활동은 캥거루처럼 팔을 앞으로 내밀어 일정 간격으로 놓여 있는 블록을 넘어 반환점을 돌아오는 활동이다. 캥거루 이외에 영아의 신체발달 수준에서 신체 동작으로 특징 표현이 가능한 동물을 선택하여 활동을 진행할 수 있다.

도입 영아들에게 미리 준비해 둔 캥거루 머리띠를 보여 주며, 무슨 동물이며 이 동물은 어떻게 움직이는지를 물어본다. 영아들이 배가 불룩하게 나

온 캥거루의 특징을 이야기하면 우리 친구들이 캥거루라면 어떻게 움직일 지를 생각해 보고 제자리에서 자유롭게 캥거루의 흉내를 내며 움직여 보게 한다. 자신과 친구들의 움직임을 보며 캥거루라는 동물의 움직임에 어느 정도 친숙해졌을 때, 캥거루처럼 팔을 앞으로 내밀어 동그랗게 만들어 아기를 넣고 다니는 주머니 만드는 방법을 교사가 시범을 보여 영아들이 다 함께 이 동작을 따라해 보도록 한다.

전개 미리 준비한 캥거루 머리띠를 영아 개개인의 머리에 씌워 준 후, 교사가 시범을 보인 캥거루 동작으로 캥거루처럼 뛰어 중간에 놓인 벽돌 장애물을 뛰어넘고 반환점을 돌아오는 활동을 진행할 것임을 설명해 준다. 그리고 두 명의 영아가 나와 교사의 보조를 받아 캥거루처럼 손을 앞으로 동그랗

[그림 10-1] 캥거루가 되어 움직이는 게임을 하고 있는 영아들

게 주머니 모양을 만들어 블록을 뛰어넘는 시범을 보이도록 한다. 다음으로 순서대로 두 명씩 나와 캥거루가 되어 블록을 뜀뛰기하여 반환점을 돌아오도록 하며, 다른 친구들은 자신의 순서를 기다리며 응원을 하도록 한다.

마무리 계속 흥미를 느끼는 영아들에게 몇 번의 활동 기회를 더 제공한다. 활동이 끝난 후에는 캥거루가 되어 움직일 때 신체의 어느 부분이 가장 힘들었는지를 이야기하게 하고, 그 부분의 근육을 풀어 줄 수 있는 간단한 체조를 다 함께 실시하는 것으로 마무리한다.

❖ 교수학습 주안점

- 몸의 균형 유지하기와 신체조절능력의 체계적인 발달을 위해 정해진 동작을 익히는 것도 중요하지만, 신체활동을 통해 즐거움을 느낄 수 있도록 하는 것이 우선이 되어야 하므로 정해진 동작을 교수하기 전에 영아 스스로가 동작을 자유롭게 표현할 수 있는 기회를 제공한다.
- 영아기의 연령별 혹은 개인별 신체움직임의 발달 특성을 고려하여, 영아들이 수행 가능한 활동으로 제시함으로써 영아들이 좌절감을 느끼지 않고 안전하게 자신의 신체조절능력을 발달시킬 수 있도록 도와준다.
- 특정 대상의 움직임을 신체로 표현하려면 대상마다 가지고 있는 움직임의 독특한 특징을 잘 이해하고 있어야 하므로, 일상적으로 자연 및 주변 사물을 관찰하고 탐색할 수 있는 기회를 마련한다.
- 영아들은 상기와 같이 자신의 순서를 기다려서 활동에 참여하는 경우, 활동 순서를 기다리는 시간이 길어지다 보면 활동에 대한 흥미를 잃어버리고 산만해질 수 있으므로, 활동을 위한 대기 시간을 최대한 짧게 구성한다.

② 3~5세 유아

❖ **활동명** : 내 몸이 생선이 되었어요

❖ **활동목표**

- 신체 각 부분의 특징을 알고 지시에 따라 신체를 능숙하게 움직인다.
- 신체 각 부분의 구조와 기능을 이해한다.
- 자신의 신체능력을 긍정적으로 인식한다.
- 신체 균형을 유지하면서 다양한 자세를 취할 줄 안다.
- 두 발로 뛰기, 빠르게 달리기 등의 이동운동을 능숙하게 한다.

❖ **활동자료** : 대형매트 2장, 종이벽돌, 바다 속 생선들의 움직임이 표현된 그림카드

❖ **활동준비** : 바다에 사는 여러 종류의 물고기들의 움직임이 잘 표현된 8절 크기의 그림카드를 준비한다. 활동 공간에 대형 매트 2장을 깔고 매트 위에 생선이 이동할 수 있는 바닷길을 표시하는 색테이프를 붙여 유아들이 바닷길 안에서 이동할 수 있도록 한다.

❖ **활동내용** : 이 활동은 유아들이 바다에서 볼 수 있는 여러 종류의 물고기들을 알아보고, 각 물고기의 특징을 신체로 표현해 보는 활동이다.

도입 유아들이 본 활동에서 새로운 신체 동작으로 인해 신체 관절에 무리가 가지 않도록 신체를 충분히 스트레칭할 수 있는 도입활동을 전개한다. 이때, '바다 속 음악회' 노래와 같이 바다 속 여러 물고기들의 특징이 잘 나타난 노래를 함께 부르며 가사에서 표현된 물고기의 특징을 신체로 자유롭게 표현해 볼 수 있다. 그리고 미리 준비한 물고기 그림카드를 유아들에게 보여주고 바다 속에 살고 있는 다른 물고기의 특징에도 관심을 가지도록 유도한 뒤, 이들 물고기의 특징을 노래 가사에 표현하여 개사한 '바다 속 음악회'를 부르며 신체로 표현해 보게 한다.

전개 도입활동을 통해 바다 속에 사는 여러 물고기들을 유아들이 자유롭게 표현하는 기회를 가진 후에는 각 물고기들의 특징을 정해진 신체 동작으로 표현하는 시범을 교사가 보인다. 가령, 미꾸라지는 바닥에 누운 상태에서 두 손을 등 뒤로 마주 잡고 꿈틀꿈틀 움직이는 동작을, 오징어는 엎드린 채 온 몸을 상하좌우로 흔들면서 이동하는 동작을, 게는 쪼그리고 앉은 상태에서 다리를 양 옆으로 벌리고 이동하는 동작을 시범을 보이며 유아들이 각자 제자리에서 따라해 보게 한다. 다음으로 두 명의 유아가 나와 교사의 보조를 받아 시범을 보인 후, 순서대로 두 명씩 나와 활동을 시작한다. 유아들은 반환점까지 달려가서 반환점에 있는 통 속에서 그림카드를 꺼내 그림카드가 제시하는 물고기의 동작으로 도착지점까지 이동하는 활동을 한다. 유아들이 흥미를 잃지 않는 선에서 다양한 신체 동작을 해 볼 수 있도록 여러 번 반복한다.

마무리 활동이 끝난 후에는 캥거루가 되어 움직일 때 신체의 어느 부분이 가장 힘들었는지를 이야기하게 하고, 그 부분의 근육을 풀어 줄 수 있는 간단한 체조를 다 함께 실시하는 것으로 마무리한다.

❖ 교수학습 주안점

- 신체의 일부 또는 전체, 움직임의 자세 등을 체계적으로 움직이는 경험을 제공함으로써 유아들의 신체 균형감과 신체조절능력을 정교하게 발달시킬 수 있도록 도와준다.
- 주어진 동작을 잘 수행하지 못하고 실패를 반복하는 경험은 유아들에게 위축감을 줄 수 있으므로, 바다 속 물고기의 특징을 표현하는 동작을 고안할 때 유아들이 표현할 수 있는 신체 동작의 수준을 미리 파악하여 참작하도록 한다.
- 신체움직임은 유아의 언어, 인지, 정서, 사회성발달 등 다른 영역의 발달과 밀접한 관련을 가지고 있음을 고려하여, 활동을 진행할 때 개사한 노

래를 부르며 가사에 맞게 신체 표현하기, 기뻐서 어쩔 줄 몰라 하는 미꾸라지처럼 이동하기 등 통합적 활동의 기회를 제공하여 다른 영역의 발달을 도모한다.

• 유아는 신체의 피로를 느낄 때 스스로 휴식을 취하기가 어려우므로 활발하게 신체활동을 한 후에는 휴식을 취할 수 있는 시간을 충분히 제공하여 유아의 신체 에너지를 조절할 수 있도록 지도한다.

(2) 견학활동

① 2세 미만 영아

❖ **활동명**: 영아동작실 견학

❖ **활동목표**

• 간단한 기구를 이용한 신체활동을 시도한다.
• 다양한 몸의 움직임을 즐거운 경험으로 느끼고 참여한다.

❖ **활동자료**: 영아용 미끄럼틀, 바퀴 달린 자동차, 흔들이 말, 사람 인형, 종이비행기, 색테이프, 볼풀공, 바구니

❖ **활동준비**: 동작실 바닥에 색테이프로 영아들이 기구를 타고 이동할 수 있을 만큼의 직선거리를 표시하고, 직선거리의 한쪽 끝에는 볼풀공이 가득 담긴 바구니를 다른 한쪽에는 빈 바구니를 배치한다. 그리고 본 활동에서 사용할 종이비행기를 미리 접어 영아 수만큼 준비한다.

❖ **활동내용**: 이 활동은 영아들의 신체활동을 위한 전용 공간인 영아동작실을 방문하여 간단한 기구를 이용하여 다양한 몸의 움직임을 경험해 보는 활동이다.

도입 동작실에 구비되어 있는 영아용 미끄럼틀, 바퀴 달린 자동차, 흔들이 말 등 다양한 기구들을 차례로 둘러보며 각 기구의 올바른 사용방법을 알

아본다. 영아가 한 명씩 나와 각 기구의 사용방법에 대해 시범을 보이는 방법과 함께, 사람 인형의 시연을 통해 잘못 이용했을 때 일어날 수 있는 안전사고에 대해서도 영아들이 학습할 수 있도록 한다. 예를 들어, 미끄럼틀의 경우 "미끄럼틀을 탈 때는(인형이 계단을 올라가서 미끄럼틀을 타고 내려오는 동작을 보여 주며) 이렇게 타야 하지요. 그런데 인형이 미끄럼틀 바닥에서 타고 올라가면 어떻게 될까요?(인형이 올라가다가 미끄럼틀에서 미끄러져 옆면에 부딪치며 떨어지는 동작을 보여 주며) 이 인형처럼 다치게 되겠지요."와 같이 인형을 활용할 수 있다.

전개 각 기구를 활용한 놀이장치를 고안하여 활발한 신체움직임을 유도한다. 바퀴 달린 자동차를 탈 때는 테이프로 바닥에 길을 만들어 길 모양을 따라 운전하게 하고, 흔들이 말을 탈 때는 직선거리의 한쪽에 공이 가득 담긴 바구니를, 다른 한쪽에는 빈 바구니를 놓아 일정 직선거리를 발로 밀면서 왔다갔다 할 수 있게 한다. 미끄럼틀을 탈 때는 종이비행기를 아래로 던지고 타고 내려와서 종이비행기 잡기를 한다.

마무리 영아들이 좋아하는 동요를 들으며 동작실에 있는 기구들을 자유롭게 이용하는 것으로 활동을 마무리한다.

❖ 교수학습 주안점

- 영아들이 자유롭게 몸을 움직일 수 있는 기회를 충분히 제공하는 한편, 기구를 이용할 수 있는 다양한 방법들을 제시함으로써 다양한 몸의 움직임을 즐겁게 경험할 수 있도록 배려한다.
- 신체조절 및 운동발달의 개인차가 큰 시기임을 고려하여 개별 영아의 발달수준에 맞게 활동 내용을 변형하여 제시하도록 한다.
- 기구를 이용한 신체움직임을 동일하게 여러 번 반복하게 함으로써 자신감을 가지고 활동에 더욱 적극적으로 참여하도록 유도한다.

- 영아들은 자신이 원하는 것을 기다렸다가 취하기가 어려우므로 모든 영아가 자신이 원하는 기구를 이용할 수 있게 넉넉한 수량으로 기구를 준비한다.

② 2세 영아

❖ **활동명** : 우리 동네 놀이터 견학

❖ **활동목표**

- 신체 각 부분의 움직임을 탐색한다.
- 신체조절 및 균형감각을 증진시킨다.
- 자신의 신체를 긍정적으로 인식한다.
- 놀이기구의 올바른 이용방법을 알고 안전하게 신체활동에 참여한다.

❖ **활동자료** : 놀이기구 사진자료, 돗자리

❖ **활동준비** : 사전에 놀이터를 방문하여 영아들이 이용하게 될 놀이기구가 안전한지를 점검한다. 안전에 대한 점검이 끝난 후에는 놀이터에 있는 각 시설을 사진으로 촬영하여 영아들이 미리 볼 수 있게 크게 확대 현상하여 준비한다.

❖ **활동내용** : 이 활동은 기관에서 가까운 거리에 위치한 동네 놀이터에 가서 놀이기구를 안전하게 이용하는 방법을 익히고 직접 놀이기구를 이용하여 다양한 신체활동을 경험해 보는 활동이다.

도입 영아들에게 놀이기구를 크게 확대 현상하여 준비한 사진을 이야기 나누기 공간의 벽면에 전시하여 영아들의 관심을 유도한다. 영아들의 주의가 집중되면 한자리에 모여 사진에 있는 놀이기구의 명칭이 무엇이며, 어떻게 이용하는지를 이야기해 보도록 한다. 그리고 이러한 놀이기구를 이용할 때 다친 경험이 있었는지, 다쳤다면 왜 다치게 되었는지에 대해 발표하는 시간을 가진 후에, 이를 토대로 다치지 않고 놀이기구를 이용하는 방법을 알아본다. 기초적인 안전지식을 충분히 숙지했다고 판단되면 영아들에게 사진에 있는 놀이기구가 있는 놀이터에 가서 놀이기구를 직접 타 볼 것임을 알려 준다.

전개 놀이터에 도착하면 기관에서 사진으로 보았던 놀이기구를 직접 확인해 볼 수 있게 놀이터 전체를 둘러보는 시간을 먼저 가진다. 이때, 놀이기구를 둘러볼 때마다 도입활동에서 이루어졌던 내용을 다시 숙지시키는 차원에서 각 놀이기구를 안전하게 이용하는 방법을 질문하여 하나하나 언급해 보도록 한다. 놀이기구를 모두 둘러본 후에는 놀이기구를 직접 타 보는 시간을 마련한다. 이때 교사 부재 하에 놀이기구를 이용하는 일이 없도록 영아들을 2조로 나누어 각 조를 교사 1명이 담당하여 한 번에 한 가지 놀이기구만 이용하도록 지도한다. 가능하면 영아들이 놀이기구를 타기 전에 교사가 직접 놀이기구를 어떻게 타는지를 시연해 주는 것이 좋으며, 성인 이용이 규제되는 놀이기구의 경우에는 영아 1명이 먼저 시범을 보이도록 한다.

마무리 특정 놀이기구를 더 타고 싶어 하는 영아들에게 한 번씩 더 이용

[그림 10-2] 놀이터에서 놀이기구를 타고 있는 영아들

할 수 있는 기회를 제공하고 다음에 또 올 것임을 약속하여 아쉬움을 달래준다. 놀이기구 타기활동이 끝난 후에는 깨끗한 곳으로 이동하여 돗자리를 깔고 둘러앉아 어떤 놀이기구가 가장 재미있었는지, 놀이기구를 탈 때 어렵거나 무서운 점은 없었는지를 이야기해 보고, 마지막으로 영아들이 놀이기구를 탈 때 안전사고가 일어날 뻔했던 위험한 상황에 대해 설명해 주는 것으로 활동을 마무리한다.

❖ **교수학습 주안점**

- 각 놀이기구를 이용한 영아들을 대상으로 "우리 친구들이 ○○를 타기 위해 우리 몸의 어디를 움직였을까요?"라고 질문하여 영아로 하여금 특정 동작을 위해 신체의 어느 부분을 움직였는지에 대해 인식할 수 있는 기회를 제공한다.
- 아직 신체조절능력이나 동작기술이 미숙한 영아가 안정된 자세로 놀이기구를 이용하지 못할 때는 교사가 적절한 제안을 하거나 모델을 보여줌으로써 자신감을 가지고 놀이기구를 활용하는 데 도움을 준다.
- 안전사고는 순간적으로 일어날 수 있다는 것을 명심하고 놀이기구를 이용하는 영아들에게 시선을 고정한 채 영아들의 움직임을 체크한다.

③ 3~5세 유아

❖ **활동명** : 체력단련센터 견학

❖ **활동목표**

- 기구를 이용하여 신체활동을 능숙하게 한다.
- 신체 균형을 유지하면서 신체 각 부분의 움직임을 조절한다.
- 동작의 크기나 빠르기 등 동작의 요소(공간, 시간, 흐름, 힘)를 활용하여 움직일 줄 안다.
- 자신과 다른 사람의 신체운동능력의 차이를 존중한다.

❖ **활동자료** : 운동기구를 만들 수 있는 다양한 폐품 및 재활용품, 감사카드,

필기구

❖ **활동준비** : 체력단련센터에 있는 운동기구의 사용방법에 대해 유아들의 이해를 돕기 위해 운동기구 전체 모습뿐만 아니라 손잡이, 발판, 센서기 등 세부적인 부분을 함께 촬영하여 현상한 사진을 준비한다. 그리고 유아들이 방문했을 때 도움을 받게 될 체력단련사가 몇 명인지를 파악하여 모둠별로 이들에게 전달할 감사카드를 만들어 준비한다.

❖ **활동내용** : 이 활동은 체력단련센터를 방문하여 다양한 운동기구의 사용방법을 익혀 운동기구를 활용하여 신체활동을 수행하는 활동이다.

도입 각 운동기구의 부분 사진을 보고 운동기구의 명칭을 알아맞히는 간단한 게임을 통해 운동기구에 대한 유아들의 관심을 모은다. 그리고 유아들을 여러 모둠으로 나누어 모둠별로 사진자료를 토대로 각 운동기구는 어떻게 이용하며 운동기구를 이용할 때 발생할 수 있는 안전사고에 대해 토론하여 기록해 보는 시간을 가진다. 유아들에게 사진자료에서 본 운동기구들을 직접 이용해 볼 수 있는 체력단련센터로 견학을 갈 것임을 알려 주고, 토론과정에서 궁금했던 사항들을 기록하여 질문할 것을 제안한다.

전개 먼저 체력단련사의 안내를 받아 각 운동기구를 둘러보며 운동기구의 명칭 및 이용방법에 대한 설명을 듣는다. 설명을 통해서도 해결되지 않은 유아들의 궁금 사항은 추가로 질문할 수 있는 기회를 제공한다. 다음으로 성인의 보조 하에 유아들이 이용 가능한 운동기구를 직접 이용해 보는 시간을 마련하되, 각 운동기구를 안전하게 이용하는 방법과 안전수칙을 지키지 못했을 때 일어날 수 있는 안전사고에 대해 반드시 다시 한 번 숙지하고 이용하도록 한다. 이때 모둠별로 이동하며 운동기구를 이용함으로써 유아들이 운동기구를 타기 위해 기다리는 시간을 단축한다. 견학을 마친 후에는 유아들로 하여금 견학을 도와주신 관계자 분들께 미리 준비한 감사카드를 전달하며 감사의 마음을 전달하도록 한다.

마무리 운동기구를 계속 이용해 보고 싶어 하는 유아들을 위해 모둠별로 폐품 및 재활용품 등의 재료를 활용, 가능한 한 실물 크기의 모형 운동기구(예: 종이벽돌을 이용한 러닝머신, 재활용품을 이용한 실내용 자전거, 신문지를 이용한 아령 등)를 제작하여 교실의 한쪽 공간에 ○○반 체력단련센터를 개장한다. 제작된 각각의 운동기구 전면에는 견학활동을 통해 알게 된 이용방법과 안전사고의 위험을 기록, 부착하여 안전한 운동기구 사용을 습관화하도록 한다.

❖ 교수학습 주안점

- 유아들의 활발한 신체움직임의 특성을 고려하여 체력단련센터를 실내가 아닌 실외에 개장하도록 하여 공간의 제약을 받지 않고 다양한 운동기구를 이용해 볼 수 있는 기회를 제공한다.
- 유아들의 움직임에 대해 '다른 친구와 거의 부딪칠 뻔했구나(공간)' '빨리 달렸네(시간)' '달리다가 멈추었네(흐름)' '아주 부드럽게 움직였네(힘)' 와 같이 언어로 표현해 줌으로써 신체의 움직임이 여러 가지 요소에 의해 서로 다르게 표현될 수 있음을 인식하게 한다.
- 유아들의 운동능력에 대해 비교하지 않도록 하며, 능숙한 활동뿐만 아니라 미숙한 활동이라도 유아가 열심히 수행했을 때는 칭찬해 준다. 이를 통해 자신의 신체적 특징이나 다른 사람과의 차이를 긍정적으로 인식할 수 있게 하며, 다른 사람의 신체운동능력을 존중할 수 있는 태도를 기르도록 한다.
- 운동기구를 이용할 때 유아들이 지켜야 할 규칙이나 안전수칙을 실천할 수 있도록 지도하며, 운동기구를 사용할 때는 반드시 교사가 옆에서 보조하여 안전사고가 발생하지 않게 주의한다.

참고문헌

변영계(2006). 교수 · 학습 이론의 이해(개정판). 서울: 학지사.

이순형 외(2007). 보육과정(2판). 서울: 학지사.

Mastropieri, M. A., & Scruggs, T. E. (2000). *Strategies for Effective Instruction*. Upper Saddle River. NJ: Prentice-Hall.

제 11 장 사회관계 교수학습활동

1. 사회관계 교수학습활동의 개념 및 목적

1) 사회관계 교수학습활동의 개념

사회관계 교수학습활동이란 영유아가 장차 민주사회의 구성원으로 살아가기 위해 필요한 사회적 가치와 태도를 형성하고, 사회적 지식과 기술을 습득하도록 돕는 것이다. 우리 사회는 가족구조가 대가족에서 핵가족으로 변화하였고, 여성의 취업 및 창업 증가 등과 맞물려 점차 보다 어린 영아까지 보다 이른 시기부터 가정이 아닌 보육 · 교육시설에서 많은 시간을 보낸다. 또한 이혼율이 급증하고 경기 불황, 고용불안 등이 높아지며 가정의 불안과 해체가 가속화되는 것, 경쟁의 격화로 인한 조기교육 열풍은 영유아에게 매우 부정적 영향을 미치는 사회환경이다. 보육 · 교육시설에서는 영유아를 둘러싼 이러한 사회환경을 충분히 이해하고 영유아 시기의 발달 특성을 고려하여 사회관계 교수학습활동을 하여야 한다. 사회관계 교수학습활동이란 변화하는 사회환경과 영유아 시기의 발달 특성을 고려하여 영유아가 자기 존중과 정서

조절을 발달시키고, 바람직한 사회적 관계를 형성하며 사회적 지식을 확립하도록 도와주는 활동 경험의 총체라고 할 수 있다.

2) 사회관계 교수학습활동의 목적

사회관계 교수학습활동의 목적은 우리나라 영유아들이 올바른 판단과 합리적인 결정을 할 수 있는 민주시민으로 성장하도록 하는 것이다. 이러한 목적을 달성하기 위해서는 영유아의 자신에 대한 존중감을 기르고, 영유아가 자신과 다른 사람의 정서를 인식하고 이를 사회적 관계에서 적절히 조절하여 활용할 수 있도록 하며, 가족과 또래, 그리고 지역사회와 긍정적인 관계를 형성하고 필요한 사회적 지식을 획득하도록 해야 한다. 사회관계 교수학습활동의 목적은 다음과 같이 구체화될 수 있다.

첫째, 자신의 독특한 자아에 대해 인식하고 자신감과 독립심을 기른다. 영유아는 생의 초기 단계에 외부 대상보다는 먼저 자신의 신체를 탐색하고, 다른 사람과의 관계를 통해 타인과 분리된 자기를 인식하게 된다. 이러한 자기 인식은 거울이나 사진을 통해 자신의 상을 타인과 구분하는 모습을 통해 발견될 수 있으며, 인지발달 및 사회적 경험과 밀접하게 관련되어 있다. 영아는 자기 인식과 함께 '나' '내 것' 등의 용어를 빈번히 사용하고 스스로 하기를 고집하는 등 독립적으로 행동하고자 하는 특성을 보인다. 유아기가 되면 자신에 대한 이해를 넓히고 복잡한 자기 묘사를 하게 될 뿐 아니라 자신이 가진 특징을 평가하는 등 자아개념을 형성하기 시작한다. 자기개념을 형성할 때 높은 자기존중감을 갖도록 돕는 것이 중요하다. 이는 자신감과 자기주도성에도 꼭 필요하기 때문이다. 또한 유아는 성유형화 과정을 통해 적절한 성역할을 습득하게 되며 이 시기의 성역할 습득은 일생동안 지속된다.

2세 미만 영아는 자신을 분리된 존재로 인식하도록 하고, 2세 영아는 자신을 다른 사람과 구별하며 자신에 대해 긍정적으로 생각하고 독립적으로 행동하도록 도우며, 3~5세 유아는 자신의 소중함을 알고 자신감과 독립심을 기르며 성정체감을 형성하는 목표를 갖는다. 보육시설에서는 영유아가 긍정적인 자아개념 및 바람직한 성역할을 형성하도록 적절한 교육활동과 역할을 수행해야 한다.

둘째, 자신과 타인의 정서를 이해하고 표현하며, 자신의 정서를 조절하고 활용한다. 어린 영아가 자신의 정서 표현이 성인에 의해 민감하게 수용됨을 경험하는 것은 유아기에 이르러 자신의 정서를 적절한 방법으로 조절할 수 있는 기초가 되며, 자신의 정서를 조절하고 활용하는 것은 성인이 되어서도 꼭 필요한 사회적 기술의 하나다. 영아는 8~12개월경 여러 가지 방법으로 행복감을 나타내며 불안과 두려움도 표현할 수 있다. 1세가 되면 스스로 과제를 선택하고 해결할 수 있는 하나의 개인으로서 인정받는 정서적인 지지가 필요하다. 유아기가 되면 자신의 정서에 주의를 기울이면서 정서와 행동을 분리시키고 때와 상황에 맞게 자신의 정서를 통제하고 조절할 수 있게 된다.

2세 미만 영아는 자신의 정서를 느끼고 표현하도록 돕고 2세 영아는 자신의 정서를 적절하게 표현하며 다른 사람의 정서에 관심을 가지도록 목표를 설정한다. 3~5세 유아는 자신과 다른 사람의 다양한 정서를 인식하고 표현하며 자신의 정서를 조절하고 활용할 수 있도록 목표를 설정한다.

셋째, 다른 사람과의 관계를 이해하고 더불어 살아가는 능력을 기른다. 장시간을 보육시설에서 지내는 영유아가 다른 사람과 더불어 생활하면서 타인을 배려하고 나누고 양보하며 돕는 경험을 함으로써 사회적 관계 형성을 도울 수 있다. 영아는 자신을 돌보는 교사와 안정적 애착을 형성하고, 또래와 적절하게 관계를 맺고 유지하며 삶에 필요한 여러 가지 지식을 배운다. 또한 자신이 속한 가족의 소중함을 배우고 가족 안에서 유아가 할 수 있는 일을 하며 가족이 행복해지기 위해 서로 노력해야 함을 알고 실천할 수 있어야 한다. 보육시설에서는 영유아가 교사, 또래와 원만하게 지내며 자신이 해야 할 일을 스스로 할 수 있도록 지도해야 한다. 또한 공동체 생활에 필요한 규칙과 질서 지키기, 협동과 양보하기, 나누기 등의 행동이 발현될 수 있도록 환경과 분위기를 조성하는 것이 보육교사가 해야 할 일일 것이다.

2세 미만 영아는 다른 사람에게 관심을 가지며 양육자와 애착 형성하기가 목표다. 2세 영아는 가족관계를 이해하고 또래에게 관심을 가지며 자신이 속한 집단을 알도록 도와야 한다. 3~5세 유아는 가족과 화목하게 지내고 또래와 사이좋게 지내며 공동체 정신을 기르도록 해야 한다.

넷째, 자신을 둘러싼 사회현상에 관심을 가지고 이해한다. 유아는 일상생활 안에서 자신이 속한 사회의 다양한 사회 현상들을 직·간접적으로 경험한다. 현대사회는 다양한 가치체계가 공존하고 세계가 점차 더 가까워지고, 정보를 쉽게 찾을 수 있는 특징이 있으므로 유아기 때부터 사회적 지식을 비교·분석하여 선택하고 행동하며 평가하는 태도가 필요하다. 즉, 사회현상에 속하는 지리, 환경, 역사, 정치, 경제 등에 관련하여 비판적, 창의적으로 사고하고 다양한 문제를 해결하기 위한 사회적 지식과 가치분석의 태도가 요구되어진다. 사회적 지식 습득을 위해 유아가 매일 접하는 가정, 지역사회, 우리나라, 세계 여러 나라에 대한 관심을 확장시키도록 도와야 한다. 사회적 지식의 습득과 함께 유아들이 미시적, 거시적 체계 안에서 자신의 정체성을 발견하도록 하는 것이 중요하다. 이런 사회적 지식의 기본 영역에 대한 이해와 사회 속에서의 자신의 정체감 형성은 유능한 시민으로서의 자질 형성에 필수적이다.

사회적 지식은 2세 미만 영아와 2세 영아에게는 해당사항이 없고 3~5세 유아에게만 구체적 목표가 제시되었다. 지역사회에 관심 가지고 이해하기, 우리나라에 관심 가지고 이해하기, 세계와 여러 문화에 관심 가지기, 경제생활에 관심 가지고 이해하기가 구체적 목표다.

2. 사회관계 교수학습활동의 내용

1) 내용체계

사회관계 교수학습활동의 내용은 영유아의 사회적 발달 목표에 따른 표준보육과정을 기준으로, 영유아의 자기 존중, 정서인식과 조절, 사회적 관계 형성, 사회적 지식의 이해의 4가지 내용 범주와 2세 미만, 2세, 3~5세의 세 수준의 연령으로 구성되며(이순형 외, 2007), 각 영역의 하위 영역은 발달특성과 사회환경 특성을 고려하여 구체적인 활동을 체계적으로 경험하도록 구성된다. 구체적인 사회관계 교수학습활동의 내용을 〈표 11-1〉에서 제시하였다.

자기 존중 영역은 자신을 분리된 존재로서 인식하기, 자신을 다른 사람과 구별하기, 자신에 대해 긍정적으로 생각하기, 독립적으로 행동하기 등으로 구성되고 정서인식과 조절 영역은 자신의 정서를 느끼고 적절하게 표현하기, 다른 사람의 정서에 관심 가지기, 다른 사람의 다양한 정서를 인식하고 표현

표 11-1 사회관계 교수학습활동의 내용

내용범주	2세 미만	2세	3~5세
자기 존중	• 자신을 분리된 존재로서 인식하기	• 자신을 다른 사람과 구별하기 • 자신에 대해 긍정적으로 생각하기 • 독립적으로 행동하기	• 자신의 소중함을 알기 • 자신감과 독립심 기르기 • 성정체감 형성하기
정서 인식과 조절	• 자신의 정서를 느끼고 표현하기	• 자신의 정서를 적절하게 표현하기 • 다른 사람의 정서에 관심 가지기	• 자신과 다른 사람의 다양한 정서를 인식하고 표현하기 • 자신의 정서를 조절하고 활용하기
사회적 관계	• 다른 사람에게 관심 가지기 • 양육자와 애착 형성하기	• 가족관계 이해하기 • 또래에게 관심 가지기 • 자신이 속한 집단 알기	• 가족과 화목하게 지내기 • 또래와 사이좋게 지내기 • 공동체 정신 기르기
사회적 지식			• 지역사회에 관심 가지고 이해하기 • 우리나라에 관심 가지고 이해하기 • 세계와 여러 문화에 관심 가지기 • 경제생활에 관심 가지고 이해하기

하기, 자신의 정서를 조절하고 활용하기로 구성된다. 사회적 관계 영역은 다른 사람에게 관심 가지기, 가족관계 이해하고 화목하게 지내기, 또래에게 관심 가지고 사이좋게 지내기, 자신이 속한 집단 알고 공동체 정신 기르기 등으로 구성된다. 한편 사회적 지식은 지역사회에 관심 가지고 이해하기, 우리나라에 관심 가지고 이해하기, 세계와 여러 문화에 관심 가지기, 경제생활에 관심 가지고 이해하기의 네 부분으로 나눈다.

2) 내용별 교수학습방법

사회적 발달 및 사회적 지식 획득을 돕는 교수학습방법은 물리적, 논리적 지식 획득을 돕는 교수학습방법과 다르다. 사회적 지식은 다른 사람들로부터의 피드백을 통해 습득되며 사회적 행동과 사회적 관계들의 결과를 결정하는 틀을 제공한다. 또한 사회적 지식은 물리적 및 논리적 지식과 달리 유동적이며 주위의 다른 사람들과의 자유로운 상호작용을 통해 ,얻어진다. 그러므로 다른 사람들의 관점을 많이 듣고 다른 역할들을 알고 스스로 선택하는 활동으로 구성해야 한다. 또한 영유아가 다른 사람과 상호작용할 수 있는 기회를 제공하고 협동적 작업과 의견을 교환하는 등의 활동을 도입해야 한다. 이와 함께 구조화된 사회적 피드백을 주는 것이 바람직하다. 사회적 지식은 또래로부터 가장 잘 학습하므로 또래집단 속에서 집단활동을 통해 교수학습이 이루어지도록 해야 한다. 또래집단은 동기화의 근원이 되며 그들에게 알맞은 수준으로 정보를 교환하기 때문이다.

사회관계 교수학습활동의 네 영역, 즉 자기 존중, 정서인식과 조절, 사회적 관계, 사회적 지식 이해에서 중점을 두어야 할 특징적 교수학습방법을 구체적으로 살펴본다.

첫째, 자기 존중을 위한 교수학습활동에서는 영유아 스스로 하고 싶은 활동을 자각하고 선택해 보는 경험을 하거나 스스로 해야 할 일을 실천해 보도록 기회를 제공하는 것이 필요하다. 하고 싶은 활동은 개별 영유아마다 다르기 쉬우므로 어린 영유아의 활동은 개별활동으로 이루어진다. 영유아가 스스로 하고자 할 때는 적절한 수준의 도움을 주는 것이 매우 중요하다. 예를 들어, 신발을 혼자 신고 싶어 하지만 처음에는 영유아에게 매우 어려운 과제일 수 있다. 이때는 도움을 요청하는 영유아의 신호를 잘 포착하여 필요한 만큼만 도움을 주는 것이 중요하다. 영유아의 도움 요청을 무시하거나 또는 신속하게 대신 처리해 주는 것은 모두 적절하지 못하다. 도움 요청을 지속적으로 무시하면 영유아는 과제에 대해 심한 좌절감을 겪고 스스로 할 의욕을 잃기 쉽고 도움을 요청하고 도움받는 법을 배우지 못하며, 결국 자기존중감을 키우지도 못하게 된다. 영유아는 적절한 도움을 받음으로써 좌절하지 않고 과제에 대한 도전을 지속하며, 성취감을 맛보고 새로운 과제에 주도적으로 도전할 수 있게 된다.

둘째, 정서인식과 조절을 위한 교수학습활동에서는 정서적 안정감을 갖도록 하기 위해 영유아가 시설의 일과활동에 편안함을 느끼도록 돕는 것이 우선이다. 특히 영아의 경우 분리불안을 느끼지 않도록 배려하는 적응프로그램을 실시하여 서서히 시설과 교사에게 적응하도록 도와야 한다. 또한 식사, 수면, 배변 같은 기본적인 생리적 욕구가 규칙적이고 편안하게 해결되도록 세심하게 배려하는 것이 필요하다. 일과의 흐름을 규칙적으로 하여 예측 가능하도록 하는 것도 도움이 된다. 영유아가 자신의 정서를 표현할 수 있는 환경조성이 중요하다. 영유아의 정서 표현을 언제나 수용하고 격려할 준비가 되어 있어야 하며, 교사가 영유아에게 먼저 적절한 방식으로 애정을 표현하면 영유아는 보고 배운 대로 부모와 교사에게 애정을 표현한다. 영유아가 자신의 긍정적, 부정적 정서 상태를 자각하고 말이나 그림놀이 등으로 다양하게 표현하도록 세심하게 관찰하고 격려한다.

셋째, 사회적 관계 형성을 위한 교수학습활동으로 다른 사람에게 관심 가지기, 양육자와 애착 형성하기, 가족관계 이해하고 화목하게 지내기, 또래에게 관심 가지고 사이좋게 지내기, 자신이 속한 집단 알고 공동체 정신 기르기가 있다. 보육교사는 영유아의 일상생활 속에서, 놀이활동 속에서 의도하거나 의도되지 않은 활동을 통해 사회적 관계 형성을 위한 친사회적 행동이 학습되도록 유도해야 한다. 교사가 영유아에게 모범을 보이면 이러한 학습경험은 더욱 강력하게 일어날 수 있다. 재미있는 동화책이나 역할놀이, 인형극을 활용한 의도적 학습이 이루어질 수도 있다.

넷째, 사회적 지식 형성을 위한 교수학습활동으로 지역사회, 우리나라, 세계와 여러 문화, 경제생활에 관심가지고 이해하기가 이루어져야 한다. 유아가 실내 · 외의 공간을 탐색하면서 환경과 공간의 방향에 대해 알아가도록 유의하고 지리적 세계를 탐색할 수 있도록 교실 공간을 높은 곳과 낮은 곳, 개방 영역과 반개방 영역 등으로 다양하게 구성하고, 교실의 지도를 만들어 보는 것도 좋다. 기념일이나 국경일과 관련하여 관련 기관을 방문하거나 자원인사를 초청하기도 하고 세계 여러 나라에 대한 이해를 돕기 위해 신문, 컴퓨터 등을 활용하여 여러 가지 정보를 탐색하고 다양한 가족구조나 구성원이 있는 사진이나 그림자료를 제공하여 다양한 가정, 가치가 있음을 이해하도록 도울 수 있다.

3. 사회관계 교수학습활동의 실제

사회관계 교수학습활동의 실제 활동사례를 통해 사회관계 교수학습활동의 내용이 영유아 보육 · 교육 현장에서 어떻게 적용될 수 있는지를 알아본다. 여기서는 '우리 반'이란 주제를 가지고 교수학습활동 유형에 따라 사회관계 활동내용이 어떻게 구성될 수 있는지를 살펴본다. 다음으로 제시된 여러 활동 유형 중 극놀이, 조형활동을 선정하여 각각 2세 미만 영아, 2세 영아, 3~5세 유아 수준으로 나누어 소개하고자 한다.

1) 유형별 교수학습활동

사회관계 교수학습활동은 크게 이야기 나누기, 극놀이, 게임, 음률동작, 조형, 현장학습, 조작활동의 일곱 가지 유형으로 구분할 수 있다. '우리 ○○ 반' 주제로 2세 미만 영아, 2세 영아, 3~5세 유아 수준에서의 사회관계 교수학습활동을 활동 유형별로 살펴보면 〈표 11-2〉와 같다.

이야기나누기활동으로 2세 미만 영아 수준은 우리 반에 있는 장난감이 어떤 것이 있나 알아보는 활동이 있고, 2세 영아 수준은 동그라미, 네모, 세모 모양 등을 보여 주며 비슷한 모양의 장난감을 찾아보는 활동을 진행할 수 있

표 11-2 교수학습 유형에 따른 활동 내용(주제: 우리 ○○반)

유형	내용		
	2세 미만 영아	2세 영아	3~5세 유아
이야기 나누기	• 우리 반에 있는 장난감을 찾아보아요	• 우리 반에 있는 장난감 모양 찾기 (그림책, 사진 활용)	• 장난감 수수께끼 • 장난감 놀이규칙 정하기
극놀이	• 좋아하는 과일 차리기소꿉놀이	• 좋아하는 과일 찾기(여기가 사과네 집인가요?)	• 우리반이 좋아하는 과일을 찾아서
게임		• 교실 배치 모형 돌아오기 릴레이	• 교실 배치 모형을 순서대로 붙이고 돌아오기 릴레이
음률 동작	• 반 친구 이름 부르며 찾기 놀이	• 인사노래와 동작 (예: 안녕 노래와 율동)	• '내가 커서 어른 되면 어떻게 될까' 노래와 동작
조형	• 장난감(마라카스) 만들기	• 장난감(마라카스) 만들기	• 장난감(마라카스) 만들기
현장 학습	• 형님반 놀러가기	• 주방 구경하기	• 어린이집 근처의 시설 및 기관 방문하기
조작	• 장난감을 사진 찍어 만든 3~4조각 퍼즐 맞추기	• 장난감을 사진 찍어 만든 5~10조각 퍼즐 맞추기	• 반별 인원, 교사 이름 짝짓기, 퍼즐 맞추기

다. 3~5세 유아 수준에서는 장난감의 모양이나 특징을 설명하면 어떤 장난감인지 맞히는 수수께끼 활동을 할 수 있다.

극놀이활동으로 2세 미만 영아 수준은 장난감 과일 모형을 접시에 담아 먹는 흉내를 내는 것이다. 이때 교사는 '맛있다' '달콤하다' '새콤하다' '물이 많다' 는 등 적절한 언어적 표현을 해 보도록 격려한다. 2세 영아 수준에서는 반 친구들이 가장 좋아하는 맛있는 사과를 구하려면 과일가게를 가야 한다는 것을 경험할 수 있도록 사과 찾기 놀이를 하여 본다. 영아의 활동은 『똑똑 여기가 생쥐네 집인가요』라는 영아용 그림책에서 모티브를 가져와, "여기가 사과네 집인가요? 사과가 맛있어서 사려고 하는데 얼마인가요?"라는 식으로 계속 반복하며 2~3곳의 가게를 방문한 후 사과를 찾는 놀이로 구성한다. 이때 과일가게, 야채가게 등을 나타내는 표식을 적절히 이용하여야 한다. 3~5세 유아 수준에서는 유아가 직접 만든 소품, 블록, 역할놀이 옷, 머리띠 등으로 활발한 활동을 할 수 있다.

음률동작활동은 2세 미만 영아 수준에서 반 친구들이 누가 누가 있나, 어떤 특징이 있나를 'ㅇㅇ는 어디 있나 요기' 노래 음률에 맞추어 노래와 율동을 익힘으로써 반 친구들에 대한 관심 갖기를 할 수 있다. 2세 영아 수준에서는 간단한 노래 곡조에 맞추어 반복하며 적절한 율동(껴안기, 머리 숙여 인사하기, 악수하기 등)을 해 보도록 격려하여 만나면 반갑게 인사하는 경험을 하도록 한다. 3~5세 유아 수준에서는 반 친구들이 앞으로 되고 싶은 것을 발표하고 '내가 커서 어른 되면 어떻게 될까?' 곡조에 맞추어 적절한 율동을 해 보도록 권유한다. 적합한 동작과 음향효과 등을 해 보는 것으로 구성한다. 이때 악기를 활용하여 효과음향을 낼 수도 있다.

조형활동으로 장난감 마라카스 만들기를 여러 수준으로 해 볼 수 있다. 2세 미만 영아 수준에서는 요구르트병 두 개 속에 곡류 등 소리 나는 알갱이를 넣은 후 붙여서 영아에게는 간단히 스티커를 부착하도록 하면 된다. 2세 영아 수준에서는 요구르트병이나 떠먹는 요플레 용기 등 2가지 종류를 준비하여 색종이, 스티커 등을 준비해 두고 골라서 붙이도록 한다. 3~5세 유아 수준에서는 마라카스의 재료가 될 만한 것으로 다양하게 준비하여 유아가 다양한 선택을 통해서 보다 창의적인 활동이 가능하도록 하는 차이가 있다. 어린 영아의 활동은 직접적이고 시각적인 단서를 충분히 제공하여 영아 스스로 활동할 수 있도록 한다. 유아의 활동은 유아 자신이 사전에 이야기 나누기 하거나 산책을 통해 경험한 것을 활용할 수 있도록 사진이나 그림책 등의 다양한 매체를 이용한다.

현장학습활동은 2세 미만 영아 수준에서 교실 주변 가까운 데서부터 시작하므로 다른 반에 가서 놀아 보는 활동을 한다. 2세 영아 수준에서는 좀 더 멀리 떨어진 주방을 둘러보며 자신이 먹는 음식이 어디에서 오는지를 경험한다. 3~5세 유아 수준에서는 어린이집이 있는 동네에 있는 기관이나 시설물로서 유아의 흥미를 끌거나 유아의 삶과 밀접한 관련을 느낄 수 있는 곳을 방문하여 궁금한 것을 전문가 등에게 질의하고 기록하며 다양한 표현활동으로 연결할 수 있다.

조작활동으로 2세 미만 영아 수준에서 교실에 있는 장난감을 사진으로 찍어 만든 3~4조각 퍼즐을 맞추어 보는 활동이 있다. 2세 영아 수준은 퍼즐 조각 수를 늘리는 것으로 하고, 3~5세 유아 수준에서는 반 이름과 담당 교사 사진 등을 짝짓기하거나 퍼즐 맞추기 등의 활동을 한다.

2) 교수학습활동 지도의 실제

(1) 극놀이

① 2세 미만 영아

❖ **활동명** : 좋아하는 사과를 맛있게 먹어요

❖ **활동목표**

- 사과를 좋아한다, 사과는 맛있다는 느낌을 알 수 있다.
- 사과를 먹는 방법과 과정을 이해한다.

• 사과를 먹기 위해 준비하고 먹는 과정을 표현한다.

❖ **활동자료** : 과일 모형, 과일책, 소꿉

❖ **활동준비** : 영아들이 좋아하는 과일이 무엇인지 파악하여 그 모형을 몇 가지 준비해 둔다. 간식으로 실제 과일을 함께 먹어 본 경험을 가진다. 좋아하는 과일이 무엇인지 간식시간에 확인한다.

❖ **활동내용** : 영아와 개별적으로 과일책을 보거나 간식으로 과일을 먹을 때 과일의 맛에 대해, 씹는 느낌에 대해 이야기 나누며 누가 어떤 과일을 좋아하는지 알아둔다. 영아에게 개별적으로 좋아하는 과일(사과)을 좋아하는 자신의 느낌을 인식하고 적절히 표현할 수 있으며 먹고 싶을 때에는 달라고 요청할 수 있음을 알려 주고 실행해 본다. 사과를 깎아서 맛있게 먹는 과정을 흉내 내어 봄으로써 실제 과일을 먹을 때에 이루어지는 과정을 이해하고 자신의 감정과 의사 표현을 명확히 하는 연습을 할 수 있다.

도입 영아들에게 미리 준비된 과일책 또는 과일 모형을 보여 주며, 무슨 과일을 좋아하는지, 과일의 맛은 어떤지에 대해 개별적으로 영아들과 이야기한다.

전개 사과를 가게에서 사와서 물에 씻은 후 껍질을 칼로 깎는 시늉을 충분히 해 본 후에 미리 준비한 소꿉 접시에 잘라진 사과 모형을 잘 담는다. 앞치마를 2~3개 준비하여 영아가 엄마가 되어, 주된 역할을 하고 교사는 보조로 거들며 상을 차린다. 과일상이 다 차려지면 "맛있게 먹겠습니다." 인사를 하고 먹는 흉내를 내어 본다. 사과 외에도 다른 과일, 떡, 케이크 모형을 곁들이고 과일을 포크를 이용하여 먹는 흉내를 내어 보면 활동이 더 풍부해진다.

마무리 계속 흥미를 느끼는 영아는 자기들끼리 해 보도록 앞치마와 과일 모형을 제공해 주고, 반복하여 활동할 수 있도록 역할 영역 공간을 확보하여 준다.

❖ **교수학습의 주안점**

- 좋아하는 과일을 물어볼 때 영아가 가장 흔히 접해 본 종류 중에서 예를 제시하면 고르기가 쉬워진다.
- 때로는 모두가 앞치마를 요구하기도 하므로 앞치마나 접시, 과일모형은 똑같은 것이 적어도 2~3개 이상은 있어야 분쟁이 생기지 않고 놀이가 이루어질 수 있다.
- 과일을 가게에서 사오거나 냉장고에서 꺼내오는 것으로부터 시작하여 과일을 차려 먹고 치우는 전 과정을 놀이로 표현할 수 있다.
- 실제 과일 간식으로 사과, 바나나, 포도 등을 준비하여 씻고 담아 먹어 보는 경험을 가져보는 것이 필요하다. 진짜 과일의 향기를 맡고 크기와 모양을 탐색하고 표현하며 실제로 씻어 보고 접시에 담으며 준비하는 과정을 거쳐 먹어 보고 맛과 질감을 느끼고 표현하는 경험이 있을 때 흉내내는 놀이가 풍부해진다.

② 2세 영아

❖ **활동명**: 여기가 사과네 집인가요?(○○반이 좋아하는 과일 찾기)

❖ **활동목표**

- 가게의 간판을 식별하고 가게가 하는 일을 인식한다.
- 가게에서 물건 사는 일을 상상하고 흉내낸다.
- 만나고 헤어질 때 인사를 하는 연습을 한다.

❖ **활동자료**: 가게사진 그림책, 커다란 블록(가게 표시용), 실물 및 모형(사과 등 여러 가지 과일 모형, 신발 실물과 모형, 빵 모형), 부직포 앞치마(사과 등 여러 가지 과일, 신발, 빵 장식)

❖ **활동준비**: 사전활동으로 좋아하는 사과를 찾아가는 내용으로 구성된 사

진책을 준비해 둔다. 사진책의 제목은 반 친구들이 가장 잘 먹고 좋아하는 사과를 주인공으로 하여 '여기가 사과네 집인가요' 로 하고 사과를 찾아 빵가게 신발가게를 거쳐 과일가게를 가고, 결국 사과를 사서 기뻐하는 내용을 담는다.

❖ **활동내용** : 블록들을 배열한 후 영아가 각각 과일(사과 포함), 신발, 빵이 그려진 앞치마를 선택하여 가게주인이 되고, 교사는 손님이 되어 각각의 가게를 들러서 물건 사는 놀이를 한다. 영아는 사과를 사고 싶으면 사과가 있는 과일가게를 가야 함을 경험한다. 역할을 바꾸어 영아가 손님이 되어 사과를 찾는 과정을 표현해 본다.

도입 소그룹의 영아들에게 미리 준비된 사진책을 보여 주며, 가게들이 무엇을 하는 곳인지, 가게를 방문했을 때 무엇을 하고 어떻게 인사했는지를 묻고 이야기 나눈다. 영아들이 과일, 신발, 빵을 산 경험이 있는지, 어떤 경험이든 떠올려서 표현하도록 유도한다.

전개 미리 준비한 앞치마를 번갈아 입으며 교사가 "어서 오세요. 여기는 가게입니다. 무엇이 필요한가요?" 하는 주인 흉내를 내어 본 후 영아에게 원하는 앞치마를 고르도록 한다. 앞치마를 고른 후 영아들은 각각 "어서 오세요. 여기는 ㅇㅇ가게입니다. 무엇이 필요한가요?" 하는 주인 흉내를 저마다 내어 본다. 이제 교사는 손님이 되어 먼저 신발가게와 빵가게를 거쳐 마지막에 찾고 있는 사과를 과일가게에서 찾아서 반가워하며 돈을 지불하고 사가는 시범을 보인다. 영아가 원하면 역할을 바꾸어 영아가 손님이 되고 교사는 주인이 되어 손님을 맞아 인사하고 물건을 파는 흉내를 내어 본다.

마무리 계속 흥미를 느끼는 영아는 자기들끼리 해 보도록 앞치마 두른 사람이 가게 주인이 되는 규칙을 놀이 규칙으로 인식시켜 반복하여 활동할

[그림 11-1] 영아들에게 유용한 과일 모형(천으로 만든 기성제품)

수 있도록 역할 영역 공간을 확보하여 준다.

❖ **교수학습의 주안점**

- 가게의 종류를 정할 때 영아가 가장 흔히 접해 본 가게 중에서 골라야 활동이 쉬워지며, 가게의 개수는 3개 이하로 시작하여 익숙해지면 사진책에 없는 가게를 하나씩 추가하여 점차 늘려가는 것이 효과적인 활동을 전개할 수 있다.
- 때로는 주인이 되기도 하고 때로는 손님이 되기도 하는 가상활동은 영아가 다른 사람이 되는 가정을 해 보는 놀이로서 만 2세가량 되어 표상능력이 생겨야 가능하므로 더 어린 영아는 활동이 이루어지기 어렵다.

③ 3~5세 유아

❖ **활동명**: 우리 반이 좋아하는 과일을 찾아서

❖ **활동목표**

- 우리 반 친구들이 좋아하는 과일을 안다.

- 과일가게에 관심이 커져서 사고파는 방법을 이해한다.
- 과일의 재배과정, 산지, 유통과정, 가공과정에 관심을 가진다.

❖ **활동자료**: 과일 모형(기성제품), 직접 만든 각종 과일 모형(종이, 천, 비닐 등 다양한 소재), 바구니, 진열대, 카트, 비닐봉지, 그림카드, 그림책

❖ **활동준비**: 여러 가지 과일 그림카드, 그림책을 준비한다. 동네에서 과일을 살 수 있는 가게를 여러 곳 탐방하여 과일을 사 보는 경험을 한다. 과일가게를 3곳 정도 찾아내어 각 과일가게의 유사점과 차이점을 구분해 보고 유아가 극놀이 영역에 만들 가게에 필요한 물품 목록을 정리하고 만들 재료도 준비한다.

❖ **활동내용**: 유아들이 동네 산책 중에 자주 보았던 가게 중 유아가 좋아하는 과일을 파는 곳에 대해 3곳을 탐구하고 그곳의 장단점을 보완하여 가장 멋진 과일가게를 만들고 전국에서 가장 맛있는 과일을 구해서 훌륭한 과일요리를 만들어 모두 함께 나누어 먹으며 즐거워하는 과정을 표현해 보는 활동을 진행한다.

도입 과일가게는 과일만 파는 가게, 슈퍼마켓의 과일코너, 과일을 즉석에서 갈아 주는 과일주스 가게 등이 있음을 확인하고 유아가 만들고 싶은 과일가게에 대해 생각을 모은다. 그 후 놀이에 필요한 물품 목록에 따라 과일 모형을 만들고 과일가게를 만든다.

전개 과일가게에서 본 것들을 이야기 나누며 놀이에 반영한다. 수박을 얹기 위해 또아리를 만들고, 운반을 위해 카트를 만드는 일은 놀이를 진행하며 계속 첨가되는 활동이다. 처음에는 과일을 사고팔기만 하다가 과일로 주스나 아이스크림을 만드는 가게로 놀이가 확장되기도 한다.

마무리 유아들이 원하는 만큼 충분히 활동이 이루어졌다고 판단되면 우

[그림 11-2] 과일가게 꾸미기를 의논하는 유아들

리 반에 대한 다른 활동으로 전환한다.

❖ **교수학습 주안점**

- 과일가게 탐방 시 사진을 찍어 나중에 극놀이 표현을 할 때 도움을 받는다.
- 유아가 보이는 관심이 무엇이냐에 따라 좋아하는 과일 대신 야채, 우유 등에 초점을 맞추어 가게 놀이를 할 수도 있다. 유아들이 갖고 있는 관심을 포착하는 것이 중요하다.
- 유아들이 입고 싶은 옷을 찾아 옷가게 놀이를 하거나 신발가게 놀이를 할 수도 있다.
- 극놀이 영역은 주제에 따른 다양한 표현활동이 이어지도록 해야 하나, 많은 것을 다루기보다는 주제에 따라 유아의 흥미가 모아지는 곳 2~3가지로 압축하여 활동이 연계되어 이루어지도록 하면 효과적이다.

(2) 조형활동

① 2세 미만 영아

❖ **활동명**: 장난감(마라카스)을 만들어요

❖ **활동목표**

- 우리 반의 장난감에 관심을 가진다.
- 내가 만든 장난감으로 반에 대한 소속감을 높인다.
- 장난감 만들기를 통해 표현 욕구를 충족한다.

❖ **활동자료**: 요구르트 빈 병, 스티커 두 종류, 콩이나 곡류, 장난감 그림책

❖ **활동내용**: 장난감 그림책에서 마라카스 종류를 보며 어떻게 노는 것인지 이야기 나눈다. 보육실에서 비슷한 장난감이 어디에 있는지 찾아보고 비슷한 장난감의 특징을 탐색한다. 2가지 이상 모양의 스티커를 제공하여 미리 곡식 알갱이를 넣어 밀봉해 둔 요구르트병 표면에 영아가 스티커를 부착해 볼 수 있도록 격려한다. 색종이나 다른 것을 붙여 보려는 시도는 격려하고 도와주며 완성한다.

도입 장난감 그림책을 보며 우리 반에 있는 것은 무엇인지 찾아보며 영아의 관심을 유도한다. 음률 영역에서 구입한 기성제품 마라카스를 흔들어 보며 탐색을 충분히 한 후 요구르트병에 곡식 알갱이를 넣어 밀봉한 것을 내어 준다. 탐색할 기회를 준 후 한 개씩 자기 악기를 만들어 보자고 격려하며 스티커를 내어 준다.

전개 별표, 하트, 동그라미 스티커 모양 중 마음에 드는 것을 골라 자유롭게 붙여 완성한다.

마무리 영아들이 색종이 찢은 것이나 또 다른 어떤 것을 부착하고자 하

면 격려하며 추가하여 붙일 수 있도록 도움을 준다.

❖ **교수학습 주안점**

- 어떤 정해진 모양대로 꾸밀 필요는 전혀 없다. 영아가 붙이고 싶은 대로 붙여 보는 것이 중요하다. 소리를 탐색하느라 붙이는 데 관심이 없다면 스티커를 떼어서 어디에 붙여 볼지 물은 후 영아가 붙이게 할 수도 있다.
- 마라카스뿐 아니라 리본막대 같은 것도 색깔 리본을 고르게 하고 양면스티커를 이용하여 영아가 직접 부착할 수 있도록 한 후 교사가 튼튼하게 손을 본다면 바람직하다.

② 2세 영아

❖ **활동명**: 장난감(마라카스)을 만들어요

❖ **활동목표**

- 우리 반의 장난감에 관심을 가진다.
- 내가 만든 장난감으로 반에 대한 소속감을 높인다.
- 장난감 만들기를 통해 표현 욕구를 충족한다.
- 우리 반에 대한 관심과 이해가 증가한다.
- 우리 반에 대한 관심과 지식을 표현한다.

❖ **활동자료**: 요구르트 빈 병, 스티커 3가지 종류 이상, 색종이 찢은 것, 다른 꾸미기 재료, 콩이나 곡류, 장난감 그림책

❖ **활동내용**: 장난감 그림책에서 마라카스 종류를 보며 어떻게 노는 것인지 이야기 나눈다. 보육실에서 비슷한 장난감이 어디에 있는지 찾아보고 비슷한 장난감의 특징을 탐색한다. 3가지 종류 이상 모양의 스티커와 다른 꾸미기 재료를 제공하여 미리 곡식 알갱이를 넣어 밀봉해 둔 요구르트병 표면에 영아가 스티커를 부착해 볼 수 있도록 격려한다. 보다 다양한 것을 붙여 보려는 시도를 하도록 격려하고 도와주며 완성한다.

도입 장난감 그림책을 보며 우리 반에 있는 것은 무엇인지 찾아보며 영아의 관심을 유도한다. 음률 영역에서 구입한 기성제품 마라카스를 흔들어 보며 탐색을 충분히 한 후 요구르트병에 곡식 알갱이를 넣어 밀봉한 것을 내어 준다. 탐색할 기회를 준 후 한 개씩 자기 악기를 만들어 보자고 격려하며 다양한 스티커와 꾸미기 재료를 내어 준다.

전개 별표, 하트, 동그라미 등 여러 가지 스티커 모양 중 마음에 드는 것을 골라 자유롭게 붙여 완성한다. 또한 여러 가지 재료를 풀이나 테이프 등으로 붙여 보는 시도를 한다.

마무리 영아들이 색종이 찢은 것이나 또 다른 어떤 것을 부착하고자 하면 격려하며 여러 가지를 여러 방식으로 추가하여 붙일 수 있도록 도움을 준다.

[그림 11-3] 마라카스를 만드는 영아의 모습

❖ **교수학습 주안점**

- 어떤 정해진 모양대로 꾸밀 필요는 전혀 없다. 영아가 붙이고 싶은 대로 붙여 보는 것이 중요하다. 소리를 탐색하느라 붙이는 데 관심이 없다면 스티커를 떼어서 어디에 붙여 볼지 물은 후 영아가 붙이게 할 수도 있다.
- 마라카스뿐 아니라 리본막대 같은 것도 색깔 리본을 고르게 하고 양면스티커를 이용하여 영아가 직접 부착할 수 있도록 한 후 교사가 튼튼하게 손을 본다면 바람직하다.
- 보다 다양한 방법으로 다양한 것들을 붙여 장식하게 한다.

③ **3~5세 유아**

❖ **활동명** : 장난감(마라카스)을 만들어요

❖ **활동목표**

- 우리 반의 장난감에 관심을 가진다.
- 내가 만든 장난감으로 반에 대한 소속감을 높인다.
- 장난감 만들기를 통해 표현 욕구를 충족한다.
- 우리 반에 대한 관심과 이해가 증가한다.
- 우리 반에 대한 관심과 지식을 표현한다.

❖ **활동자료** : 요구르트 빈 병, 요플레통, 페트병 등 다양한 용기들, 콩, 좁쌀 등 크기와 재질이 다른 곡류, 색종이 외 기본 미술재료

❖ **활동내용** : 악기를 연주하며 놀다가 악기가 우리 반 사람 수만큼 충분하지 않다고 느낄 수 있고, 폐품을 재활용하여 이것저것 만드는 중에 우리반에 꼭 필요한 것을 만들기 하는 과정에서 마라카스를 만들 수 있다.

보육실에 현재 있는 마라카스 종류, 혹은 악기 종류를 잘 탐색해 본 후 어떤 재료가 필요할지를 의논해서 재료를 구한다. 다양한 재활용품을 이용하여 매우 다양한 모양의 마라카스를 만들 수 있다. 콩과 좁쌀은 아주 다른 소리를 내며 곡식의 양에

따라서 또 다른 소리를 낼 수 있으므로 모두가 다른 악기를 만들 수 있다. 마지막으로 다양한 장식을 함으로써 각자의 개성을 맘껏 살린 악기가 1개씩 만들어진다. 개성 있게 다양한 시도를 하도록 격려하고 도와주며 악기를 완성한다.

도입 악기를 연주하게 되면 대집단화될 가능성이 높은데 모든 반 아이들이 한 개씩 악기를 연주할 수 없다고 느껴서, 혹은 소리 탐색을 하던 중 다양한 소리를 듣고자 하나 구입한 마라카스의 소리가 다양하지 못하다고 느낄 때 마라카스를 만들게 될 동기부여가 된다. 기성제품과는 소리와 모양이 모두 다른 악기를 만들 필요성을 느끼도록 유도한 후 활동을 도입한다.

전개 필요한 재료 모으기를 할 때는 이야기 나누기를 통해 유아들과 함께 계획적으로 수집한다. 현재 우리 반에 있는 것 외에 더 필요한 것은 재활용 모으는 곳과 각 가정의 협조를 통해 해결한다. 소리를 낼 재료로는 무엇을 사용할 것인지를 이야기 나눈 후 곡류뿐 아니라 클립, 단추 등 아주 다양한 소재를 이용하도록 유도하고, 격려한다.

마무리 소리를 내게 하는 물질을 잘 보존하는 방법을 고안하며 잘 밀봉한 후에는 개성을 살린 꾸미기를 통해 마무리를 한다.

[그림 11-4]에서와 같이 전체적으로 통일감을 주면서 부분적인 꾸미기를 통해 개인별 마라카스를 만드는 것도 반에 대한 소속감을 높이는 데 효과적이다.

❖ **교수학습 주안점**

다양한 재료 탐색은 창의적인 표현활동을 촉진하기는 하나 시행착오를 거듭하며 뚜렷한 결실을 보지 못할 수 있는 위험이 있다. 교사의 역할은 다양한 탐색과 표현이 이루어지도록 격려하면서도 유아가 좌절하지 않고 적절한 마

[그림 11-4] 유아와 함께 만들 수 있는 마라카스를 완성한 모습

출처: 서울시보육정보센터.

무리를 할 수 있도록 하는 것이다.

두고 쓸 악기라면 안전해야 하므로 부서지는 재질인지, 부서질 때 위험하게 되지는 않을지, 알갱이가 연령에 위험하지는 않을지를 판단하는 것도 교사의 몫이다. 안전과 자유로운 탐색의 경계선을 잘 유지해야 할 것이다.

참고문헌

여성가족부(2006). 표준보육과정. 여성가족부.

여성부(2002). 영아보육 모형.

이순형 외(2007). 보육과정(2판). 서울: 학지사.

이영자 외(2001). 유아사회교육. 서울: 교문사.

전예화 외(2003). 유아사회교육. 서울: 양서원.

제 12 장 의사소통 교수학습활동

1. 의사소통 교수학습활동의 개념 및 목적

1) 의사소통 교수학습활동의 개념

의사소통 교수학습활동은 영유아의 언어발달 과정을 토대로 자신의 견해를 표현하고 타인의 견해를 이해하는 언어이해 및 표현 능력을 향상시키기 위한 활동을 의미한다. 이러한 의사소통 교수학습활동의 영역은 크게 듣기, 말하기, 읽기, 쓰기로 구분되는데 영유아는 듣기와 말하기 활동을 통해 언어이해 능력을 기르고, 읽기와 쓰기활동을 통해 언어표현 능력을 기른다. 즉, 영유아 보육현장에서 보육교사가 담당해야 할 의사소통 교수학습활동의 영역에는 듣기, 말하기, 읽기, 쓰기 영역이 모두 포함된다. 먼저 듣기는 영유아가 기본적인 말소리를 지각하고, 다른 사람이 이야기하는 것을 들을 수 있고, 다른 사람이 읽어 주는 이야기에 경청할 수 있는 능력과 관련된다. 말하기는 의사소통을 위해서 타인에게 말을 할 수 있는 능력을 의미한다. 읽기는 단어나 문장을 읽고 이해할 수 있는 능력을 뜻한다. 마지막으로 쓰기는 자신이 듣고 말하는 것을 글로 나타낼 수 있는 능력을 의미한다. 이 네 가지 영역은 서로 독립된 영역이라기보다는 서로 밀접한 관련을 가지므로 의사소통에 대한 총체적인 교수학습활동이 요구된다(이연섭, 강문희, 2000).

2) 의사소통 교수학습활동의 목적

의사소통 영역은 영유아로 하여금 다른 사람의 이야기를 주의 깊게 듣는 태도와 이해력을 기르도록 하고, 바른 태도와 정확한 발음으로 자신의 느낌, 생각, 경험을 말로 표현하는 능력을 향상시키도록 도움을 주는 한편 주위의 사람들과 대화하고 여럿이 함께 토론하며 서로의 의견을 나누는 경험을 하고, 글과 글자에 친숙해지는 경험을 통해 읽기와 쓰기에 흥미를 갖도록 하는 것을 목표로 한다.

첫째, 다른 사람의 말을 경청하고 이해하는 능력과 태도를 기르게 한다. 영유아는 듣는 과정을 거쳐서 말하기 때문에, 듣기란 모든 언어발달의 기초가 된다. 듣기의 내용은 영아가 다양한 사물의 소리, 말소리, 주변의 소리에 관심을 가지고 구분하여 들을 수 있는 기회와 환경을 제공하고, 유아는 일상 대화나 동요, 동시, 동화 등을 잘 듣고 이해할 수 있는 능력을 기르는 데 초점을 맞추고 있다(여성가족부, 2006).

듣기 지도의 목표는 다른 사람의 말을 열심히 듣는 능력과 태도를 익혀서, 그 말에 담긴 생각과 느낌을 바르게 이해하도록 하는 데 있다. 그러므로 듣기를 지도할 때는 여러 가지 유형의 말소리, 단어, 문장을 듣고 이해하도록 하며, 이야기를 바르게 듣고 이해하는 면을 중시해야 한다. 또한, 들은 말의 내용에 따라 적절히 행동하고 동화나 동시를 즐겨 들음으로써 바르게 듣는 태도를 기르도록 한다.

둘째, 자신의 생각과 느낌을 말로 표현하는 능력과 태도를 기르게 한다. 말하기는 생각과 느낌을 상황과 목적에 맞게 말소리 언어로 표현하는 행위이다. 자신의 생각이나 느낌이 듣는 사람에게 정확하게 전달되어 의도한 바가 달성되어야 하므로, 말하기는 듣기에 비해 능동적이고 적극적인 특성을 가진다. 또 말하기는 음성 표현에 의해 자아를 실현하는 기본 능력이다. 말하기의 내용은 영아가 얼굴표정, 몸짓, 눈빛, 손동작 등 비언어적 의사소통과 한두 단어, 짧은 문장을 통한 언어적 의사소통을 할 수 있는 기회와 환경을 제공하고, 유아는 바른 태도와 정확한 발음으로 자신의 생각이나 경험을 대상과 상황에 맞게 표현할 수 있는 능력을 기르도록 구성되었다(여성가족부, 2006).

말하기 지도의 목표는 자기의 생각과 느낌을 바르게 표현하는 능력과 태도를 기르는 데 있다. 말하기를 지도할 때에는 올바르게 발음하여 낱말, 문장을 말하며, 묻는 말을 듣고 바르게 대답하는 면에 역점을 둔다. 또, 자신의 경험, 생각, 느낌을 적절하게 말하며, 처해 있는 상황을 고려하면서 말하고, 바르게 말하는 태도를 익히도록 한다.

셋째, 읽기와 쓰기 능력을 향상시킨다. 유아는 글을 읽고 쓰게 되기 이전부터 그림책을 들고 넘겨 가며 보기도 하고, 종이 위에 크레파스 등으로 긁적거리기도 한다. 읽기의 내용은 영아가 보육교사나 양육자와 함께 그림책을 보면서 그림책과 읽어 주는 내용에 관심을 갖도록 기회와 환경을 제공하고, 유아가 주변의 글자나 그림책에 흥미를 가지고 이해하는 능력을 길러 읽기에 흥미를 느낄 수 있는 내용을 제공한다. 쓰기의 내용은 영아가 쓰기 도구 및 매체를 사용하여 자신의 느낌, 생각, 경험 쓰기에 흥미를 갖고 참여할 수 있는 기회와 환경의 제공에 대해 다루고 있다(여성가족부, 2006).

읽기와 쓰기를 포함한 문자언어 지도의 목표는 글자에 대한 유아의 관심을 확장시키고 지속시키는 데 있다. 따라서 유아가 말과 글의 관계를 이해하도록 돕고, 동화와 동시를 즐기고, 여러 가지 유형의 책과 쓰기 도구에 관심을 가지도록 한다.

2. 의사소통 교수학습활동의 내용

1) 내용체계

영유아 의사소통 교수학습활동의 내용을 선정하기 위해서는 다음과 같은 몇 가지 원칙에 충실할 필요가 있다. 첫째, 듣기, 말하기, 읽기, 쓰기 영역의 교수학습활동 내용을 선정할 때에는 각각의 영역에 초점을 맞추면서도 통합적인 측면을 동시에 고려해야 한다. 언어발달의 개별 하위 영역은 서로 영향을 미치고 상호 밀접하게 관련을 맺고 있기 때문에 듣기나 말하기를 분명하게 구분 짓는 것은 힘들다. 유아가 듣고 이해하는지를 알아보기 위해서는 들은 내용을 말해 보도록 할 수밖에 없어서 이런 경우, 듣기와 말하기 중 어떤 행위에 해당하는지를 명확하게 구분하기는 힘들다. 기본 내용이 우선적으로 주어질 때 듣기라 하고, 내용을 만들어 낼 때 말하기라고 하는 것이 일반적인 관례다. 또한, 유아가 말하는 것을 받아쓰고, 받아쓴 것을 다시 읽어 줄 때 말하기, 쓰기, 읽기, 듣기의 네 가지 언어 행위가 연계적으로 발생한다. 따라서 의사소통 교수학습활동 시에 이들 네 가지 형태 각각에 주안점을 두면서도 동시에 이들 간의 통합을 중시해야 한다.

둘째, 유아의 언어발달 과정에서 나타나는 개인차를 교수학습활동에 반영해야 하므로 수준별로 제시되는 의사소통 교수학습활동의 내용은 포괄성, 순환성, 연속성을 가지도록 유의하여 선정해야 한다. 언어발달의 과정은 일반적으로 나선형의 형태로 이루어지면서, 구체적인 측면에서는 개별 유아들 간에 상당한 개인차가 나타난다. 이는 유아가 성장하는 생활환경, 관심과 흥미의 정도가 각각 다르기 때문에 생기는 현상이다. 따라서 의사소통 교수학습활동에서 수준별 내용은 연령만을 적용시키기보다는 개인차를 고려할 수 있도록 융통성 있게 선정할 필요가 있다.

셋째, 의사소통 교수학습활동의 내용을 선정할 경우 듣기, 말하기, 읽기,

쓰기의 습득과정을 최대한으로 고려해야 한다. 발음 지도의 경우 교사와 성인의 발음을 따라 해 보도록 지도하기보다는 교사나 성인이 정확한 발음을 가능한 한 많이 들려주고, 이를 통해 유아가 스스로 올바르게 발음해 보도록 하는 것이 더 효과적이다. 읽기와 쓰기능력은 유아가 교사나 부모가 들려주는 이야기를 많이 들을수록, 그리고 자신의 언어 표현을 성인이 많이 받아써 줄수록 빠르게 발달한다. 이러한 발달과정이 활동내용을 선정할 때 고려되어야 한다.

넷째, 유아에게 언어에 대한 관심과 흥미를 가지게 하기 위하여 의사소통 교수학습활동은 다양한 활동과 자료가 포함되어 있는 내용을 선정해야 한다. 유아가 이야기나누기활동에서 참여할 때, 현장견학이나 자연관찰 활동 등을 통해 획득한 다양한 경험은 상당한 도움을 줄 수 있다. 또한, 보육실의 흥미영역으로 배치된 언어 영역에 여러 가지 자료들, 예를 들어 그림책, 동화책, 글자 게임판, 자석글자, 종이, 색연필 등을 비치해 둔다면 유아들은 자신의 흥미나 능력에 맞게 자료를 선택하여 활동할 수 있을 것이다.

다섯째, 이처럼 의사소통 교수학습활동을 위해 읽기, 쓰기 지도 지침을 미리 마련해 둘 필요가 있다. 유아를 위한 문자교육의 지침을 마련하여, 글자에 대한 유아의 관심과 흥미, 문자교육 실시에 대한 부모의 요구, 유아를 위한 문자교육의 내용과 방법에 대한 교사의 어려움 등을 해소하고 적절히 대처하도록 노력한다. 이를 위해서는 교사 자신이 언어 능력의 발달과정을 충분히 이해하고 있어야 할 것이다.

여섯째, 의사소통 교수학습활동의 내용을 선정할 때에는, 교사-유아, 유아-유아의 관계에서 개별적인 경우와 집단(소 · 중 · 대집단)의 경우를 모두 포함하는 활동이 되도록 유의해야 한다. 유아들이 경험한 것, 생각한 것, 느낀 것을 말하는 활동의 경우, 교사는 유아와 일대일로 또는 일 대 집단으로도 활동할 수 있도록 내용을 구성한다. 유아들이 공동으로 협력하면서 활동할 수 있는 내용을 선정하는 것도 중요하다.

일곱째, 의사소통 교수학습활동의 경우 언어모델로서의 교사의 역할과 유아의 언어발달 과정을 충분히 이해하는 교사의 수용적 태도가 요구된다. 교사는 유아의 언어발달에서 중요한 모델의 역할을 하므로, 교육활동의 전반에서 정확한 발음과 문법에 맞는 문장을 사용하고 알맞은 속도와 적절한 크기로 말해야 한다. 또한 언어발달 과정에서 나타나는 유아의 실수를 수용하는 교사의 태도 역시 필요하다.

여덟째, 의사소통 교수학습활동의 내용을 선정할 때 부모의 도움을 제공받음으로써 보다 효과적인 결과를 가져올 수 있는 내용을 포함시킬 필요가 있다. 유아의 언어발달이 가정에서 부모와 함께 지내면서 자연스럽게 이루어지며, 가정에서 읽기 · 쓰기에 관련된 활동에 많이 참여하므로 유아의 언어발달에 있어서 부모의 역할은 중요하다. 따라서 부모의 일상적인 역할이 유아의 언어발달을 위해 보다 교육적으로 기여하는 차원으로 연계시킬 수 있도록 배려해야 한다.

의사소통 교수학습활동의 내용은 표준보육과정에 근거한 의사소통 보육과정의 내용으로 구성된다(이순형 외, 2007). 따라서 의사소통 교수학습활동은 듣기, 말하기, 읽기, 쓰기의 네 영역으로 구분되며, 2세 미만, 2세, 3~5세의 연령 수준으로 구분된다. 먼저 2세 미만 영아의 경우 듣기 영역에는 소리 구분하여 듣기, 경험과 관련된 말의 의미 알기, 운율이 있는 말 듣기의 하위영역이 포함된다. 말하기 영역은 발성과 발음으로 소리내기, 친숙한 사물의 이름 말하기, 말소리와 몸짓으로 의사표현하기로 구성된다. 읽기 영역은 읽어 주는 짧은 글에 흥미 가지기, 그림책에 흥미 가지기로 구성되며, 쓰기 영역의 경우에는 긁적거리기를 시도하기와 쓰기 도구에 흥미 가지기가 포함된다. 다음으로 2세 영아의 경우에는 듣기 영역에 말소리 구분하여 듣기, 말소리 듣고 의미 알기, 운율이 있는 말 듣고 즐기기가 포함된다. 말하기 영역은 바른 발음 시도하기, 사물의 이름 말하기, 자신의 느낌과 생각 말하기, 행동에 맞는 말하기로 구성된다. 읽기 영역은 글자 모양에 흥미 가지기, 읽어 주는 글 즐기기, 그림책에 흥미 가지기로 구성되며, 쓰기 영역에는 긁적거리기와 쓰기 도구에 흥미 가지기가 포함된다. 마지막으로 3~5세 유아의 경우 듣기 영역에는 어휘의 발음 경청하기, 낱말과 문장을 듣고 이해하기, 이야기 듣고 이해하기, 동요, 동시, 동화 듣기, 바른 태도로 듣기가 포함된다. 말하기 영역은 바르게 발음하여 말하기, 낱말과 문장으로 말하기, 자신의 느낌, 생각, 경험 말하기, 상황에 맞는 언어 사용하기, 바른 태도로 말하기로 구성된다. 읽기 영역은 읽기에 흥미 가지기, 동요, 동시, 동화 읽기, 읽어 주는 글 이해하기, 그림책 읽기를 즐기기로 구성된다. 쓰기 영역에는 낱말과 문장으로 쓰기에 흥미 가지기, 자신의 느낌, 생각, 경험 쓰기에 흥미 가지기, 쓰기 도구 및 매체 사용하기, 말과 글의 관계 알기가 포함된다. 구체적인 의사소통 교수학습활동의 내용을 표로 제시하면 〈표 12-1〉과 같다.

표 12-1 의사소통 교수학습활동의 내용

내용범주	2세 미만	2세	3~5세
듣기	• 소리 구분하여 듣기 • 경험과 관련된 말의 의미 알기 • 운율이 있는 말 듣기	• 말소리 구분하여 듣기 • 말소리 듣고 의미알기 • 운율이 있는 말 듣고 즐기기	• 어휘의 발음 경청하기 • 낱말과 문장을 듣고 이해하기 • 이야기 듣고 이해하기 • 동요, 동시, 동화 듣기 • 바른 태도로 듣기
말하기	• 발성과 발음으로 소리 내기 • 친숙한 사물의 이름 말하기 • 말소리와 몸짓으로 의사 표현하기	• 바른 발음 시도하기 • 사물의 이름 말하기 • 자신의 느낌과 생각 말하기 • 행동에 맞는 말하기	• 바르게 발음하여 말하기 • 낱말과 문장으로 말하기 • 자신의 느낌, 생각, 경험 말하기 • 상황에 맞는 언어 사용하기 • 바른 태도로 말하기
읽기	• 읽어 주는 짧은 글에 흥미 가지기 • 그림책에 흥미 가지기	• 글자 모양에 흥미 가지기 • 읽어 주는 글 즐기기 • 그림책에 흥미 가지기	• 읽기에 흥미 가지기 • 동요, 동시, 동화 읽기 • 읽어 주는 글 이해하기 • 그림책 읽기를 즐기기
쓰기	• 긁적거리기를 시도하기 • 쓰기 도구에 흥미 가지기	• 긁적거리기 • 쓰기 도구에 흥미 가지기	• 낱말과 문장으로 쓰기에 흥미가지기 • 자신의 느낌, 생각, 경험 쓰기에 흥미 가지기 • 쓰기 도구 및 매체 사용하기 • 말과 글의 관계 알기

2) 내용별 교수학습방법

의사소통 교수학습활동의 경우 듣기, 말하기, 읽기, 쓰기의 영역에 따라 교사의 지도방법에 차이가 있을 수 있다. 먼저 교사가 유아의 듣기활동을 지도할 때 고려해야 할 사항은 다음과 같다. 유아가 다른 사람의 말을 들을 때 말을 이루는 개별 소리에 귀를 기울이기보다는 말의 의미에 초점을 두어 듣는다는 점을 기억해야 한다. 따라서 단어를 구성하는 소리의 변별을 연습할 수 있는 단어 게임을 통한 반복학습이 요구된다. 영유아의 듣기 지도에서 교사가 유의해야 할 사항은 교사가 쉽게 사용하는 단어나 문장이 유아에게는 생소하여 교사가 의도한 의미를 제대로 전달하지 못하는 경우도 있음을 고려해야 한다는 것이다. 유아가 교사의 말을 제대로 이해하지 못한 것으로 판단되면 다시 한 번 말해 주거나, 좀 더 쉽게 풀어서 말해 주는 방식을 활용할 필요가 있다. 말하기 지도에서 교사는 자신이 적절한 말하기 모델로서의 역할을 유아에게 반복적으로 보여 줄 필요가 있다. 특히, 이야기나누기활동에서 혼자서만 말하려고 하거나 전혀 말하려 하지 않는 유아의 경우 교사가 개입하여 여러 유아에게 말할 수 있는 기회를 제공해 주어야 한다. 이 경우에도 교사가 질문, 설명, 대화 참여 방법에 대한 모델을 제공하고 필요한 안내를 해 준다면 유아의 말하기 지도에 보다 효과적일 수 있다. 이처럼 듣기와 말하기를 지도할 때 효과적이기 위해서는 구체적인 상황을 설정하여 유아에게 말로 표현하고, 유아가 경험한 것과 관련된 노래를 부르도록 하는 것이 좋다. 특히, 말을 많이 하도록 요구하는 게임을 통해 말하고 듣는 경험을 갖도록 할 필요가 있다(이영자, 이기숙, 이정욱, 2000).

듣기와 말하기 지도와 마찬가지로 읽기와 쓰기 지도 역시 동시에 이루어지는 경우가 많다. 읽기 및 쓰기 지도는 풍부한 문자환경을 구성해 주고, 문해 발달이 가능한 놀이활동을 재공해 주며 성인과의 보다 활발한 상호작용을 제공해 줄 경우 더 촉진된다. 예를 들어, 그림책을 갖춘 도서 영역, 다양한 종류의 종이와 쓰기 도구를 갖춘 쓰기 영역의 제공과 더불어 문자 관련 소품을 구비한 극놀이 영역과 블록 영역을 교사가 준비해 준다면 유아의 문해발달이 보다 활성화될 수 있다. 특히, 역할놀이 영역에 문자 소품 자료를 풍부하게 제공하는 것과 더불어 교사가 모델을 제공할 경우 유아가 문해활동에 참여할 가능성이 높아지므로 교사의 모델 보이기 교수방법은 유아의 읽기 및 쓰기 발달을 촉진시키는 중요한 방법이다.

3. 의사소통 교수학습활동의 실제

의사소통 교수학습활동의 실제 활동사례를 통해 의사소통 교수학습활동의 내용이 어떻게 실제 영유아 보육현장에서 적용될 수 있는지를 알아본다. 여기서는 특정 주제를 중심으로 각 교수학습활동의 유형에 따라 의사소통 교수학습활동이 어떻게 구성될 수 있는지를 살펴본다. 구체적인 교수학습활동의 사례는 이야기나누기활동과 극놀이활동의 두 가지 영역을 선정하여 2세 미만 영아, 2세 영아, 3~5세 유아 수준으로 수준별 차이를 두어 살펴본다.

1) 유형별 교수학습활동

의사소통 교수학습활동의 내용은 활동 유형에 따라 다양하게 구성될 수 있다. 이야기 나누기, 극놀이, 게임, 조형, 견학 등의 다섯 가지 유형이 의사소통 교수학습활동의 대표적인 활동에 해당한다. 이 장에서는 '과일' 을 주제로 의사소통과 관련하여 이루어질 수 있는 교수학습활동을 활동 유형에 따라 2세 미만 영아, 2세 영아, 3~5세 유아 수준으로 구분하여 살펴본다. 구체적인 활동의 예는 〈표 12-2〉에 제시된 바와 같다.

먼저 이야기나누기활동으로 2세 미만 영아 수준에서는 다양한 과일을 놓고 사과는 어느 것인지를 찾아보는 활동을 진행하고, 2세 영아 수준에서는 내가 좋아하는 과일이 무엇인지 친구들과 이야기해 보고 나와 친구들이 가장

표 12-2 교수학습 유형에 따른 활동 내용(주제: 과일)

유형	내용		
	2세 미만 영아	2세 영아	3~5세 유아
이야기 나누기	• 사과는 어디 있나요?	• 내가 좋아하는 과일은?	• 토마토는 과일일까요?
극놀이	• 나는 무슨 과일일까요?	• 내가 사과라면…	• 과일가게놀이
게임	• 과일 퍼즐 맞추기	• 과일사진 보고 이름 맞히기	• 과일이름 맞히기 스무고개
조형	• 과일그림 붙이기	• 과일그림 색칠하기	• 카프라로 과일이름 쓰기
현장 학습	• 냉장고에 있는 과일 살펴보기	• 과일가게 견학	• 과수원 견학

좋아하는 과일을 선정해 본다. 이를 통해 다양한 과일의 명칭을 이해하고 과일명칭을 정확하게 발음하는 연습을 한다. 3~5세 유아 수준에서는 과일의 개념과 특징을 파악하기 위해 토마토가 과일인지 아닌지에 대해 이야기를 나누어 보고, 과일이라고 주장하는 유아들과 과일이 아니라고 주장하는 유아들로 하여금 각각 자신들의 견해를 정확하게 언어로 표현하는 기회를 제공한다.

극놀이활동으로 2세 미만 영아는 자신이 좋아하는 과일이 그려진 가면을 쓰고 자신이 그 과일이 되어 과일처럼 행동해 볼 수 있으며, 2세 영아는 과일 가면을 쓰고 자신이 그 과일이 되어 친구들과 함께 다양한 과일 역할을 해 보는 활동을 할 수 있고, 3~5세 유아의 경우에는 과일가게를 무대로 꾸미고 과일가게 주인과 손님의 역할을 맡아 과일가게에서 일어나는 다양한 사건을 극으로 꾸며 보는 기회를 가진다.

게임활동으로 2세 미만 영아 수준에서는 과일 모양의 퍼즐을 준비하여 퍼즐을 맞추는 게임임을 진행하고, 2세 영아 수준에서는 과일의 사진을 보고 그 과일의 이름을 알아맞히는 활동을, 3~5세 유아 수준에서는 양 팀으로 편을 나누어 스무고개를 통해 설명하는 과일이 무엇인지를 먼저 맞추는 팀이 이기는 활동을 통해 영유아는 다양한 과일의 명칭을 정확하게 발음하는 능력과 문장에 대한 이해 능력을 기를 수 있다.

조형활동으로 2세 미만 영아 수준에서는 잡지에서 오려 둔 과일 그림에 풀을 칠하여 도화지에 붙이는 활동을 할 수 있고, 2세 영아 수준에서는 사과, 배, 수박과 같은 과일이 색칠되어 있지 않고 비워져 있는 그림에 색칠을 하면서 그 과일의 색깔이 무엇인지 말해 보는 활동에 참여한다. 3~5세 유아 수준에서는 카프라를 이용해 다양한 과일의 이름을 직접 만들어 보는 활동을 통해 과일 이름을 읽고 쓰는 연습을 해 볼 수 있다.

2세 미만 영아의 경우에는 어린이집 외부로의 견학이 힘들기 때문에 어린이집 식당의 냉장고에 보관되어 있는 과일을 직접 만져 보고 경험해 보는 것으로 현장학습을 대체할 수 있으며, 2세 영아의 경우에도 아직 멀리 견학을 가기에 무리가 있으므로 가능한 어린이집 가까이에 위치한 과일가게를 방문하여 주인 아저씨에게 과일을 어디에서 가져오는지 등에 관해 질문해 본다. 3~5세 유아는 사과나 배, 복숭아 등의 과일을 직접 재배하고 있는 과수원을 방문하여 과일이 어떻게 자라고 어떤 방법으로 과일을 따는지 등에 관해 알아본다.

2) 교수학습활동 지도의 실제

의사소통 교수학습활동의 내용이 영유아 보육 및 교육현장에서 어떻게 적용될 수 있는지를 실제 활동사례를 통해 알아보고자 한다. 이를 위해 먼저 특정 주제를 중심으로 활동 유형에 따라 의사소통 교수학습활동이 어떻게 이루어질 수 있는지를 살펴보고, 다음으로 제시된 활동 유형 가운데 이야기 나누기와 극놀이의 두 가지 영역을 선정하여 2세 미만 영아와 2세 영아, 그리고 3~5세 유아 수준에 해당하는 활동 사례를 한 가지씩 선정하여 총 여섯 가지의 활동사례를 제시함으로써 의사소통 교수학습활동 지도의 실제적인 부분을 다룬다. 동일한 내용의 활동을 수준에만 차이를 두어 실행함으로써 2세 미만 영아, 2세 영아, 3～5세 유아 수준의 활동을 수준별로 비교하여 구성하였다.

(1) 이야기 나누기

① 2세 미만 영아

❖ **활동명**: 사과는 어디 있나요?

❖ **활동목표**: 영아들이 좋아하는 과일의 이름이 무엇인지 알아보고, 과일의 명칭을 정확하게 말하는 연습을 할 기회를 가진다.

❖ **활동자료**: 과일 사진, 과일 관련 그림책, 과일 모형

❖ **활동준비**: 과일 사진, 과일 관련 그림책, 과일 모형 등 과일의 형태와 모양을 알 수 있는 다양한 활동자료를 낮은 책상 위에 펼쳐두고, 영아들이 책상 주위에 둘러앉도록 한다.

❖ **활동내용**: 2세 미만 영아들이 알고 있는 과일의 명칭에는 어떤 것이 있는지 먼저 질문을 통해 알아본다. 영아들이 이미 알고 있는 과일 명칭을 중심으로 관련된 과일 사진과 모형을 책상 중심에 배치하여 두고 각각의 과일에 어느 것인지 손으로 가리키면서 이름을 말해 보도록 하면서 활동을 진행한다.

도입 도입활동에서는 먼저 영아들이 알고 있는 과일에는 어떤 것이 있는지 교사의 질문을 통해 알아본다. 예를 들어, 교사는 "○○는 어떤 과일을 좋아하니?" 라고 영아에게 질문을 할 수 있고, 이러한 교사의 질문에 영아가 "사과." 라고 응답할 경우, 영아의 응답에 대해 "○○는 사과를 좋아하는구나." 라는 언어적 반응을 제공함으로써 언어적 상호작용을 이끌어 나갈 수 있다. 이러한 언어적 상호작용을 개별 유아에게 실시하여 영아들이 알고 있는 과일의 명칭에 대한 정보를 획득한다.

전개 도입활동을 통해 개별 영아가 알고 있는 과일에 어떤 것이 있는지 교사가 정보를 획득하였기 때문에 이를 토대로 하여 영아가 알고 있는 과일을 중심으로 이야기나누기활동을 진행한다. 책상 위에 놓여 있는 다양한 과일 관련 자료들 중에서 영아에게 "사과는 어디에 있니?" "바나나는 어디에 있는지 찾아보자." 등의 질문을 통해 해당하는 과일과 과일의 명칭을 일치시키는 연습을 해 볼 수 있다. 교사의 질문에 영아가 과일을 가리킬 경우 "그래, 사과가 여기 있네."라고 크고 정확한 발음으로 이야기함으로써 영아에게 과일 이름을 정확하게 알려 준다. 그리고 영아가 과일의 이름을 따라서 말하도록 요청한다. 영아가 말한 과일을 책상 위에 놓인 관련 자료들 중에서 영아가 직접 찾도록 요청하고 영아가 과일을 찾으면 다시 한 번 이름을 말하도록 한다.

마무리 도입 및 전개활동에서 다양한 과일의 명칭을 반복적으로 학습하고 나서, 영아들이 이름을 알지 못하는 과일에 대해서 과일의 이름을 알려 주고 과일의 이름과 해당하는 과일을 찾아보는 활동을 마무리 활동으로 진행한다.

❖ 교수학습 주안점

모든 영아들이 자신이 알고 있는 과일의 명칭을 말해 볼 수 있도록 기회를 제공해 준다. 특히, 과일의 명칭을 이야기할 때 작은 소리로 말하거나, 부정확하게 발음하는 경우에는 교사가 개입하여 보다 큰 소리로 정확하게 과일의 이름을 말하도록 한다.

과일 관련 자료는 사진, 그림책, 모형 등을 가능한 한 다양하게 준비하여 영아들이 알고 있는 과일이 가능하면 준비된 자료에 다 포함되어 있도록 해야 한다.

2세 미만 영아의 경우 알고 있는 단어의 수가 한정되어 있으므로 이 활동을 통해 다양한 과일의 명칭을 듣고 말할 수 있는 기회를 제공하여 2세 영아를 위한 활동과 연계될 수 있도록 한다.

② 2세 영아

❖ **활동명** : 내가 좋아하는 과일은?

❖ **활동목표** : 영아들이 좋아하는 과일의 이름을 통해 단어를 정확하게 말하는 연습과 자신의 경험 및 느낌을 말하는 기회를 가진다.

❖ **활동자료** : 과일 사진, 과일 관련 그림책, 과일 모형

❖ **활동준비** : 과일 사진, 과일 관련 그림책, 과일 모형 등 과일의 형태와 모양을 알 수 있는 다양한 활동자료를 낮은 책상 위에 펼쳐두고, 영아들을 책상 주위에 둘러앉힌다.

활동내용 : 내가 좋아하는 과일이 무엇인지를 알아보기 이전에 영아들이 알고 있는 과일에는 어떤 것이 있는지, 그리고 과일의 종류는 어떻게 구분되는지 등에 관해 이야기를 나누어 보고 그중에서 자신이 가장 좋아하는 과일은 무엇인지에 대해 이야기를 나누어 보면서 활동을 진행한다.

도입 도입활동에서는 먼저 영아들이 알고 있는 과일에는 어떤 것이 있는지 교사의 질문을 통해 알아본다. 영아들이 알고 있는 과일들을 중심으로 각 과일의 특성에 대해 이야기나누기활동을 진행한다. 이와 더불어 영아들이 먹어 본 경험이 있는 과일의 맛과 크기, 색깔, 무게 등을 중심으로 이야기를 나누면서 다양한 과일에 대해 살펴본다.

전개 책상 위에 놓여 있는 다양한 과일 관련 자료들 중에서 개별 영아가 좋아하는 과일이 무엇인지 교사가 물어본다. 교사의 질문에 영아가 과일 이름을 말할 경우 정확한 발음으로 교사가 다시 한 번 반복함으로써 영아에게 과일 이름을 정확하게 알려 준다. 그리고 영아가 말한 과일을 책상 위에 놓인 관련 자료들 중에서 영아가 직접 찾도록 요청하고 영아가 과일을 찾으면 다시 한 번 이름을 말하도록 한다.

마무리 도입 및 전개활동에서 다양한 과일과 좋아하는 과일의 명칭을 반복적으로 학습하고 나서, 영아들이 그 과일을 왜 좋아하는지에 대해 이야기를 나누어 본다. 그리고 또래들과 서로 자신이 좋아하는 과일을 말해 보고, 가장 많은 또래가 좋아하는 과일이 무엇인지도 이야기해 본다.

[그림 12-1] '내가 좋아하는 과일은?' 활동 중인 영아들

❖ 교수학습 주안점

모든 영아들이 자신이 좋아하는 과일을 말해 볼 수 있도록 기회를 제공해 준다. 특히, 과일의 명칭을 이야기할 때 작은 소리로 말하거나, 부정확하게 발음하는 경우에는 교사가 개입하여 보다 큰 소리로 정확하게 과일의 이름을 말하도록 한다.

과일 관련 자료는 사진, 그림책, 모형 등의 과일을 가능한 한 다양하게 준비하여 영아들이 좋아하는 과일이라고 선택한 경우 자료가 없어서 영아가 실망하지 않도록 사전에 활동자료를 준비해 둘 필요가 있다.

③ 3~5세 유아

❖ **활동명** : 토마토는 과일일까요?

❖ **활동목표** : 과일과 채소의 구분 기준에 따라 다양한 과일의 명칭과 특징을 학습함으로써 단어와 문장을 정확하게 말하는 연습과 읽기 및 쓰기에 관심을 가지는 기회를 얻는다.

❖ **활동자료** : 토마토 및 과일 관련 사진자료, 화이트보드, 매직펜

❖ **활동준비** : 토마토와 과일 관련 사진자료와 문헌들을 사전에 준비하여 활동 진행 중에 유아들이 관련 정보를 손쉽게 찾을 수 있도록 한다. 과일과 채소의 구분 기준을 유아들이 직접 쓸 수 있도록 화이트보드와 매직펜을 준비하고 화이트보드를 마주 보고 아이들이 앉도록 한다.

❖ **활동내용** : 아직 유아들이 글자를 읽고 쓰는 데 능숙하지 못하다는 점을 고려하여 과일 관련 문헌을 읽을 수 있는 능력을 중심으로 활동을 진행하면서 쓰기에 관심을 가질 수 있도록 과일이 명칭이나 특징에 관한 단어를 중심으로 쓰기 연습의 기회를 제공한다.

도입 본 활동을 시작하기 이전에 먼저 유아들이 알고 있는 과일에는 어떠한 종류가 있는지 교사의 질문에 유아들이 응답하도록 한다. 준비된 사진자료들을 보면서 과일의 사진과 명칭을 일치시키는 활동을 해 본다.

전개 도입활동을 통해 다양한 과일의 명칭을 익히고 난 후에 본 활동에서는 과일의 분류나 범주화를 통해 과일을 종류를 구분해 보고, 토마토는 과일에 포함되는지 아닌지 등에 대해 유아들이 서로의 의견을 제시해 보도록 한다. 개별 유아가 자신의 의견을 준비한 화이트보드 위에 직접 쓰도록 하거나, 글자 쓰기에 익숙하지 않은 유아의 경우에는 교사가 대신 써 줌으로써 말과 글의 관계를 유아가 파악하는 연습을 할 수 있도록 한다.

마무리 마무리활동에서는 본 활동의 이야기 나누기를 통해 획득한 정보를 다른 과일과 채소에 확대하여 적용시키는 기회를 가져 본다. 유아가 아직 글자를 쓰는 데 익숙하지 않지만, 과일의 명칭을 적어 보는 연습을 한다. 예를 들어, '_____는 과일입니다' '_____는 채소입니다' 라는 문장을 화이트보드에 쓰고 빈칸에 적당한 단어를 유아들이 적어 넣을 수 있도록 함으로써 문장을 읽고 쓸 수 있는 능력을 기르도록 한다.

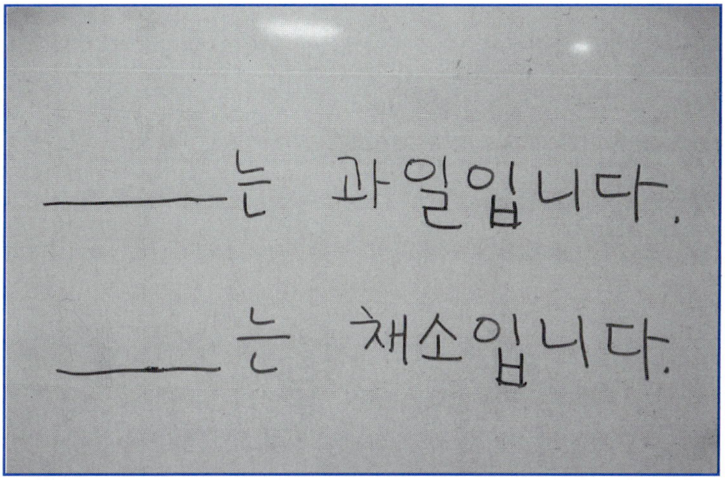

[그림 12-2] '토마토는 과일일까요?' 활동을 위한 화이트보드 내용

❖ 교수학습 주안점

- 과일과 채소를 구분하는 기준을 교사가 사전에 학습하여 유아들이 정확한 기준을 제시하지 못할 경우, 설명을 통해 유사점과 차이점을 비교할 수 있는 기회를 유아들에게 제공한다.
- 토마토 이외에도 호두와 같은 견과류도 과일에 포함되는지 등에 대해 이야기를 나누어 봄으로써 유아들의 관심과 흥미를 보다 확대시키는 것도 교사가 고려할 사항이다.
- 토마토 이외에도 다양한 채소와 과일 관련 자료, 특히 사진, 그림책, 모

형, 동영상 등의 시청각자료를 준비함으로써 유아들이 활동의 내용을 보다 쉽게 이해하도록 돕는다.

(2) 극놀이

① 2세 미만 영아

❖ **활동명** : 나는 무슨 과일일까요?

❖ **활동목표** : 극놀이활동을 통해 자신에게 친숙한 과일의 명칭을 말하는 기회를 가지고, 필요에 따라 소리와 몸짓을 사용하는 연습을 한다.

❖ **활동자료** : 다양한 과일 사진, 도화지, 고무밴드

❖ **활동준비** : 영아들이 자신이 좋아하는 과일 가면을 쓰고 자신이 과일이 되어 그 과일의 명칭을 이해하고 말할 수 있도록 활동을 준비한다. 과일 역할을 시작하기 이전에 과일 가면을 영아들이 직접 만들 수 있도록 낮은 책상 위에 재료들을 준비하고 공간을 확보한다. 사전에 교사가 과일 사진을 미리 준비하여 개별 영아가 자신이 좋아하는 과일을 직접 선택할 수 있는 기회를 제공한다. 영아가 선택한 과일 사진을 도화지에 붙인 다음 고무밴드를 양쪽에 묶어 둠으로써 영아들이 바로 과일 가면을 쓸 수 있도록 활동자료를 준비한다.

❖ **활동내용** : 영아들이 자신이 과일이 되어 그 과일의 역할을 해 보고 다른 친구들이 맡은 과일 역할을 보면서 다양한 과일의 명칭을 학습할 기회를 갖는 데 초점을 두고 활동을 진행한다.

도입 전개활동을 시작하기 이전에 도입활동에서는 먼저 과일 가면을 만드는 활동을 진행한다. 영아들이 각자 자신이 좋아하는 과일을 선택하고 선택한 과일 가면을 만들 수 있도록 여러 가지 과일 사진을 준비한다. 영아가

선택한 과일 사진의 뒷면에 교사가 풀칠하여 준비된 도화지에 붙이고 고무밴드를 양쪽에 묶어 과일 가면을 완성한다. 완성된 과일 가면을 쓰고 친구들의 과일 가면을 둘러보도록 한다.

전개 도입활동을 통해 영아들이 직접 제작한 과일 가면을 각자 얼굴에 쓰고 본격적인 극놀이활동을 준비한다. 교사가 "○○는 무슨 과일인가요?" 라고 질문을 하여 다른 영아들이 친구가 어떤 과일의 역할을 맡았는지 말할 기회를 제공한다. 영아들이 "사과요!" 라고 응답하면 "네. ○○는 사과네요." 라고 반응하여 사과를 정확하게 발음하도록 유도한다. 또 다른 영아를 가리키며 이러한 활동을 반복하여 다양한 과일의 명칭을 영아들이 학습할 수 있도록 한다.

마무리 전개활동에서 자신이 쓰고 있던 과일 가면과 친구의 과일 가면을 서로 바꾸어 써 봄으로써 다른 과일의 역할을 경험할 기회를 마무리활동에서 가진다. 가능하면 다양한 과일 가면을 돌아가면서 착용하고 해당하는 과일의 명칭을 반복적으로 이야기하도록 유도하여 단어의 명칭을 듣고 말할 기회를 충분하게 제공한다.

❖ 교수학습 주안점

- 2세 미만 영아들의 경우 아직 극놀이활동에 대한 경험이 부족하여 과일 가면을 쓰는 것에 익숙하지 않을 수 있으므로 과일 가면 착용을 싫어하는 영아에게는 친구들이 과일 가면을 착용한 모습을 보여 준 다음 과일 가면을 쓰도록 배려할 필요가 있다.
- 과일을 주제로 한 다양한 활동 중에서 특히 의사소통에 초점을 둔 교수학습활동이므로 교사와 영아 간의 언어적 상호작용을 유도하는 데 주의를 기울일 필요가 있다. 특히, 교사의 질문에 영아가 적절한 단어로 응답할 수 있도록 교사가 간결한 질문을 제시할 필요가 있다.

② 2세 영아

❖ **활동명** : 내가 사과라면…

❖ **활동목표** : 극놀이활동을 통해 자신의 경험과 생각, 느낌을 말하는 기회를 가지고, 상황에 맞게 말하는 연습을 한다.

❖ **활동자료** : 다양한 과일 모양의 도화지, 고무밴드, 크레파스

❖ **활동준비** : 영아들이 사과와 같은 과일 가면을 쓰고 자신이 과일이 되어 과일 역할에 적절한 단어, 문장을 사용할 수 있도록 과일 가면을 만들 수 있는 공간을 확보한다. 사전에 교사가 도화지에 사과 모양을 그리고 오린 다음 고무밴드를 양쪽에 묶어둠으로써 영아들이 색칠만 할 수 있도록 반구조화된 형태로 활동자료를 준비해 둔다.

❖ **활동내용** : 영아들이 자신이 과일이 되어 그동안 자신이 과일을 보고 만지고 먹으면서 경험한 것과 자신의 생각 및 느낌에 대해 자신감 있게 말할 수 있는 능력을 기르는 데 초점을 맞춘다.

도입 전개활동을 시작하기 이전에 도입활동에서는 먼저 사과 가면을 만드는 활동을 진행한다. 영아들이 각자 자신의 사과 가면을 만들 수 있도록 준비된 사과 모양의 도화지를 영아들에게 나누어 주고 크레파스를 이용해 색칠하도록 한다.

전개 도입활동을 통해 영아들이 직접 제작한 사과 가면을 각자 얼굴에 쓰고 본격적인 극놀이활동을 준비한다. 두 명의 영아들이 짝을 지어 자신이 사과라고 가정하고 서로 대화를 주고받도록 한다. 또래와의 대화가 마무리되면 짝을 바꾸어 가면서 극놀이를 지속적으로 진행한다. 사과 가면 이외에도 다른 과일 가면을 바꾸어 가면서 쓰고 내가 바나나라면… 등의 활동에 참여하도록 한다.

마무리 전개활동을 통해 영아들이 과일 역할을 맡아 극놀이활동을 하면서 느꼈던 점에 대해 다른 또래들과 이야기를 나누어 보는 시간을 가진다. 다른 종류의 과일 역할을 맡았을 때 어떠하였는지에 대해 교사가 영아에게 질문을 하고 영아가 응답하는 기회를 가진다.

❖ 교수학습 주안점

- 영아들의 경우 아직 극놀이활동에 익숙하지 않아서 언어적 표현을 극놀이에 적합하게 구사하지 못할 수도 있으므로 구체적이고 세밀한 묘사를 요구하기보다 영아들의 자유로운 의사표현을 존중해 주면서 극놀이에 적절한 방식으로 이끌어간다.
- 과일을 주제로 한 다양한 활동 중에서 특히 의사소통에 초점을 둔 교수학습활동이므로 교사와 영아 간의 언어적 상호작용과 더불어 영아들 간의 언어적 상호작용을 유도하는 데 주의를 기울일 필요가 있다.

[그림 12-3] '내가 사과라면…' 활동 중인 영아들

③ 3~5세 유아

❖ **활동명** : 과일가게놀이

❖ **활동목표** : 과일가게에서 발생할 수 있는 구체적인 상황을 이해하고, 개별 상황에 적절한 말하기 능력을 기른다.

❖ **활동자료** : 우유팩, 전지, 색종이, 크레파스, 계산대, 다양한 종류의 과일 등

❖ **활동준비** : 과일가게놀이 활동을 하기 이전에 현장학습을 통해 과일가게를 방문하여 과일가게의 구조와 과일의 배치 등에 관한 정보를 유아들이 미리 획득하도록 하고, 사진을 촬영하여 도입활동에서 과일가게 모형을 준비하는 데 도움이 되도록 한다. 본 활동을 위해 필요한 다양한 과일들은 가정통신문을 통해 과일을 하나씩 가져오도록 학부모에게 요청하여 도움을 얻는다.

❖ **활동내용** : 과일가게를 직접 방문하거나 사진자료를 통해 관련 특성을 사전에 파악하고 나서 유아들이 과일가게를 꾸미고, 각자 자신이 어떤 역할을 맡을지 의논하여 결정하도록 한다.

도입 본 활동을 시작하기 이전에 우유팩을 이용하여 과일가게를 꾸미는 작업을 진행한다. 교실의 벽면에 전지를 붙이고 그 위에 과일가게의 배경을 그린다. 그리고 우유팩을 이용해 과일가게의 건물틀을 만들고 책상과 의자를 활용해 과일가게의 내부를 구성한다. 완성된 과일가게에 다양한 과일들을 비치하여 손님을 맞이할 준비를 한다.

전개 도입활동을 통해 과일가게 꾸미기가 완성되고 나면 유아들이 자신이 담당할 역할을 스스로 정하도록 한다. 과일가게 주인과 손님의 역할이 정해지면 각자의 역할에 맞는 대화 상황을 이끌어 나가도록 한다. 실제 극놀이 활동 시작 이전에 교사는 가게 주인 역할을 맡은 유아에게 과일가게의 특징과 가게 안의 물건들, 그리고 하는 일 등을 말해 보도록 한다. 또한 손님 역할

의 유아에게는 과일가게에 가서 무엇을 살 것인지를 물어본다.

마무리 본 활동을 통해 유아들이 과일가게에서 일어날 수 있는 대화 상황을 이해하고 나면 과일가게 이외에 다른 가게에서 일어날 수 있는 대화 상황에 대해서도 유아들이 서로 이야기를 나누어 볼 수 있도록 한다.

[그림 12-4] 과일가게를 만들고 있는 유아들

❖ **교수학습 주안점**

- 과일을 주제로 한 극놀이를 위해 과일가게를 직접 꾸며서 활동을 진행할 수도 있지만, 색종이를 이용하여 주인과 손님, 과일상자, 과일 등을 만듦으로써 과일가게를 모형으로 꾸밀 수도 있다. 유아들의 선호에 따라 실제 크기대로 과일가게를 꾸밀지, 아니면 모형의 형태로 꾸밀지를 결정하여 극놀이를 진행한다.
- 과일가게에 비치될 과일은 학부모의 협조를 얻어 실제 과일을 활용하거나 협조가 힘들 경우에는 모형 과일 또는 과일사진 등을 활용하도록 한다.

- 극놀이활동의 진행에 있어서 유아들이 실제 상황과 다르게 활동을 진행하더라도 활동 진행 중에 교사가 직접 개입하기보다는 유아들이 스스로 실제 상황에 근접하게 접근할 수 있도록 유아들 간의 상호작용을 촉진하도록 한다.
- 특정 유아가 계속하여 과일가게 주인을 하기보다는 역할을 바꿔 가면서 활동을 진행할 수 있도록 활동 시작 이전에 역할 배정에 대한 규칙을 정하고 이에 따라 유아들이 역할을 바꿀 수 있도록 한다.

참고문헌

이순형 외(2007). 보육과정(2판). 서울: 학지사.
이연섭, 강문희(2000). 유아의 언어교육. 서울: 창지사.
이영자(1995). 유아언어교육. 서울: 양서원.
이차숙(2005). 유아언어교육의 이론과 실제. 서울: 학지사.

Elgas, P. M., Rioux, K., Struewing, N., & Corkwell, C. (1998). Inquiry learning and curriculum planning. In L. J. Johnson, M. J. LaMontagne, P. M. Elgas, & A. M. Bauer, *Early childhood education: Blending theory, blending practice* (pp. 149-171). Baltimore, Maryland: Brookes Publishing Co.
Henniger, M. L. (2002). *Teaching young children: An introduction* (2nd ed.). Upper Saddle River, New Jersey: Merrill Prentice-Hall.
Machado, J. M. (2003). *Early childhood experiences in language arts* (7th ed.). Clifton Park, NY: Thomson Learning.
Tyler, B. J. (1999). *A child goes forth: A curriculum guide for preschool children*. Upper Saddle River, New Jersey: Merrill Prentice-Hall.
White, C. S., & Coleman, M. (2000). *Early childhood education*. Upper Saddle

River, New Jersey: Merrill.

Wortham, S. C. (2006). *Early childhood curriculum* (4th ed.). Upper Saddle River, New Jersey: Merrill Prentice-Hall.

제 13 장
자연탐구 교수학습활동

1. 자연탐구 교수학습활동의 개념 및 목적

1) 자연탐구 교수학습활동의 개념

자연탐구 교수학습활동은 영유아가 다양한 감각과 호기심으로 주변 사물과 자연환경의 특징을 지각하고 탐색하며, 이러한 과정에서 발생하는 의문점을 해결하는 데 필요한 기초적인 탐구능력과 태도를 기르는 교수학습활동이다. 여기서 말하는 탐구란 관찰하기, 문제 제기하기, 책과 자료를 조사하기, 조사 계획하기, 실험하기, 자료를 수집 · 분석 · 해석하기 위해 도구를 사용하기, 대답하고 설명하고 예측하기, 결과를 의사소통하기와 같은 다양한 활동을 수반하는 다면적인 활동이다(National Research Council, 1996). 자연탐구 교수학습활동은 어떤 정보나 지식 또는 개념을 획득하는 데 중점을 두기보다 그 결과에 도달하기까지의 탐구와 사고과정을 중점적으로 다루어야 한다(Carin & Bass, 2001).

2) 자연탐구 교수학습활동의 목적

자연탐구 교수학습활동의 목적은 주변의 여러 가지 사물과 자연현상에 대하여 관심을 가지고 지속적으로 탐구하는 태도와 문제해결을 위한 기초능력을 기르는 데 있다. 이는 곧 영유아가 과학과 수학에 대한 가치를 긍정적으로 인식하고 능동적으로 탐구과정에 참여하면서 '과정' 자체를 즐기는 탐구적 태도가 생활화되는 것이다. 구체적인 자연탐구 교수학습활동의 목적은 다음의 세 가지로 설명될 수 있다.

첫째, 주변의 여러 가지 사물과 자연환경에 대해 지속적으로 호기심을 가지는 '탐구적 태도'를 형성한다. 영유아는 주변환경에 대해 관찰하기 시작할 무렵부터 여러 가지 사물이나 현상에 대해 관심을 가지고 반복하여 탐색한다. 주변의 여러 가지 사물과 자연환경에 대한 반복적 탐색은 영유아가 지속적으로 호기심을 가지고 탐색하려는 태도를 가져오며, 이러한 태도는 관찰한 사건이나 상황에 대해 깊이 있는 탐구를 이끌어 가는 기초가 된다. 따라서 탐구적 태도를 형성하는 자연탐구 교수학습활동은 주변의 여러 가지 사물과 환경에 관심과 호기심을 가지고 반복적인 탐색을 즐기며, 지속적인 호기심을 바탕으로 탐구에 대한 의지와 기초 탐구기술을 갖추는 데 중점을 두고 구성하여야 한다(이순형 외, 2007).

둘째, 구체물을 통한 다양한 조작활동을 통해 일상생활의 여러 상황과 문제를 수학적으로 이해하고 해결하기 위한 기초능력을 기른다. 영유아를 대상으로 한 수학적 교수학습활동은 수학적 상황에 따른 문제해결능력, 추론과 증명능력, 의사소통능력, 연결능력, 표상능력 등을 발달시키는 것을 목표로, 수학적 지식보다는 수학적 과정과 관련된 능력을 획득하는 것을 중요하게 다루어야 한다(National Council Teachers Association, 2002). 따라서 수학적 자연탐구 교수학습활동은 영유아가 호기심과 관심을 바탕으로 주변 세계를 이해하기 위해 탐색하고 사고하며, 주변의 문제를 해결하기 위하여 수학을 사용하며 즐기는 태도를 갖도록 한다. 구체적으로 수학적 자연탐구 교수학습활동은 ①

일상생활에 필요한 수학적 문제해결능력을 기르고, ② 수학적 추리력과 논리력을 기르며, ③ 수학적으로 의사소통하는 방법을 배워 수학을 사용하는 능력을 기르고, ④ 수학적 기본 개념과 원리를 이해하고 수학적 기술을 획득하며, ⑤ 수학 경험을 즐기고 수학의 가치를 인식하고, ⑥ 자신의 수학적 능력에 대해 확신을 가지는 것을 목적으로 구성되어야 한다(Baroody, 1987).

셋째, 주변의 여러 가지 사물과 자연환경을 탐구하고 이해하는 데 필요한 과학적 기초능력을 기른다. 영유아가 과학적 탐구의 본질과 현대사회에서의 과학의 역할을 이해하는 것이 중요하므로, 과학적 교수학습활동은 과학적 개념과 태도 습득을 통해 과학적 소양을 기르는 것을 목적으로 한다. 이를 위해서 무엇보다 영유아의 주변 세계에 대한 선천적인 궁금증과 호기심을 꾸준히 발달시키는 것이 중요하다. 과학적 자연탐구 교수학습활동은 구체적으로 ① 개인적, 사회적으로 영유아와 관계가 있는 학습 경험을 제공하고, ② 광범위한 지식과 방법적인 접근법을 포함하는 경험이 제공되어 영유아들이 개인적, 사회적 이슈를 비판적으로 분석할 수 있도록 하며, ③ 영유아들의 생활, 사회, 세계에 미치는 과학의 영향에 대해 자신이 이해하는 방식으로 생각하고 행동하도록 격려하며, ④ 영유아가 과학의 가치를 인식하도록 격려하는 경험을 제공하고, ⑤ 자연세계의 아름다움과 질서에 대한 인식을 발달시킬 수 있도록 구성되어야 한다(권영례, 2000).

2. 자연탐구 교수학습활동의 내용

1) 내용체계

자연탐구 교수학습활동의 내용은 표준보육과정을 바탕으로 한 자연탐구 보육과정의 내용으로 구성된다(이순형 외, 2007). 자연탐구 교수학습활동은 '탐구적 태도' '과학적 탐구' '수학적 탐구'의 세 영역으로 구분되고, 각 영역은 2세 미만, 2세, 3~5세 연령의 3수준으로 구분된다. 2세 미만 영아들을 대상으로 한 자연탐구 교수학습활동의 '탐구적 태도'는 주변의 사물과 환경에 관심 가지기와 탐색 반복하기로 구성되고, '수학적 탐구'는 수량 지각하기, 주변 공간 탐색하기, 비교하기, 간단한 규칙성 지각하기로 구성된다. '과학적 탐구'는 주변의 사물 지각하기, 주변 생명체에 관심 가지기, 자연현상 지각하기로 구성된다. 2세 영아를 대상으로 한 자연탐구 교수학습활동의 '탐구적 태도'는 주변의 사물과 환경에 호기심 가지기, 반복적인 탐색 즐기기, 문제해결에 관심 가지기로 구성되고, '수학적 탐구'는 수량 인식하기, 공간과 도형 인식하기, 비교하기 및 순서 인식하기, 간단한 규칙성 인식하기, 구분하기로 구성된다. '과학적 탐구'는 물체와 물질의 특성 탐색하기, 주변 생명체의 외적 특성 알기, 자연현상 인식하기, 생활 속의 도구에 관심 가지기로 구성된다. 3~5세 유아들을 대상으로 한 자연탐구 교수학습활동의 '탐구적

표 13-1 자연탐구 교수학습활동의 내용

내용범주	2세 미만	2세	3~5세
탐구적 태도	• 주변의 사물과 환경에 관심 가지기 • 탐색 반복하기	• 주변의 사물과 환경에 호기심 가지기 • 반복적인 탐색 즐기기 • 문제해결에 관심 가지기	• 주변의 사물과 환경에 지속적으로 호기심 가지기 • 탐구과정 즐기기 • 기초 탐구 기술 활용하기
수학적 탐구	• 수량 지각하기 • 주변 공간 탐색하기 • 비교하기 • 간단한 규칙성 지각하기	• 수량 인식하기 • 공간과 도형 인식하기 • 비교하기 및 순서 인식하기 • 간단한 규칙성 인식하기 • 구분하기	• 수 개념 형성하기 • 공간 및 도형 개념 형성하기 • 측정하기 • 규칙성 이해하기 • 자료 수집 및 분석하기
과학적 탐구	• 주변의 사물 지각하기 • 주변 생명체에 관심 가지기 • 자연현상 지각하기	• 물체와 물질의 특성 탐색하기 • 주변 생명체의 외적 특성 알기 • 자연현상 인식하기 • 생활 속의 도구에 관심 가지기	• 물체와 물질의 기본 특성 알기 • 생명체와 환경과의 관계 알기 • 자연환경 이해하기 • 도구와 기계 활용하기

태도' 는 주변의 사물과 환경에 지속적으로 호기심 가지기, 탐구과정 즐기기, 기초 탐구기술 활용하기로 구성되고, '수학적 탐구' 는 수 개념 형성하기, 공간 및 도형 개념 형성하기, 측정하기, 규칙성 이해하기, 자료 수집 및 분석하기로 구성된다. '과학적 탐구' 는 물체와 물질의 기본 특성 알기, 생명체와 환경과의 관계 알기, 자연환경 이해하기, 도구와 기계 활용하기로 구성된다.

구체적인 자연탐구 교수학습활동의 내용을 표로 제시하면 〈표 13-1〉과 같다.

2) 내용별 교수학습방법

자연탐구 교수학습활동의 내용 구성에서 참고해야 할 교수학습원리는 다음과 같다.

첫째, 영유아의 자연탐구 교수학습활동은 탐구활동으로 구성되어야 한다. 탐구를 위한 활동은 영유아가 능동적으로 주변 현상에 대해 생각하고 설명할 수 있도록 하며, 과학적, 수학적 기술을 발달시킬 수 있는 적절한 기회로 작용할 수 있다. 특히 과학적 탐구활동은 주변 환경에 속해 있는 물체, 사건, 생명체에 대해 영유아가 스스로 질문하도록 격려하고 간단한 조사를 계획하고 실시하여 해답을 찾도록 돕는다. 뿐만 아니라 과학적 탐구활동은 자료를 수집하고 감각을 확장시킬 수 있는 도구를 사용하고, 설명을 타당하게 구성하기 위하여 그 자료를 사용하며, 조사에 대한 영유아의 설명과 의견을 다른 사람들과 교환하는 교수학습전략으로 장려될 수 있다.

둘째, 영유아를 위한 자연탐구 교수학습활동은 직접적이며 구체적인 활동으로 구성되어 영유아가 과학적, 수학적 개념을 형성하도록 도와야 한다. 추상적 사고가 가능한 성인과는 달리 영유아는 구체물을 조작하면서 능동적으로 자신의 과학적, 수학적 지식을 구성하게 된다.

셋째, 영유아를 위한 자연탐구 교수학습활동은 문제해결을 중심으로 구성되어야 한다. 자연탐구 교수학습활동의 궁극적인 목적은 생활 속에서 부딪히는 문제를 과학적 탐구능력, 수학적 추론능력, 창의적 문제해결능력을 사용하여 보다 효과적으로 해결하고자 하는 데 있다.

넷째, 영유아를 위한 자연탐구 교수학습활동은 영유아가 지니고 있는 기존 지식을 기초로 구성되어야 한다. 영유아는 문제 상황에 직면했을 때 자신이 알고 있는 지식을 먼저 적용하여 문제를 해결하려고 한다. 그 결과 영유아가 이미 알고 있는 개념과 관련된 활동을 통해 새로운 개념을 습득하고 기존의 이해를 확장시킬 수 있다. 특히 수학적 탐구 영역에서 효과적인 접근법은 교사가 영유아가 지니고 있는 비형식적인 지식을 파악하여 이에 기초한 교수학습활동을 제공하여 영유아의 비형식적 수학을 보완하고 심화시키면서 형식적 수학으로 연결하는 것이다.

3. 자연탐구 교수학습활동의 실제

자연탐구 교수학습활동의 실제 활동사례를 통해 자연탐구 교수학습활동의 내용이 어떻게 영유아 보육·교육 현장에서 적용될 수 있는지를 알아본다. 여기서는 특정 주제를 중심으로 각 교수학습활동의 유형에 따라 자연탐구 교수학습활동이 어떻게 구성될 수 있는지를 살펴본다. 구체적인 교수학습활동의 사례는 이야기나누기활동, 탐구활동의 2가지 영역을 선정하여 2세 미만 영아, 2세 영아, 3~5세 유아 수준으로 살펴보겠다.

1) 유형별 교수학습활동

자연탐구 교수학습활동은 이야기나누기활동, 조형활동, 탐구활동, 조작활동, 현장학습활동으로 진행될 수 있다. 여기서는 '자동차'를 주제로 2세 미만, 2세, 3~5세 수준에서의 자연탐구 교수학습활동을 활동 유형별로 살펴보고자 한다(〈표 13-2〉 참고).

표 13-2 교수학습 유형에 따른 활동 내용(주제: 자동차)

유형	내용		
	2세 미만 영아	2세 영아	3~5세 유아
이야기 나누기	• 여러 가지 탈것들의 소리 찾기	• 이 바퀴의 주인은 누구일까?	• 자동차의 바퀴는 왜 둥글까?
조형	• 자동차 그림 모자이크	• 우유팩으로 자동차 만들기	• 설계도에 따라 자동차 만들기
탐구	• 바퀴 없는 수레는 잘 굴러갈까?	• 무엇이 더 잘 굴러갈까?	• 무엇이 더 멀리 굴러갈까?
조작	• 자동차 퍼즐 맞추기	• 벽돌 옮기기	• 바퀴 수 세기
현장학습	• 주차장 견학	• 버스정류장 견학	• 주유소 견학

이야기나누기활동으로 2세 미만 영아 수준에서 여러 가지 탈것들의 소리를 듣고 낱말 그림카드를 맞추는 활동, 2세 영아 수준에서 바퀴의 주인이 누구인지를 함께 이야기 나누는 활동과 3~5세 유아 수준에서 자동차의 바퀴가 왜 둥근지에 대한 토의 및 관찰지 기록 활동을 구성할 수 있다. 2세 미만 영아들의 활동은 미리 녹음한 자동차, 경운기, 자전거, 배, 비행기 등의 탈것들의 소리를 듣고 관련 낱말 그림카드를 매치하는 활동이며, 2세 영아들의 활동은 교실에 있는 자동차 장난감의 바퀴를 물감에 묻혀 표현한 그림카드를 가지고 실제 주인을 찾아보는 이야기나누기활동이다. 3~5세 유아들의 활동은 『돌돌이와 바퀴』 큰그림동화를 들은 후 자동차의 바퀴가 둥근 이유를 소그룹으로 토의하여 그 결과를 기록지에 기록한 후 발표하는 활동이다.

조형활동으로 2세 미만 영아 수준에서 자동차 도안에 여러 색깔의 색종이를 찢어 붙이는 모자이크 활동과 2세 영아 수준에서 우유팩에 자동차를 표현하는 활동, 3~5세 유아 수준에서 자신이 표현하고자 하는 자동차를 설계도로 미리 그린 후 그에 따라 자동차로 표현하는 활동을 구성할 수 있다. 2세 미만 영아들의 활동은 영아들이 희망하는 자동차 도안을 선택한 다음 그 도안에 여러 가지 색종이를 자유롭게 찢어 붙여 표현하는 모자이크 활동이며,

2세 영아들의 활동은 자신이 경험하거나 탐색한 자동차를 우유팩에 입체적으로 표현해 보는 활동이다. 3~5세 유아들의 활동은 자신이 원하는 자동차의 구조 및 모양을 설계도로 그린 후 이에 적절한 재료와 크기 등으로 입체적으로 구성해 보는 조형활동이다.

탐구활동으로 2세 미만 영아 수준에서 바퀴가 있는 수레와 바퀴가 없는 수레를 직접 끌어 보는 활동, 2세 영아 수준에서 동그라미, 세모, 네모 등 여러 가지 모양의 바퀴를 직접 굴려 보는 활동과 3~5세 유아 수준에서 경사도가 높을수록 자동차가 멀리 가는 것을 실험하는 활동을 구성할 수 있다. 2세 미만 영아들의 활동은 바퀴가 있는 수레와 바퀴가 없는 수레를 직접 끌어 보며 바퀴의 유용성을 자신의 감각을 통해 알아보는 활동이며, 2세 영아들의 활동은 짝과 함께 지점토로 만들어진 동그라미, 세모, 네모의 바퀴를 굴려 보고 어떤 바퀴가 잘 굴러가는지를 실험하는 활동이다. 3~5세 유아들의 활동은 나무 블록의 높낮이를 달리하여 장난감 자동차를 굴려서 어떤 경우에 멀리 가는지를 실험한 후 그 거리를 측정하여 기록지에 기록하는 조사활동이다.

조작활동으로 2세 미만 영아 수준에서 여러 가지 자동차 모양의 퍼즐을 맞추는 활동, 2세 영아 수준에서 바퀴 달린 수레에 벽돌을 실어 옮기는 활동과 3~5세 유아 수준에서 여러 가지 탈것 그림카드에서 바퀴의 수가 많은 쪽을 찾는 활동을 구성할 수 있다. 2세 미만 영아 수준에서는 여러 가지 자동차 모양의 퍼즐을 탐색한 후 같은 모양의 틈에 퍼즐을 끼우는 활동이며, 2세 영아들의 활동은 옥스퍼드 블록 등으로 만들어진 수레에 미니 벽돌을 실어 한 상자에서 다른 상자로 옮기는 조작활동이다. 3~5세 유아들의 활동은 여러 가지 탈것 그림카드에서 바퀴 수만큼 바둑알의 개수와 그 크기에 대치되는 숫자카드를 놓은 후 바퀴 수가 많은 쪽으로 모형 물고기의 벌어진 입(〈 , 〉)을 놓아 보며 간접적으로 부등호를 경험해 보는 활동이다.

현장학습활동으로는 2세 미만 영아 수준에서 가까운 주차장을 견학하는 활동, 2세 영아 수준에서 가까운 버스 정류장을 견학하는 활동과 3~5세 유아 수준에서 지역사회에 위치한 주유소를 견학해 보는 활동을 구성할 수 있다. 2세 미만 영아들의 활동은 주차장에 나가서 여러 종류의 자동차를 관찰하며 자동차의 크기들을 비교하고 자동차의 바퀴 모양을 살펴보는 등의 활동이며, 2세 영아들의 활동은 가까운 버스 정류장에 가서 버스의 생김새와 버스 정류장의 형태, 손님들이 버스를 타면서 행하는 행동 및 버스 노선도의 기능 등을 간접적으로 관찰하는 활동이다. 3~5세 유아들의 활동은 주유소를 견학하기 전에 주인 아저씨에게 질문할 것 목록 만들기, 견학 가서 질문하기, 견학 후에 알게 된 점 표상하기 등의 활동을 진행할 수 있다.

2) 교수학습활동 지도의 실제

(1) 이야기나누기활동

① 2세 미만 영아

❖ **활동명** : 여러 가지 탈것들의 소리 찾기

❖ **활동목표**

- 다양한 감각을 이용하여 주변의 물체를 탐색한다.
- 주변의 여러 가지 자극에 반응한다.
- 주변의 여러 가지 사물과 환경에 관심을 가진다.

❖ **활동자료** : 여러 가지 탈것(자동차, 경운기, 자전거, 배, 비행기 등) 그림책, 여러 가지 탈것 낱말 그림카드, 여러 가지 탈것들의 소리가 녹음된 오디오 테이프, 카세트 플레이어, 여러 가지 탈것 장난감 모형들

❖ **활동준비** : 여러 가지 탈것의 소리가 녹음된 오디오 테이프를 준비하고, 소리와 매치되는 낱말 그림카드를 준비한다. 영아들이 실제로 만져 보며 관심을 가질 수 있도록 여러 가지 탈것 장난감 모형들도 준비한다.

❖ **활동내용** : 영아들이 시각, 청각, 촉각 등의 다양한 감각을 활용하여 여러

가지 탈것들을 지각하고 탐색하는 활동이다. 또한 여러 가지 탈것들의 소리를 듣고 낱말 그림카드 및 실제 모형 장난감들과 매치시켜 보는 활동을 통해 언어적인 상징을 이해하고 여러 단어에 관심을 가지는 기초를 마련할 수 있다.

도입 영아들과 함께 여러 가지 탈것 그림책을 보며 영아들의 관심을 유발한다. 교사는 그림을 짚으며 "자동차는 무슨 소리를 낼까?" 등의 질문을 하며 영아들이 탈것의 소리에 주의를 집중시킬 수 있도록 한다. 여러 가지 관련 동요들(예: 자동차보다 더 빠른 것은, 기찻길 옥 오막살이, 비행기 등)도 함께 불러 보며 영아들의 관심을 집중시킨다.

전개 영아들에게 여러 가지 탈것들의 낱말 그림카드를 제시하고 함께 따라 읽어 보는 시간을 가진다. "비행기는 어디에 있어요?" "이것은 무엇인가요?" 등의 질문을 통해 영아들이 낱말과 그림을 매치시킬 수 있도록 돕는다. 그런 다음 여러 가지 탈것들이 내는 소리들이 녹음된 오디오 테이프를 들려준다. "무슨 소리일까?" "잘 들어보자."라고 영아들의 주의를 집중시킨 후 여러 가지 낱말 그림카드 중 어느 것의 소리인지 선택해 보도록 한다. 한 명씩 영아들이 나와서 소리의 주인공을 찾도록 배려한다.

마무리 소리를 듣고 낱말 그림카드를 매치시킨 후 영아들에게 여러 가지 탈것 장난감 모형들을 제시하고 신나는 관련 동요들을 들으며 장난감을 가지고 자유롭게 놀이하는 시간을 가진다. 교사는 영아들이 놀이하는 동안 '빵빵' '부릉부릉' '뚜우~' '찌릉찌릉' 등 관련 소리를 입으로 함께 내보며 놀이할 수 있도록 언어적으로 상호작용해 준다.

❖ 교수학습 주안점

• 영아들이 산출하는 표정, 몸짓, 의성어와 의태어가 섞인 언어 표현을 교

사가 잘 반영하여 함께 반복해 본다.

- 1회로 영아들의 관심이 그치기보다 반복적으로 탐색하여 지속적으로 탐구하는 태도를 기를 수 있는 기초를 마련하는 데 주의를 기울인다.
- 낱말 그림카드를 눈으로 보고, 소리를 귀로 듣고, 모형을 손으로 만져 보는 등 다양한 감각을 활용하여 영아들이 여러 가지 탈것들을 탐색할 수 있도록 배려한다.
- 모든 영아에게 장난감 모형들이 하나씩 돌아갈 수 있도록 넉넉한 수량의 모형들을 준비하여 대물다툼이 발생하지 않도록 주의한다.

② 2세 영아

❖ **활동명 :** 이 바퀴의 주인은 누구일까?

❖ **활동목표**

- 주변의 물체에 대한 다양한 탐색을 적극적으로 시도한다.
- 여러 가지 무늬의 다른 점과 같은 점을 살펴본다.
- 주변의 여러 가지 사물과 현상에 대해 호기심을 가지고 궁금해한다.

❖ **활동자료 :** 바퀴 무늬 카드, 장난감 자동차 여러 개, 전지, 여러 색깔의 물감, 접시

❖ **활동준비 :** 영아들과 함께 교실에 있는 여러 가지 장난감 자동차의 바퀴에 물감을 묻혀 8절지 도화지 크기의 그림카드에 표현해 보는 활동을 미리 진행한다. 이렇게 준비된 바퀴 무늬 카드와 그 주인인 장난감 자동차들(바퀴의 물감을 씻은 후 준비한다), 그리고 영아들과 이야기를 나눈 후 바퀴를 물감에 묻혀서 굴려 확인하기 위해 전지와 여러 색깔의 물감을 짜놓은 접시들을 마련한다.

❖ **활동내용 :** 영아들이 호기심을 많이 가지는 장난감 자동차의 바퀴를 관찰하여 여러 가지 바퀴 무늬 중에서 그 주인을 찾기 위해 같은 점과 다른 점을 살펴보는 활동이다. 여러 가지 색깔의 바퀴 무늬가 영아들의 주의를 집중시켜 영아들이 호기심을 보이며 적

극적으로 탐색하도록 한다.

도입 영아들에게 교실에 있는 여러 가지 장난감 자동차를 보여 주며 관심을 유발한다. 자동차를 굴려 보며 영아들의 주의를 바퀴에 집중시킨 후 돌아가면서 그 무늬를 만져 보도록 유도한다. 만져 보며 어떤 느낌인지를 영아들에게 질문하여 '울퉁불퉁' '미끌미끌' 등의 의태어와 '간지럽다' '미끄럽다' '까칠까칠하다' 등의 형용사를 함께 말해 본다.

전개 예전에 활동하여 만들어 놓은 바퀴 무늬 카드를 영아들에게 제시한다. 영아들이 이전 경험을 되살려서 이야기해 볼 수 있도록 교사가 "어떻게 했더니 이런 그림이 나왔지요?" 등의 질문을 한다. 그런 다음 바퀴 무늬 카드의 주인을 이 자동차들 중에서 찾아볼 것이라며 영아들의 호기심을 자아낸다. 영아들이 각 무늬카드에 대해 주인으로 지목한 자동차를 바퀴에 물감을 묻혀서 직접 전지에 다시 한 번 굴려 본다. 찍혀 나온 무늬를 가리키며 '뾰족뾰족한 무늬가 나왔네' '땡땡 동그란 무늬가 나왔네' 등으로 언어로 표현해 본 후 그 장난감 자동차의 바퀴의 무늬도 묘사해 본다. 영아들과 함께 같은 점과 다른 점을 찾아보고 그 주인이 맞으면 다음 바퀴 무늬 카드로 넘어간다.

마무리 모든 바퀴 무늬의 주인을 다 찾은 후 각 자동차를 해당하는 그림카드 위에 올려놓아 보는 활동으로 마무리한다. 원하는 영아들은 계속해서 바퀴 무늬 그림을 찍어 볼 수 있도록 교실 한구석에 큰 전지를 깔아 준다. 크게 완성된 전지는 교실 한쪽 벽면에 게시하고 바퀴를 중심으로 촬영한 장난감 자동차의 사진도 옆에 함께 게시하여 영아들이 지속적으로 비교해 볼 수 있도록 격려한다.

[그림 13-1] 전지 위에 바퀴 무늬 그림을 그리고 있는 영아들

❖ 교수학습 주안점

• 영아들이 이전 활동 경험을 떠올리고 바퀴를 만져본 경험을 스스로 언어로 표현할 수 있도록 교사는 '예/아니요' 로 대답이 나오는 폐쇄형 질문보다는 개방형 질문을 한다. 또한 '울퉁불퉁' '미끌미끌' 등의 의태어를 영아들과 함께 말해 보는 기회를 가지고 영아들이 언어로 바퀴의 모양을 표현하는 것을 교사가 언어적으로 의역하여 반영해 준다.
• 바퀴 무늬 카드와 실제 장난감 자동차의 바퀴를 연결시키는 활동을 시작하기 전에 영아들이 촉각과 시각 등의 감각활동을 통해 직접 경험할 수 있는 기회를 충분히 제공한다.
• 영아들이 활동 전반을 통해 호기심이 유발되도록 대부분의 영아들이 탐색하고 비교해 보는 기회를 골고루 가질 수 있도록 유의한다.
• 영아들이 제시한 답을 실제로 시행해 보고 그 결과를 비교해 봄으로써 영아들 스스로 시행착오를 경험할 수 있도록 배려한다.
• 영아들이 자유롭게 표현할 수 있는 기회를 충분히 제공한다.

③ 3~5세 유아

❖ **활동명** : 자동차 바퀴는 왜 둥글까?

❖ **활동목표**

- 여러 가지 물체를 관찰하고 그 움직임을 비교한다.
- 여러 가지 물건의 모양을 살펴보고 기본 도형의 명칭을 말해 본다.
- 흥미 있는 사물과 사건에 대하여 다양한 생각을 해 본다.

❖ **활동자료** : 『돌돌이와 바퀴』 큰그림동화, 토의결과 기록지, 필기구, 동그라미 · 네모 · 세모 모양의 블록

❖ **활동준비** : 『돌돌이와 바퀴』 큰그림동화를 교사가 사전에 읽어 보며 자연스럽게 동화를 들려줄 수 있도록 준비하며, '토의 진행자, 토의자, 기록자, 발표자' 등의 역할과 '토의 내용' 을 적도록 칸이 구성된 토의결과 기록지를 마련한다.

❖ **활동내용** : 자동차의 바퀴가 둥근 이유를 알아보기 위해 동화를 들은 후 소그룹으로 진행하는 토의 활동으로, 교사가 들려주는 『돌돌이와 바퀴』 큰그림동화를 들은 후 동화의 내용에 대해 집단 토의를 거쳐 소집단으로 자동차의 바퀴가 둥근 이유를 다시 한 번 토의하여 그 결과를 기록지에 기록하여 발표하는 활동이다.

도입 유아들이 교사가 들려주는 큰그림동화를 들을 수 있도록 언어 영역에 앉는다. 교사는 유아들이 궁금해하던 '자동차의 바퀴가 왜 둥근지' 에 대해 알아보는 시간을 가질 것이며 이에 앞서 동화를 한 편 함께 읽을 예정이라고 얘기한다. 교사는 『돌돌이와 바퀴』 큰그림동화를 읽어 주며 바퀴의 모양에 유아들이 주의를 집중할 수 있도록 손가락으로 그림 장면을 가리키는 등의 방식을 사용한다.

[그림 13-2] '돌돌이와 바퀴' 큰그림동화의 장면들

전개 큰그림동화를 다 읽은 후 유아들과 동화의 내용을 회상하며 이야기 나눈다.

교사: 돌돌이가 무엇을 옮기고 있었나요?
유아: 돌이요.
교사: 돌을 어떻게 옮겼나요?
유아: 수레를 만들어서 조금씩 옮겼어요.
교사: 돌돌이는 처음에 수레를 어떻게 만들었나요?
유아: 세모 바퀴를 달았어요.
교사: 어떤 일이 벌어졌나요?
유아: 아무리 힘을 줘도 앞으로 나가지 않았어요.
교사: 그럼 언제 수레가 움직이기 시작했나요?
유아: 동그란 바퀴를 단 다음부터요.
교사: 자, 그럼 이제부터 각 모둠별로 모여서 왜 동그란 바퀴의 수레가 잘 굴러갔는지를 함께 이야기해 볼 거예요.

큰그림동화의 줄거리를 유아들과 함께 회상해 본 후 각 모둠별로 바퀴가 둥근 이유를 토의해 보도록 한다. 토의를 시작하기 전에 각 모둠별로 토의결과 기록지를 나누어 주는데 그 기록지에는 '토의 진행자, 토의자, 기록자, 발표자' 등의 역할과 '토의 내용'을 적도록 칸이 구성되어 있다. 먼저 유아들은 각자의 역할을 맡고 그중 기록자는 해당하는 역할에 친구의 이름을 적는다. 토의 진행자는 '왜 자동차의 바퀴는 둥글까?'에 대한 질문으로 모둠의 토의를 이끌어나간다. 교사는 모둠별로 다니며 유아들이 서로 의견을 잘 주고받도록 유아들의 생각을 의역하여 반영해 주고, 골고루 말하는 기회를 가질 수 있도록 '○○는 어떻게 생각하니?' 등으로 유아들을 언어적으로 유인한다. 토의가 마무리되기 5분 전에 교사는 토의 결과를 기록지에 글 또는 그림으로 기록할 것을 말한다.

마무리 모둠별 토의가 마무리된 후 각 모둠별로 발표자가 나와서 모둠의 토의 내용을 발표하는 기회를 갖는다. 각 모둠의 발표가 마치면 교사는 다시 한 번 유아들의 생각을 정리하여 언어적으로 반영해 준다. 만약 서로 의견이 다른 모둠이 있다면 그 자리에서 다시 한 번 서로의 생각을 교환할 수 있도록 기회를 제공한다. 유아들의 생각이 서로 교환될 수 있도록 교사는 각 모둠의 기록지를 교실 벽면에 전시하여 지속적으로 유아들의 토의가 이루어질 수 있도록 배려한다.

❖ 교수학습 주안점

- 본 활동은 자동차 주제탐구표현활동의 일환으로 유아들이 직접적으로 궁금증을 제기하거나 교사가 관련 질문들을 해결하기 위해 필요하다고 여겨질 때 실시될 수 있다.
- 큰그림동화의 내용을 회상할 때 교사는 유아들이 기억하는 내용을 구체적으로 이야기할 수 있도록 개방형 질문을 사용한다. 만약 유아가 잘 회상하지 못할 시에는 그 장면의 그림을 다시 보여 주는 등의 방식으로 촉진한다.
- 모둠별로 토의할 때 서로 역할을 나눈 후 토의를 시작하도록 한다. 지원자를 우선으로 하되 그 역할을 잘 소화할 수 있는 유아가 맡을 수 있도록

권유한다.

- 토의결과를 발표할 때 상대 모둠의 생각을 경청할 수 있도록 유아들을 지도한다. 이를 위해 각 모둠의 발표가 끝난 후 다른 모둠의 유아들에게 그 모둠의 생각을 다시 한 번 정리하도록 질문을 하거나 자신의 모둠의 생각과 어떤 부분에서 차이가 있고 공통점이 있는지를 구별해서 언어적으로 표현해 보는 기회를 제공한다.
- 구체물이 없이 진행되는 토의가 유아들에게 어렵게 여겨질 수 있으므로 동그라미, 세모, 네모의 블록을 각 모둠의 책상 위에 놓아주고 유아들이 토의를 진행할 시에 자유롭게 각 모양의 블록을 탐색하고 관찰할 수 있도록 배려한다.

(2) 탐구활동

① 2세 미만 영아

❖ **활동명** : 바퀴 없는 수레는 잘 굴러갈까?

❖ **활동목표**

- 주변의 여러 가지 사물과 환경에 관심을 가진다.
- 수레의 바퀴가 있고 없는 특성을 자신의 감각을 활용하여 탐색해 본다.

❖ **활동자료** : 바퀴가 있는 수레, 바퀴가 없는 수레, 종이벽돌, 반환점, 수레를 끌고 있는 사람의 그림

❖ **활동준비** : 영아들이 직접 끌어 볼 수 있도록 작은 크기의 종이상자의 윗면을 뜯어서 수레의 본체 2개를 만든다. 수레의 바퀴 4개는 남은 종이상자로 동그랗게 만들어 하나의 수레 본체의 측면에 각각 단다. 영아들이 직접 끌어 볼 수 있도록 상자에 단단한 끈을 연결하여 고정시킨다. 수레에 담고 실어 나를 수 있는 종이벽돌도 여러 개 준비한다.

❖ **활동내용** : 영아들이 바퀴가 있는 수레와 바퀴가 없는 수레에 종이벽돌을

싣고 나르는 행위를 직접 해 봄으로써 바퀴의 유용성을 감각적으로 탐색해 볼 수 있는 활동이다. 영아들이 종이벽돌을 싣고 바퀴가 있는 수레와 없는 수레를 끌어 반환점을 돌아오는 방법으로 활동이 진행된다.

도입 영아들에게 수레를 끌고 있는 사람들의 그림들을 보여 준다. "이 아저씨는 지금 무엇을 하고 있니?" "수레에 무슨 물건이 실려 있니?" "아저씨가 수레를 끌고 가는데 힘들지 않을까?" 등의 질문을 하며 그림을 보면서 영아들과 함께 이야기를 나눈다.

전개 영아들의 주의가 집중되면 교사가 미리 만들어 둔 수레들을 제시한다. 명칭 '수레'를 다 같이 말해 보고, '바퀴' '손잡이' 등의 명칭도 따라 말해 본다. 영아들에게 두 수레의 차이점을 물어보고("이 두 수레는 어디가 다르게 생겼어요?"), 바퀴의 존재 여부에 차이가 있음에 주의를 집중시킨다. 교사 두 명이 먼저 수레에 종이벽돌을 싣고 반환점을 돌아오는 활동의 시범을 보인다. 그 다음 영아들이 한 명씩 나와서 수레에 원하는 벽돌의 양만큼 실어 반환점을 돌아온다. 한 팀은 바퀴가 있는 수레를 끌고 한 팀은 바퀴가 없는 수레를 끌어 두 팀 간의 속도의 차이를 알아본다. 또한 영아들이 팀을 바꿔 바퀴가 없는 수레도 끌어 보게 하여 두 수레의 차이점을 감각으로 느낄 수 있도록 배려한다.

마무리 수레를 직접 끌어 보는 활동이 마무리된 후 교사는 다시 영아들과 모여 앉아 어떤 수레가 끌기 쉬웠는지 이야기 나눈다("어떤 수레가 더 빨리 달릴 수 있었나요?" "어떤 수레의 짐이 더 무겁게 느껴졌나요?"). 영아들이 정확한 대답을 하지 못하더라도 교사가 직접 다시 시범을 보임으로써 바퀴 있는 수레가 더 잘 굴러가고 짐도 쉽게 실어 나를 수 있음을 보여 주며 활동을 마무리한다. 수레들은 영아들이 계속 가지고 놀 수 있도록 역할놀이 영역에 놓아 둔다.

❖ **교수학습 주안점**

- 바퀴가 필요한 이유를 간단한 실험을 통해 영아들이 직접 경험하는 데 목표를 둔 활동이므로 정답을 맞히는 것에 중점을 두기보다 영아들이 직접 조작해 보는 기회를 충분히 가질 수 있도록 배려한다.
- 현재 영아들이 행하고 있는 행위의 결과에 주목하여 이해할 수 있도록 교사가 '잘 굴러간다.' '바퀴 없는 수레가 더 끌기 힘든가 봐요.' 등으로 영아들의 행위를 그대로 언어적으로 의역하여 반영해 준다. 단, 교사의 언어적 상호작용이 영아들의 다양한 시도와 감각적인 경험을 제한하지 않도록 주의한다.
- 종이상자로 만든 수레를 견고하게 제작하여 활동의 흐름을 끊지 않도록 한다.
- 영아들이 여러 가지 탈것들에 바퀴가 있는 이유와 관련지어 탐색할 수 있도록 여러 가지 탈것들의 사진을 보여 주는 것도 좋은 방법이다.

② 2세 영아

❖ **활동명:** 무엇이 더 잘 굴러갈까?

❖ **활동목표**

- 주변의 자동차 바퀴의 모양에 대해 관심을 가지고 관찰한다.
- 여러 가지 모양에 대한 수학적 명칭을 알아본다.
- 주변 물건을 이용하여 다양한 방법으로 조작해 본다.

❖ **활동자료**: 지점토로 만든 네모 · 세모 · 동그라미 모양의 바퀴들, 꼬치 막대기, 경사면 나무 블록, 지점토, 자동차 사진, 장난감 자동차

❖ **활동준비**: 영아들이 바로 실험에 이용할 수 있도록 지점토로 네모, 세모, 동그라미 모양의 바퀴들을 준비하고, 중앙에 꼬치 막대기가 들어갈 수 있도록 구멍을 내어 놓는다. 꼬치 막대기는 자동차의 바퀴처럼 두 바퀴가 간격을 두고 나란히 끼워지고 영아들이 양옆을 손에 쥐고 굴려 볼 수 있는 길이로 준비한다. 그리고 쉽게

바퀴를 굴려 볼 수 있도록 경사면 나무 블록을 준비한다.

❖ **활동내용**: 영아들이 자동차 바퀴의 모양이 둥근 이유를 네모, 세모, 동그라미 지점토 바퀴를 직접 굴려 보는 실험활동을 통해 탐구하는 활동이다. 스스로 답을 찾고 주변의 바퀴를 상세히 관찰함으로써 능동적인 탐구 태도를 기르는 데 목적이 있다.

도입 영아들에게 여러 가지 지점토 모양을 보여 주면서 주의를 끈다. 각 지점토 모양의 수학적 명칭(네모, 세모, 동그라미)을 알아보기 위해 먼저 영아들에게 무슨 모양인지를 질문하고, 영아들이 대답을 하면 그 대답을 반복하거나 교사가 알려 준 후 함께 따라 말해 본다. 교실 내부에서 같은 모양의 사물을 함께 찾아보는 활동으로 연결해 본다.

전개 영아들에게 세 가지 지점토 모양 중 어떤 것이 자동차의 바퀴 모양인지를 물어보며 호기심을 유발한다. 그리고 왜 그 모양인지도 함께 이야기 나누어 본다. 두 명씩 짝을 지어 꼬치 막대기에 두 개의 바퀴를 각각 넣고 막대기 양 옆을 잡은 후 경사면 나무 블록을 내려가 본다. 이에 앞서 교사 두 명이 실험방법을 영아들 앞에서 시범을 보인다. 영아들이 원하는 모양의 바퀴를 선택할 기회를 주며 다 굴려 본 다음에 어떤 느낌이었는지를 질문하여 그 결과를 다른 영아들과 공유한다. 동그라미 바퀴가 잘 굴러가는 것을 확인한 후 왜 그럴까에 대해 영아들의 생각을 이야기 나눈다.

마무리 실제 장난감 자동차를 영아들에게 보여 주고 바퀴가 무슨 모양인지를 확인한다. 장난감 자동차의 바퀴가 둥근 모양이 아닌 세모, 네모라면 어땠을지를 함께 이야기 나눈다. 자동차 사진도 함께 보며 바퀴의 모양을 다시 한 번 관찰한다. 원하는 영아에게는 지점토를 나누어 주어 동그라미, 세모, 네모 모양을 자유롭게 만들어 볼 수 있도록 배려한다.

❖ **교수학습 주안점**

- 바퀴의 모양이 둥근 이유를 실험을 통해 직접 경험하는 데에 목표를 둔 활동이므로 정답을 알아내기보다 영아들이 직접 조작해 보는 과정에 초점을 맞추어 활동을 진행한다.
- 교사가 실험 방법을 시범을 보인 다음에는 영아들이 활동을 주도할 수 있도록 배려한다. 활동 중간에 교사가 단정적으로 '잘 안 돌아간다.' '잘 굴러간다.' 라고 표현하기보다 영아들이 그러한 느낌이나 상태를 언어적으로 묘사할 수 있도록 기다려준다.
- 짝이랑 협동하여 바퀴를 굴려보는 실험활동이므로 영아들이 자신의 욕구를 앞세우기보다 또래와 함께 활동하는 즐거움을 느낄 수 있도록 유의한다.
- 자동차 바퀴 모양이 왜 둥근지에 대한 영아들의 생각을 단순히 실험활동에 한정짓지 말고 주변의 사물이나 자동차 관련 실물들로 관심을 연장하고 사고를 확장할 수 있도록 배려한다.

③ 3~5세 유아

❖ **활동명** : 무엇이 더 멀리 굴러갈까?

❖ **활동목표**

- 경사면의 기울기와 거리의 관계를 이해한다.
- 거리의 길이를 측정하고 순서를 짓는다.
- 실험 상황에서 발생하는 사건에 관심을 가지고 적극적으로 참여한다.

❖ **활동자료** : 장난감 자동차, 경사면으로 사용할 평면 나무 블록과 책(경사면 높이 조정을 위해 여러 권), 색깔테이프, 노끈, 실험결과를 기록할 기록지, 필기구, 블록 영역에서 자동차놀이를 하고 있는 친구들 사진

❖ **활동준비** : 평소에 유아들이 블록 영역에서 여러 각도의 경사면을 나무 블록으로 만들어 장난감 자동차를 굴려 보는 놀이를 즐기는 것은

쉽게 관찰된다. 자동차 주제탐구표현활동의 일환으로 경사면의 높이를 달리하여 장난감 자동차가 굴러가는 길이를 특정 단위로 측정한 후 이를 기록하여 순서 지을 수 있는 실험활동을 설계한다. 기록을 위해 경사면 나무 블록을 받친 책의 개수에 따라 자동차가 굴러간 길이를 색깔 테이프로 붙여서 표현할 수 있도록 기록지를 준비하고, 유아들이 실제 길이를 비교하고 체크하기 용이하도록 경사면 앞 양 측면에 노끈을 붙여 활용할 수 있도록 한다. 필요하다면 자를 활용할 수 있도록 한다.

❖ **활동내용** : 유아들이 경사면의 높이를 달리하며 장난감 자동차가 굴러가는 길이를 비교하고 측정해 보며 경사면과 거리 간의 관계를 탐구해 보는 활동이다.

도입 블록 영역에서 평소에 여러 각도의 경사도를 만들어 자동차를 굴려 보는 놀이를 하던 친구들의 사진을 찍어서 유아들에게 제시한다. 그리고 앞

[그림 13-3] 다양한 각도의 나무 블록으로 자동차놀이를 하고 있는 유아들

서 실시했던 자동차 바퀴가 왜 둥글까에 대해 토의했던 활동에 대한 활동 기록지나 활동 사진을 가지고 유아들과 다시 한 번 이야기 나눈다. 유아들에게 책과 나무블록을 제시하고 높이를 조절하는 방법을 함께 이야기 나눈 후 교사가 시범으로 장난감 자동차를 한번 굴려 본다. 그 결과 자동차가 굴러간 지점까지의 거리를 노끈으로 표시하고 그 길이를 어떻게 기록지에 옮겨볼 수 있는지를 유아들과 이야기 나누는데, 이때 교사는 색깔 테이프를 제시하고 이를 어떻게 활용할 수 있을지 유아들에게 질문할 수 있다.

전개 교사는 4~5명의 유아들로 모둠을 지어 준다. 모둠별로 유아들이 직접 실험 상황을 설정하여 실험을 실시한다. 장난감 자동차를 굴리는 유아, 경사면 높낮이를 조절하는 유아, 노끈으로 길이를 측정하는 유아, 그 길이를 색깔 테이프로 기록지에 기록하는 유아 등으로 역할을 정한다. 유아들은 스스로 활동을 하고 그 결과를 기록지에 기록한다. 자 사용에 호기심을 보이는 유아들에게는 자를 활용하는 방법을 설명하고 그 길이를 정확하게 측정하여 기록지 옆에 숫자로 적어 보도록 유도할 수 있다.

마무리 실험이 끝나면 각 조별로 실험결과를 발표하는 시간을 갖는다. 유아들의 발표가 마치면 어느 상황에서 자동차가 가장 멀리 굴러갔는지를 색깔 테이프의 길이를 비교하여 순서를 지어 보는 활동을 한다. 그 결과 경사면의 높이가 높을수록 자동차가 멀리 굴러간다는 사실을 다 함께 확인하며 활동을 마친다.

❖ 교수학습 주안점

- 실제 자동차 주제탐구표현활동을 진행하는 과정에서 이러한 실험은 유아들의 궁금증이나 질문이 있을 때 발생되며, 유아들과 함께 어떻게 해답을 찾을 수 있을지 그 과정과 방법에 대해서도 함께 토의과정을 거쳐 계획한다.

- 활동 계획뿐만 아니라 활동과정 중에서도 유아가 적극적이고 능동적으로 활동을 진행할 수 있도록 한다. 교사는 여러 모둠을 돌아다니며 유아들이 수행하는 활동을 관찰하고 유아들이 발견한 사실에 함께 기쁨을 공유하거나 유아들의 생각과 행동을 언어적으로 반영해 준다.
- 자동차가 굴러가는 거리를 어떻게 기록할 수 있을지를 유아들과 논의한 후 적절한 측정 단위를 모색해 보는 과정을 의미 있게 진행한다. 자의 사용법은 교사가 미리 설명하고 가르치기 전에 유아들의 호기심이 발생되었을 때 교사가 시범을 보이는 식으로 진행한다.

참고문헌

권영례(2000). 유아과학교육. 서울: 학지사.

이순형 외(2007). 보육과정(2판). 서울: 학지사.

Baroody, A. J. (1987). *Children' s Mathematical Thinking*. NY: Teacher College, Columbia University.

Carin, A. A., & Bass, J. E. (2001). *Teaching science as inquiry*. Upper Saddle River, NJ: Prentice-Hall.

Chaille, C., & Britain, L. (2002). *The Young Child as Scientist: A Constructivist Approach to Early Childhood Science Education* (3rd ed.). Needham Heights, MA: Allyn & Bacon.

National Research Council (1996). *Science education standards*. Washington, D.C.: The National Academy Press.

National Council Teachers Association (2002). *Curriculum and evaluation standards for school mathematics*. Reston, VA: NCTM.

제 14 장 예술경험 교수학습활동

영유아는 선천적으로 아름다움을 느끼고 감상할 수 있는 능력과 표현의 욕구를 가지고 태어난다. 이러한 능력과 욕구는 자라면서 경험하게 되는 다양한 예술경험을 통해 창의적인 표현능력으로 발달한다. 언어적 표현능력이 다소 부족한 영유아들은 음악, 조형, 동작, 극과 같은 다양한 예술적 경험활동을 통해 자신의 생각과 느낌을 표현함으로써 보다 자유롭게 의사소통할 수 있다. 이처럼 창의적인 예술경험은 영유아의 생활을 더욱 풍성하게 하고 충족감을 가지게 하며, 내면의 표현을 통해서 정서적 안정감을 가져다준다.

1. 예술경험 교수학습활동의 개념 및 목적

1) 예술경험 교수학습활동의 개념

'예술경험' 은 출생 후부터 영유아가 주변환경 및 생활 속에서 다양한 예술적 요소들을 흥미롭게 경험하고 즐기도록 하는 영역이다. 사물이나 소리, 자연, 예술작품들을 관찰하며 탐색하고, 자신의 생각과 느낌을 극, 동작, 음악, 미술로 표현하며 이렇게 표현된 것들을 보고 즐김으로써 심미감과 풍부한 감성 및 창의성을 기르고 일생 동안 예술에 관심을 가지는 기초가 된다. '예술경험' 영역은 '심미적 탐색' '예술적 표현' '예술감상' 으로 구성되어 있다(여성가족부, 2006).

'심미적 탐색' 에서 영아는 자신과 가장 가까이에서 경험되는 감각자극과 신체에 관심을 가지고 점차 주변환경에 있는 단순한 예술적 요소에 관심을 가지는 경험을 한다. 유아기에서는 세분화된 가작화 · 동작 · 음악 · 미술적 요소에 호기심을 가지고 관찰하고 한 요소에 집중하여 탐색하는 경험을 한다. '예술적 표현' 에서 영아는 교사를 따라하는 모방행동 즐기기, 단순한 가작놀이하기, 소리와 몸동작으로 반응하기, 단순한 미술적 경험을 시도하고 즐기기, 리듬이나 노래로 반응하기를 통해 자신의 느낌을 표현해 보는 경험을 한다. 유아는 좀 더 세련되게 극놀이로 표현하기, 적극적으로 몸을 움직이며 도구를 활용하여 몸으로 표현하기, 리듬 만들기, 노래 부르기, 미술활동 즐기기, 다양한 미술재료를 사용하며 미술활동 즐기기, 통합적으로 표현하기를 통하여 자신의 생각과 느낌을 자유롭게 나타내보는 경험을 한다. '예술감상' 에서 영아는 교사가 들려주는 소리나 노래를 즐겨 듣고 주변환경의 형태나 사물을 즐겨 보며 생활 속의 예술적 요소에 관심을 갖고 즐긴다. 유아는 극놀이, 춤, 음악, 미술작품을 즐기며 예술에 대한 관심을 가진다.

이 영역은 예술적 요소들을 숙달하도록 기술을 가르치거나 예술과 관련된 지식을 제공하는 것이 아니라 영아기에서부터 유아기까지 지속적으로 자신의 주변 사물과 환경에서 스스로 예술적 요소들을 탐색하고 표현하며 감상하는 경험을 중요시한다. 따라서 영유아를 위한 '예술경험 교수학습활동' 이란 자연과 사물에 대한 경험을 통해 예술적 요소를 탐색하고, 자신의 생각과 느낌을 음악, 조형, 동작, 극과 같은 다양한 활동을 통하여 자발적, 창의적으로 표현해 볼 수 있는 기회를 제공함으로써 풍부한 감성과 예술에 대한 호기심, 표현능력 및 심미감을 기르도록 도와주는 활동 경험의 총체라 할 수 있다.

2) 예술경험 교수학습활동의 목적

예술경험의 목적은 주변 사물 및 환경에 있는 예술적 요소나 예술작품에 관심을 보이고 즐김으로써 심미감과 창의성 및 풍부한 감성을 기르는 것이다. 따라서 예술경험 교수활동의 목적은 다음과 같이 구체화할 수 있다.

첫째, 자연과 사물을 직접 경험하고 탐색함으로써 예술적 요소들에 대한 인식과 지각능력 및 감수성을 기르도록 돕는다. 유아들은 탐색을 통해 자연과 주변 사물에서 발견할 수 있는 여러 가지 소리, 조형적 형태, 움직임을 관찰하고 이들이 지닌 예술적 요소들에 관심을 가지게 된다. 이러한 탐색활동은 표현과 감상활동과 더불어 예술적 요소들에 대한 인식과 지각력을 높여줄 뿐만 아니라, 보다 풍부하고, 다양하고, 창의적인 표현능력과 감상능력을 발달시키도록 도와주고 촉진해 준다.

둘째, 다양한 활동을 통해 생각과 느낌을 표현함으로써 창의성과 표현능력을 기르도록 돕는다. 유아들은 선천적으로 창의성과 표현능력을 가지고 태어나며, 예술적 표현활동은 창의성과 표현능력을 계발하고 발달시킬 수 있는 가장 효과적인 수단으로 인정받고 있다. 유아들은 성장해 감에 따라 다양한 표현 양식들을 학습하고 발달시키며, 실제로 자신들의 생각과 느낌을 표현하고 전달하기 위해서 이러한 표현 양식들을 사용하게 된다. 유아기는 아직 언어나 인쇄된 상징들로 아이디어, 생각, 느낌 등을 충분히 표현할 수 없는 명령이다. 음악, 조형, 동작, 극과 같은 다양한 예술적 표현활동은 이러한 유아들의 창의적 표현능력을 함양시켜 준다.

셋째, 자연과 사물 및 다양한 작품들을 감상함으로써 풍부한 감성과 심미감을 기르도록 돕는다. 유아들은 자연이나 주위 환경, 음악, 조형, 동작, 극과 같은 다양한 예술작품을 보고, 듣고, 즐기는 가운데 자연스럽게 미적 체험을 하게 된다. 또, 다른 사람들과 작품에 대한 생각과 느낌을 나누는 가운데 다양한 생각이나 표현방법에 흥미와 관심을 가지게 될 뿐만 아니라 이해와 존중하는 태도를 가지게 되고, 궁극적으로 심미감을 발달시키고 정서를 순화시킬 수 있다.

2. 예술경험 교수학습활동의 내용

1) 내용체계

예술경험 교수학습활동의 내용은 영유아의 표현능력 발달을 위하여 심미적 탐색, 예술적 표현, 예술감상의 세 가지 영역으로 구분된다. 예술경험 교수학습활동의 3가지 하위 영역의 모든 내용 체계는 영유아의 발달특성을 고려하여 영아기와 유아기에 따라 주된 활동이 달라진다. 예를 들어, 영아 수준에서는 탐색과 표현활동이 주 활동이지만 감상하기가 시도된다. 유아 수준에서는 표현의 다양성이 시도되고 비판적 감상의 내용이 좀 더 강화된다. 표준보육과정(2006)에서 제시한 예술경험 교수학습활동의 구체적인 내용을 영역별로 살펴보면 다음과 같다.

첫째, 심미적 탐색 영역은 자신의 신체를 포함하여 영유아 주변의 환경, 사물, 자연환경을 오감을 통하여 탐색함으로서 새로운 사물과 환경에 대해 알아보고 느껴 보기 위한 내용으로 구성한다. 유아가 자신의 느낌과 생각을 적절하게, 그리고 창조적으로 잘 표현하기 위해서는 다양한 사물과 환경은 물론 도구들에 대해 다양하게 경험하는 것이 필요하다. 따라서 영유아기부터 다양한 경험이 이루어질 수 있도록 다양한 사물과 환경에 대한 탐색을 내용에 포함한다. 구체적으로 '심미적 탐색' 에서 영아는 자신과 가장 가까이에서 경험되는 감각자극과 신체에 관심을 가지고 점차 주변환경에 있는 단순한 예술적 요소에 관심을 가지는 경험하기, 유아기에서는 세분화된 가작화 · 동작 · 음악 · 미술적 요소에 호기심을 가지고 관찰하고 한 요소에 집중하여 탐색하는 경험하기로 구성된다. 발달수준별로 살펴보면, 2세 미만에서는 소리에 호기심을 가지고, 2세는 자연의 소리와 주변환경의 소리에 관심을 갖고, 여러 가지 다양한 소리에 익숙해진다. 유아 수준이 되면 소리의 차이에 민감하게 되어 소리를 구별할 수 있게 되고, 소리의 음악적 요소를 탐색할 수 있다.

둘째, 예술적 표현 영역에서는 자신의 느낌과 생각을 다양한 활동과 자료를 통해 표현해 보는 경험을 제공하며, 즐겁고 창의적인 방식으로 표현할 수 있도록 돕는 내용으로 구성한다. 영아는 교사를 따라하는 모방 행동 즐기기, 단순한 가작놀이하기, 소리와 몸동작으로 반응하기, 단순한 미술적 경험을 시도하고 즐기기, 리듬이나 노래로 반응하기를 통해 자신의 느낌을 표현해 보는 경험을 한다. 유아는 좀 더 세련되게 극놀이로 표현하기, 적극적으로 몸을 움직이며 도구를 활용하여 몸으로 표현하기, 리듬 만들기, 노래 부르기, 미술활동 즐기기, 다양한 미술재료를 사용하며 미술활동 즐기기, 통합적으로 표현하기를 통하여 자신의 생각과 느낌을 자유롭게 나타내보는 경험을 한다. 발달수준별로 살펴보면, 아직 신체 움직임이 능숙하지 못한 2세 미만 수준에서는 리듬 있는 소리를 듣고 자연스럽게 몸을 움직여 볼 수 있고, 2세는 신체, 악기, 사물을 이용하여 간단한 리듬과 소리를 만든다. 유아 수준이 되면 다양한 소재를 사용해서 자신의 생각과 느낌을 소리로 표현하기도 하고, 노래에 맞추어 리듬악기를 연주할 수 있다.

셋째, 예술감상 영역에서는 자연, 예술품 및 다른 사람의 작품 등을 감상함으로써 주변환경의 아름다움을 인식하고 이해할 수 있도록 돕는 내용으로 구성한다. 나아가 다른 사람의 작품 감상을 통해 자신과 타인의 느낌, 표현 방법 등을 비교해 봄으로써 미적 기준을 형성하고 표현과 느낌의 다양성을 경험하고 이를 존중하는 태도를 배워 심미감의 신장을 가져올 수 있도록 내용을 구성한다. 발달수준별로 살펴보면 2세 미만에서는 주변의 아름다움을 경험하고, 2세는 주변환경 속의 예술적 요소에 관심을 갖고 즐기기의 내용으로 구성되며, 유아 수준에서는 음악, 춤, 극놀이 및 미술작품 감상하기로 보다 세분화된다.

예술경험교육의 내용은 다양한 형태로 실행될 수 있다. 심미적 탐색에서는 소리, 형태, 움직임을 관찰하고 관심을 가진다. 예술적 표현에서는 여러 가지

표 14-1 예술경험 교수학습활동의 내용

내용범주	2세 미만	2세	3-5세
심미적 탐색	• 소리, 움직임, 시각적 자료에 호기심 가지기	• 주변환경의 예술적 요소 탐색하기	• 음악적 요소 탐색하기 • 움직임과 춤 탐색하기 • 가작화 요소 탐색하기 • 미술적 요소 탐색하기
예술적 표현	• 리듬 있는 소리로 반응하기 • 몸동작으로 반응하기 • 모방행동 즐기기 • 단순한 미술 경험 시도하기	• 리듬 있는 소리, 노래, 춤으로 표현하기 • 모방과 단순한 가작놀이하기 • 단순한 미술활동 즐기기	• 리듬 만들기 • 노래 부르기 • 춤으로 표현하기 • 극놀이로 표현하기 • 미술활동 즐기기 • 다양한 미술재료 사용하기 • 통합적으로 표현하기
예술 감상	• 소리나 노래 즐겨 듣기 • 주변의 아름다움 경험하기	• 주변환경 속의 예술적 요소에 관심 갖고 즐기기	• 음악 감상하기 • 춤 감상하기 • 극놀이 감상하기 • 미술작품 감상하기

소리 만들기, 노래 부르기, 리듬악기 다루기, 그림 그리기, 만들기와 꾸미기, 동작으로 표현하기, 극놀이로 표현하기를 통하여 자신의 생각과 느낌을 창의적으로 나타내 본다. 예술감상에서는 음악 감상하기, 자연과 사물 및 조형 작품 감상하기, 춤 감상하기, 극놀이 감상하기 활동이 포함된다. 그러나 각각의 활동은 분리된 영역으로 분절된 것이 아니라 통합적인 예술경험 영역의 한 부분으로, 하나의 활동에서도 탐색, 표현, 감상의 과정이 통합되고 음률과 조형, 움직임, 극놀이가 통합적으로 표현된다.

2) 내용별 교수학습방법

예술경험 교수학습활동의 내용 구성에서 참고해야 할 교수학습원리는 다음과 같다. 첫째, 예술경험활동을 하는 데 교사의 역할은 발달을 촉진시켜 주는 최적의 환경을 만들어 주고, 정서적 안정감을 제공하며, 새롭고 창의적인 도전의 기회를 마련해 주는 것이다. 또한 교사는 자유롭고 다양한 예술경험활동을 위해서 영유아 각자에게 개별적인 관심을 갖고 발달수준을 고려하여 교수학습방법을 선정하여야 한다. 여기서 발달수준은 연령에 따른 발달 수준만을 의미하지는 않는다. 영유아의 개별 경험과 문화, 각 영역별 발달 수준이 다양한 점을 고려하여 개인차를 인정하고 이에 맞는 개별적 교수를 고려하는 것이 중요하다.

둘째, 창의적으로 표현하고 표현에 대한 흥미와 의욕을 잃지 않기 위해서 다양한 경험을 제공하고 탐색하도록 한다. 오감각 기관을 이용한 관찰을 통해 표현을 위한 토대를 만들도록 한다. 예를 들어, 주변에서 들을 수 있는 새소리, 차소리, 바람소리, 기차소리, 물소리 등의 변화를 듣고 느끼게 하고 그것들의 움직임을 주의깊게 보게 하는 것이 필요하다. 이러한 경험은 풍부한 느낌을 갖게 해 주고 표현을 위한 기초를 형성한다. 표현을 할 때에는 많은 자료와 그 자료를 탐색할 시간을 충분히 제공한다. 이때 자료는 상품화된 자료만이 아니라 자연물 자료를 제공하여 표현의 기본 도구인 자료에서부터 제한을 받거나 고정관념을 형성하지 않도록 한다. 교사는 영유아 개개인이 자발적으로 자료를 탐색하면서 가능성과 한계를 스스로 발견하며 학습하도록 도와야 한다.

셋째, 예술경험활동은 즐겁고 자유로워야 한다. 활동 자체로 즐거워야 하며 결과물을 위한 결과지향적인 활동이 되어서는 안 된다. 예술경험활동을 통하여 즐거움이 확대되고 그 과정에서 정서적 이완과 스트레스 해소를 경험하도록 한다. 예술경험활동을 하면서 억눌렸던 감정을 자연스럽게 드러내고 그러한 감정의 표현이 위로받고 지지받을 수 있도록 지도한다. 어릴 때부터 예술경험활동을 통해 창의적 표현능력뿐 아니라 치유적 표현능력의 기회를 제공하는 것이 중요하다.

넷째, 예술경험은 탐색, 표현 및 감상으로 각각 분리되어 진행되기보다는 서로 연관되어 진행되어야 한다. 심미적 탐색, 예술적 표현, 예술감상은 활동의 순서를 의미하지 않으며, 활동에서 한 가지 요소가 강조되기도 하고, 하나의 활동에 이 모든 요소가 동시에 이루어질 수 있다. 또한 이 영역에서는 다양한 음악, 조형, 동작, 극활동이 이루어지나 음악, 미술, 체육 등의 과목으로 분리되어 제공되는 것이 아니다. 표현활동의 측면을 보다 강조하여 음악, 조형, 동작, 극활동이 통합적으로 이루어지도록 지도하는 것이 중요하다.

3. 예술경험 교수학습활동의 실제

예술경험 교수학습활동의 내용이 영유아 보육 및 교육 현장에서 어떻게 적용되는지를 실제 활동 사례를 통해 알아보고자 한다. 이를 위해 먼저 특정 주제를 중심으로 활동 유형에 따라 예술경험 교수학습활동이 어떻게 이루어질 수 있는지를 살펴본다. 구체적인 교수학습활동의 사례는 음률동작, 조형활동의 2가지 영역을 선정하여 2세 미만 영아, 2세 영아, 3~5세 유아 수준으로 살펴보겠다.

1) 유형별 교수학습활동

예술경험 교수학습활동에서 주로 사용되는 내용은 활동 유형에 따라 크게 이야기나누기활동, 극놀이활동, 음률동작활동, 조형활동, 현장학습활동 등으로 진행될 수 있다. 여기서는 '나무'를 주제로 2세 미만, 2세, 3~5세 수준에서의 예술경험 교수학습활동을 활동 유형별로 살펴보고자 한다(〈표 14-2〉 참고).

표 14-2 교수학습 유형에 따른 활동 내용(주제: 나무)

유형	내용		
	2세 미만 영아	2세 영아	3~5세 유아
이야기 나누기	• 여러 가지 나무 찾기	• 이 나무는 누구일까?	• 나뭇잎의 잎사귀는 왜 다를까?
극놀이	• 동화 속 인물 찾기	• 동화 속 인물 되어 보기	• 음악극 만들기
음률동작	• 나무와 바람	• 내가 나뭇잎이라면	• 나무의 사계절
조형	• 나무 잎사귀 무늬 찍기	• 나뭇잎을 모아 보아요	• 곡물 마라카스 만들기
현장학습	• 나무를 보았어요	• 공원에는 나무가 많아요	• 수목원에 다녀왔어요

영아와 유아 수준에서 '나무' 를 주제로 예술경험과 관련하여 이루어질 수 있는 교수학습활동을 활동 유형에 따라 살펴보면 〈표 14-2〉에 제시된 바와 같다.

이야기나누기활동으로 2세 미만 영아 수준에서는 주변환경이나 사물의 아름다움을 경험하기 위해 다양한 나무에 관심을 가지고 '나무' 라는 단어를 익힌다. 2세 영아 수준에서는 나무의 형태와 잎을 제시하고 관찰하면서 이 나무가 어떤 나무인지 탐색하고 나무의 이름에 대해 이야기 나눈다. 이때 영아의 수준과 경험을 파악하여 기존에 보았던 나무들을 위주로 하는 것이 영아의 탐색과 이야기나누기활동에 도움이 된다. 3~5세 유아 수준에서는 나무를 관찰하면서 나무마다 잎의 모양이 다르다는 것을 탐색하고 모양과 형태의 차이점에 대해서 토의해 볼 수 있다. 이러한 활동을 통해 영유아는 나무를 탐색하고 다양한 나무의 모양과 이름, 차이점을 알 수 있고 그러한 점을 언어적으로 표현할 수 있다.

극놀이활동으로 2세 미만 영아는 나무에 대한 동화를 듣고 동화의 장면에 나오는 등장인물을 찾아보고 인물들과 친숙해진다. 2세 영아는 동화 속의 나무나 인물이 되어 보면서 모방 행동을 즐길 수 있다. 3~5세 유아는 동화의 내용에 맞추어 역할극을 하거나 여러 소리를 만들어 악기극을 창의적으로 구성해 본다.

음률동작활동으로 2세 미만 영아는 '내가 나무가 되었어요' 라고 가정하고 자신이 좋아하는 나무가 되어 본다. 음악을 들으면서 나무가 바람에 흔들리는 모습을 몸으로 표현해 본다. 2세 영아는 '내가 나무와 나뭇잎이라면' 이라고 가정하고 보다 다양하고 구체적인 상황을 몸으로 표현해 본다. 이때 간단한 도구를 사용하여 몸과 함께 움직일 수 있게 하는 것도 영아의 표현에 도움이 된다. 3~5세 유아는 나무의 사계절을 창의적으로 표현할 수 있다. 봄의 새싹, 여름의 푸르른 나무, 가을의 낙엽이 되어 떨어지는 나무, 겨울의 앙상한 나무를 도구를 이용하거나 필요한 것을 만들어 음악에 맞추어 동작 표현을 할 수 있다.

조형활동으로 2세 미만 영아는 구체적인 실물-나뭇잎을 이용하여서 지점토에 나뭇잎을 찍거나 혹은 나뭇잎에 물감을 묻혀 종이에 다양하게 찍어 볼 수 있다. 또한 낙엽을 손으로 부스러뜨리기를 하여 표현할 수 있다. 2세 영아는 나뭇잎의 색이나 질감, 종류에 따라 나뭇잎을 모아 보고 나뭇잎을 붙여서 표현할 수 있다. 3~5세 유아는 여러 가지 곡물을 넣은 다양한 마라카스를 직접 만들어 보고 연주해 볼 수 있다.

실외 현장 학습으로 2세 미만의 영아는 자주 다니는 산책길을 걸으면서 주변의 나무에 관심을 가지고 탐색할 수 있는 기회를 제공할 수 있다. 또 2세 영아는 주변의 공원이나 나무가 많은 공원에서 다양한 나무의 모습을 볼 수 있다. 3~5세 유아는 수목원으로 현장 학습을 가서 나무의 성장하는 모습, 다양한 나무를 관찰하고 아름다움을 느껴 볼 수 있다. 이러한 활동을 통해 주변에서 흔히 볼 수 있지만 미처 잘 알지 못했던 나무의 생김새와 다양한 나무의 종류, 움직이는 모습 등을 탐색, 관찰할 수 있고 자연의 아름다움을 느낄 수 있다.

2) 교수학습활동 지도의 실제

(1) 음률동작

① 2세 미만의 영아

❖ **활동명**: 나무와 바람

❖ **활동목표**: 음의 셈, 여림, 빠르기를 신체로 경험해 본다.

❖ **활동자료**: 음악 '빈 숲속의 이야기' (요한 슈트라우스), 선풍기, 부채

❖ **활동준비**: 영아들이 방해받지 않고 활동할 수 있도록 넓은 공간을 확보한다. 음악을 적당한 길이로 편집해 준비해 놓는다.

❖ **활동내용**: 이 활동은 2세 미만의 영아가 주변의 자연환경에서 나무를 경험하고, 나무와 나뭇잎의 여러 모습을 관찰한 후 신체와 동작으로 모방행동을 즐기는 내용이다.

도입 밖에 나가서 직접 나무를 관찰해 본다. 바람이 불어 나뭇가지가 흔들리고 나뭇잎이 떨어지는 모습 등을 관찰한다.

전개 영아들은 각자 나무와 나뭇잎이 되어 본다. 음악을 들으면서 그 음악에 맞추어 교사와 함께 신체와 공간을 탐색하면서 움직여 본다. 바닥에 뿌리를 박고 굳건히 서 있는 든든한 나무가 되어 보기도 하고 나뭇잎처럼 떼굴떼굴 구르기도 해 본다. 교사는 긴 천을 가지고 나뭇잎을 건드리고 지나가는 바람이 되어 움직여 볼 수도 있고, 선풍기와 부채를 이용해 바람이 불게 할 수도 있다. 영아들의 손목이나 발목에 방울을 달아 주어 움직일 때마다 소리가 나게 해서 움직임에 더욱 흥미를 갖도록 도울 수 있다.

교사는 상황에 맞는 동작을 탐색하면서 "민수 나무 좀 보세요. 이리저리 흔들리고 있네요." 라고 하며 각 영아의 신체 표현을 언어화해 준다.

마무리 음악에 맞추어 한두 명씩 번갈아 가면서 앞으로 나와 표현하도록 하여 다른 영아들이 관찰할 기회를 마련해 준다.

❖ 교수학습 주안점

- 태아는 양수 속에서도 엄마의 심장소리와 목소리를 듣고 그 특성에 반응하며 성장한다. 영아들은 음악과 동작의 활동을 엄격하게 구별할 수 없지만 음악이 나오면 리듬에 맞추어 자기도 모르는 사이에 몸을 움직이는 모습을 보게 된다. 이러한 영아의 움직임은 음악에 맞춘 동작의 표현이 매우 자연스러운 일임을 알게 해 준다. 따라서 영아의 동작표현을 돕기 위해서는 먼저 음악적 리듬을 탐색할 수 있는 기회를 제공하여 음악적 경험을 풍부하게 해 주어야 한다. 리듬이 하나의 청각 자극제로 제공되면 신체의 움직임은 자연스럽게 그 리듬에 맞추어지게 된다.
- 영아의 창의적 표현을 촉진하기 위해서는 사전 경험을 제공해 주어야 하고, 보다 다양한 표현을 위해서 교사의 언어적 촉진이 필요하다. 교사가 시범을 보이고 따라하도록 하는 것은 신체기능을 탐색하고 훈련하는 것에는 도움이 되나 창의적 표현에는 바람직하지 않다. 영아가 창의적 표현을 했을 때 칭찬하고 교사가 영아의 동작 표현을 따라함으로써 인정하고 격려한다며 영아가 몸으로 표현하는 것에 자신감을 갖게 될 것이다.

② 2세 영아

❖ **활동명**: 내가 나뭇잎이라면

❖ **활동목표**: 음악을 듣고 나뭇잎이 되어 본다. 나뭇잎의 여러 가지 모습을 언어와 신체로 표현해 본다.

❖ **활동자료**: 음악 '나뭇잎' (이원수 작사, 정세문 작곡)

❖ **활동준비**: 영아들이 자유롭게 활동할 수 있도록 충분한 공간을 확보한다. 다양한 종류의 나뭇잎 머리띠를 준비한다.

❖ **활동내용**: 이 활동은 밖에 나가서 관찰한 나뭇잎의 여러 모습을 신체와

동작으로 표현하고, 다른 영아들의 표현을 감상하는 내용으로 구성되었다.

도입 밖으로 나가서 직접 나뭇잎을 보고 만져 본다. 나뭇잎이 나무에 붙어 있는 모습, 나뭇잎이 떨어지는 모습 등 다양한 모습을 관찰한다.

전개 밖에 나가서 보았던 나뭇잎의 모습을 떠올리고 신체 동작으로 하나씩 표현해 본다. 영아들이 각자 나뭇잎 머리띠를 하고 음악에 맞추어 나뭇잎처럼 흔들거리기도 하고 구르기도 하면서 자신의 신체와 공간을 탐색한다. 다양한 빠르기와 셈여림의 음악을 편집하여 영아들에게 들려주면서 교사는 언어적 표현을 같이 해 준다. 예를 들어, 느린 박자의 음악이 나올 때에는 "바람이 살랑살랑 불고 있어요. 그래서 나뭇잎이 조금씩 흔들리고 있네요."라고 이야기하며 음악에 맞추어 신체를 표현한다. 빠른 박자의 음악이 나올 때에는 "바람이 세게 불고 있어요. 그래서 나뭇잎들이 많이 흔들려요." 또는 "바람이 세게 불어 나뭇잎이 떨어졌네요. 이제 나뭇잎은 땅에서 데굴데굴 구르고 있어요."라고 언어적 표현을 해 주면서 영아들의 풍부한 신체 표현을 돕도록 한다.

마무리 영아들이 한 명씩 앞에 나가서 음악에 맞추어 신체 동작으로 표현해 보고, 다른 영아들이 친구들의 표현을 감상해 보도록 한다.

❖ **교수학습 주안점**

- 활동 전 밖으로 나가 영아가 다양한 나무와 나뭇잎을 시각, 청각, 촉각, 후각을 이용하여 느끼고 관찰할 수 있는 시간을 충분히 갖도록 한다. 영아에게 있어 사전 경험은 자발적이고 창의적인 표현을 위해 필요한 것으로 표현하고자 하는 대상을 자연스럽게 탐색할 수 있는 기회가 된다.
- 영아는 자신의 몸을 능동적이고 자발적으로 움직이는 창의적 동작활동

을 통해 정서적인 안정감을 가지며 심미감, 표현능력의 발달과 창의성 발달을 이루게 된다.

- 영아의 다양하고 창의적인 표현을 촉진하기 위해 교사가 언어적 촉진을 지속적으로 해 준다.

③ 유아

❖ **활동명**: 나무의 사계절

❖ **활동목표**: 주변환경과 변화에 관심을 갖고 음악에 맞추어 상황에 맞게 창의적으로 표현할 수 있다.

❖ **활동자료**: 음악 '사계'(비발디), 계절 관련 비디오와 사진, 나뭇잎, 나뭇가지, 꽃, 솜, 낙엽, 각종 열매 등 자연물

❖ **활동준비**: 유아들이 마음껏 표현할 수 있도록 넓은 공간을 준비한다. 영아가 자연물을 활용해 보다 다양한 표상을 할 수 있도록 한다. 음악을 적당한 길이로 편집해 준비해 놓는다.

❖ **활동내용**: 이 활동은 사계절에 따른 나무의 변화를 탐색하고, 신체와 동작으로 나무의 사계절을 표현해 보는 활동으로 구성되었다.

도입 사계절에 관한 비디오와 사진을 보고 계절에 따른 환경 변화에 대해 이야기 나눈다. 각 계절에 따라 나무가 변화하는 모습을 자료를 통해 살펴본 후 생각과 느낌을 함께 나눈다.

전개 음악에 맞추어 나무의 사계절 모습을 표현해 본다. 교사가 "따뜻한 봄이 되었어요." "눈이 펄펄 내리고 있어요." 등 언어로 표현을 해 주어 영아가 음악에 맞추어 자유롭게 표현을 하다가 교사의 지시에 맞춰 동작을 바꾸도록 할 수 있다. 신체만을 이용해 표현해 보다가 준비한 자연물을 활용하여서 표현하기도 한다. 교사나 다른 유아가 바람의 역할을 해 본다. 나무가 가만히 서 있다가 바람이 다가가면 몸이 흔들리고 움직이는 동작을 해 본다.

마무리 음악을 듣고 나무가 되어 신체 표현을 했을 때 어떤 느낌이었는지 이야기 나눈다.

❖ **교수학습 주안점**

- 활동하는 중간 멈추어서 다른 유아들의 동작을 관찰할 수 있는 기회를 제공하고, 동작을 멈추었을 때 어떤 동작을 하려던 것이었는지 다른 친구들에게 설명하도록 한다. 음악과 함께 동작활동이 일단 시작되면 유아들은 다른 사람의 표현에는 관심을 두지 않고 자신의 활동에만 몰입하거나 단조로운 표현만을 반복하기 쉽다. 이때 중간에 '얼음' 이라고 소리치거나 종소리 등의 사인으로 활동을 멈추어 다른 사람의 동작을 관찰하고 자신의 동작을 언어로 표현할 수 있는 기회를 제공한다면 동작활동이 보다 풍부해질 수 있다.
- 음악은 유아들의 창의적 표현을 돕는 매개체다. 음악을 감상하면서 유아들은 신체동작이 더욱 풍부해진다. 교사는 동작으로 표현할 수 있는 다양한 상황에 대해서 이야기를 나누고 그 상황에 맞는 적절한 음악을 편

[그림 14-1] 유아들이 나무와 나뭇잎을 동작으로 표현하는 모습

집해서 준비하도록 한다. 음악이 너무 길면 유아들이 지치거나 활동에 흥미를 잃을 수 있으므로 음악의 길이를 주제, 인원 수, 유아 연령, 공간의 크기에 맞추어 조정한다.

(3) 조형활동

① 2세 미만 영아

❖ **활동명**: 나무 잎사귀 무늬 찍기

❖ **활동목표**

- 나뭇잎의 모양을 탐색한다.
- 주어진 재료의 특징을 인식하여 표현한다.

❖ **활동자료**: 여러 가지 나뭇잎, 지점토, 솜방망이, 물감, 물감접시

❖ **활동준비**

- 교사가 적당한 크기로 잘라 지점토를 준비해 놓는다.
- 유아들이 잡기 편한 크기로 솜방망이를 준비해 놓는다.

❖ **활동내용**: 이 활동은 나뭇잎과 잎맥, 지점토의 특성을 촉각을 통하여 탐색한 후, 잎맥을 지점토에 찍어서 표현하고 아름다움을 느껴 보는 활동이다.

도입 손가락을 이용하여 잎맥을 만져 본다. 지점토를 만져 보며 지점토의 특징을 탐색한다.

전개 여러 나뭇잎 중에 하나를 골라 잎맥이 지점토 위에 맞닿도록 올려놓는다. 이때 주어진 나뭇잎이 부스러지지 않도록 바로 채집해 온 나뭇잎을 사용하도록 한다. 지점토에 잎맥 무늬가 잘 찍히도록 적당한 힘을 주어 나뭇잎을 누른다. 나뭇잎을 떼어 내어 찍힌 나뭇잎의 모양을 살펴본다. 나뭇잎 떼기는 교사가 함께 도와주도록 한다. 솜방망이로 마음에 드는 색깔의 물감을

찍어 지점토에 찍힌 나뭇잎 위에 칠한다.

마무리 그늘진 곳에 건조시킨 뒤, 교사가 니스를 칠해 준다. 나와 친구의 완성된 작품에 찍힌 나뭇잎의 여러 모양과 색을 살펴보며 감상한다.

❖ **교수학습 주안점**

- 나뭇잎을 탐색할 때는 직접 실외활동에서 채집한 나뭇잎을 이용한다. 나뭇잎을 탐색할 때 잎맥뿐 아니라 나뭇잎의 여러 모양과 나뭇잎의 앞, 뒷면의 다른 촉감도 느껴 보도록 한다.
- 주어진 지점토를 만져 보고 주무르며 재료에 대해 충분히 탐색할 수 있는 기회를 제공한다. 단순히 잎맥이 나타나는 판화의 특징을 인식시키는 것에 앞서 나뭇잎과 지점토를 탐색함으로써 영아의 여러 느낌을 표현할 수 있도록 상호작용해 주며 감각을 자극한다.
- 만든 것을 전시함으로써 영아들의 표현을 존중하고 작품이 가치 있고 의미 있다는 메시지를 전달한다. 영아들은 이러한 과정을 통해 인정받았다고 느끼고 성취감과 자신감을 가질 수 있다.

② 2세 영아

❖ **활동명**: 나뭇잎을 모아 보아요

❖ **활동목표**:

- 여러 가지 나뭇잎의 색, 모양을 탐색한다.
- 나뭇잎으로 다양하게 구성할 수 있다.
- 자연의 색과 모양에서 아름다움을 경험한다.

❖ **활동자료**: 여러 가지 색의 나뭇잎, 흰 종이나 소포지, 사인펜, 크레파스, 풀, 가위

❖ **활동준비**

- 빨간 단풍잎, 노랑 은행 잎 등 다양한 색상의 나뭇잎을 준비한다.

- 나뭇잎을 각 영아가 골고루 가질 수 있도록 한다.
- 각 영아에게 흰 종이를 나누어 준다.

❖ **활동내용**: 이 활동은 다양한 색상과 모양의 나뭇잎을 2세아가 자유롭게 배치하고 구성해 봄으로써 창의적으로 표현하고 자연의 아름다움을 감상해 보는 활동이다.

도입 준비한 나뭇잎을 관찰하며 나뭇잎을 탐색해 본다. 각 나뭇잎의 색과 모양에 대해 이야기를 나눈다.

전개 나뭇잎을 이용해 종이 위에 다양한 구성놀이를 해 본다. 흰색의 종이 위에 영아들이 꾸미고 싶어하는 것을 자유롭게 해 보도록 격려한다. 나뭇잎 위에 사인펜이나 크레파스 등을 이용해 꾸며 볼 수도 있다. 나뭇잎을 모아서 구체적인 모양을 만들 수도 있으나 비슷한 색 또는 서로 다른 색의 나뭇잎끼리 모아서 그 느낌을 비교해 본다.

마무리 작품이 완성되면 전시하고 자연색이 주는 아름다움을 경험한다.

❖ **교수학습 주안점**

- 조형활동을 통해 다양한 감각기관의 발달과 눈과 손의 협응력을 증진시키며 자신의 생각과 느낌을 표현하는 가운데 정서적 안정과 긴장을 해소시키는 기회를 가질 수 있다. 또한 작품을 완성해 가는 과정에서 성취감을 느끼면 또래와 함께 만들어가며 사회성을 발달시킬 수 있다.
- 영아가 생각해서 자유롭게 꾸미는 것이 어려운 경우, 기본 그림을 제시하고 그중에서 영아가 원하는 그림에 나뭇잎을 붙여 보도록 한다.
- 영아들의 작품을 전시하고 감상하는 기회를 제공한다. 이러한 활동을 통해 자신과 다른 사람의 작품을 모두 소중히 생각하는 태도를 길러 주도록 한다.

③ 유아

❖ **활동명** : 곡물 마라카스 만들기

❖ **활동목표** : 여러 가지 재료를 이용하여 다양한 소리를 만들어 표현해 보고 소리를 감상한다.

❖ **활동자료** : 플라스틱 음료수병, 동화책『콩으로 만든 거야』, 다양한 곡식(콩, 팥, 쌀, 조, 수수 등), 돋보기

❖ **활동준비** : 각 곡물을 잘 보이는 투명한 사발에 담아 둔다.

❖ **활동내용** : 유아들이 곡물을 사용하여 마라카스를 직접 만들어 본 후 리듬에 맞추어 연주해 보는 활동이다.

도입 가을 곡식 관련된 동화를 본 뒤 동화 속에서 어떤 곡식이 나왔는지 그 곡식으로 어떤 음식을 만들었는지 등 동화 내용에 대하여 이야기 나누어 본다.

전개 가을 곡식을 소개한 뒤 돋보기를 이용해 각 곡식을 탐색할 수 있는 시간을 갖고 이 곡식들을 이용하여 소리를 낼 수 있는 방법에 대해 이야기를 나누어 본다. 유아들이 마음에 드는 곡식을 고른 뒤 플라스틱 병에 넣어 마라카스를 만들어 본다. 유아들 모두 마라카스를 가지고 모여서 동그랗게 앉는다. 각자 마라카스에 넣은 곡물의 이름을 소개한 뒤 자유롭게 소리를 내 본다.

마무리 유아들이 아는 가을 노래를 부르며 리듬에 맞추어서 마라카스 소리를 내 본다. 다른 유아들이 만든 마라카스 소리를 감상하고 같은 곡물로 만든 마라카스끼리 묶어서 파트를 나누어 합주를 해 볼 수도 있다.

❖ **교수학습 주안점**

- 조형활동은 결과가 중요한 것이 아니라 그 활동을 유아들이 얼마나 즐겁게 하느냐가 중요하다. 교사는 관련 동화를 활동 전에 들려주고, 가능한

한 많은 자료를 풍부하게 제공하여 유아들의 동기 유발에 적극적으로 힘써야 한다. 마라카스를 만들 때 넣은 곡식의 종류와 양에 대한 선택권을 주어, 유아가 마음껏 창의적으로 표현할 수 있도록 배려해야 한다.

• 자신과 다른 유아가 만든 마라카스의 소리를 탐색하고 비교해 보도록 격려한다. 몇가지 리듬의 패턴을 익힌 후에 그 패턴을 조합해서 연주해 볼 수 있다. 패턴 연주가 익숙해지면 개별 또는 소집단 별로 새로운 리듬을 만들어 보거나 같은 곡물소리끼리 모아 합주를 해 볼 수도 있다.

참고문헌

여성가족부(2006). 표준보육과정.

김진영, 백혜리, 최윤정(2002). 유아를 위한 교수-학습방법론. 서울: 양서원.

윤희경, 임미혜, 김애옥, 이분려, 장미아, 고영희(2003). 현장 중심 유아 교수-학습방법. 서울: 창지사.

이순형 외(2007). 보육과정(2판). 서울: 학지사.

전인옥, 이영(2002). 유아동작교육. 서울: 한국방송통신대학교출판부.

정현주, 김동민(2005). 아동들을 위한 음악치료 놀이극. 서울: 학지사.

한국방송통신대학교 유아교육과(1998). 제21회 유아교육과 세미나 자료집. 한국방송통신대학교.

찾아보기

인 명

강문희 266
권기남 27
권영례 135, 161, 166, 167, 173, 293
김경배 68, 72, 77
김은주 95
김일옥 194
김진영 78, 81, 99, 181

변영계 78, 80, 186, 187, 193, 217

윤애희 113
양옥승 128
이기숙 107, 142, 172, 272
이상수 186, 187
이순형 27, 82, 136, 195, 220, 245, 270, 292, 293
이연섭 266
이영자 107, 125, 272
이자형 194
이정욱 107, 272
이해명 142, 143

천기정 194

하정연 95

Allen, K. E 27
Aronson, E. 80
Aspy, C. 76
Aspy, D. 76
Ausubel, D. 62

Baroody, A. J. 293
Bass, J. E. 291
Bigge, M. L. 16
Blumenfeld 42
Borich, G. D. 43
Bracey, G. 75

Bredekamp, S. 96, 111
Brown, E. G. 179

Calhoun, E. 65
Carin, A. A. 291
Chard, S. C. 82, 84
Christie, J. F. 120
Church , K. 75
Coleman, M. 111
Copple, C. 111
Corey, S. M. 15
Corkwell, C. 108, 109, 110
Cox, B. 72

Davis, B. G. 78
Decker, C. A. 139, 141, 161
Decker, J. R. 139, 141, 161
Dewey, J. 68, 82
Douville-Watson, L. 124

Eggen, P. 64, 67
Elgas, P. M. 108, 109, 110
Evans, D. N. 77, 79, 80

Gallagher 42
Gokhale, A. 78
Goodwin, L. D. 175
Goodwin, W. L. 175

Hall, M. 67
Hall, R. 67
Henniger, M. L. 118, 119, 123, 126
Hilgard, E. R. 16
Hills, T. W. 184
Hull, C. 36

Johnson, D. W. 81
Johnson, J. E. 120
Johnson, R. T. 81
Joyce, B. 65

Katz, L. G. 82, 84
Kauchak, D. 64, 67
Keller, J. M. 53, 54, 55, 57
Kilpatrick, H. K. 82
King, R. A. 16

Lang, H. R. 77, 79, 80
Lazarowitz, R. 80
Lowman 114, 122

Maccoby, E. E. 142
Marottz, L. R. 27
Massialas, B. 72
Mastropieri, M. A. 193, 217
Morgan, C. T. 16

Pavlov, I. P. 35
Piaget, J. 41, 42

Quinby, P. 76

Rioux, K. 108, 109, 110
Robinson 42
Rosegrant 96
Ruhmann 14, 124

Saling, C. 67
Schwartz 142
Scriven, M. 187
Scruggs, T. E. 193, 217
Sharan, S. 80
Skinner, B. F. 19, 36
Slavin, R. 78, 80
Stepien, C. 42
Struewing, N. 108, 109, 110

Tyler, B. J. 142, 143
Tyler, R. W. 186

Vygotsky, L. S. 42

Watson, J. B. 36
Watson, M. A. 124
Weil, M. 65
White, C. S. 111
Wilson, L. C. 124
Wortham, S. C. 116, 183, 184

Yawkey, T. D. 120

Zeller 142

내 용

가설 72
가정추론방법 36
간접교수모델 68
간접교수법 42
간접적 교수방법 38
감각 및 신체인식 220
개념 63
개념맵 67
개념학습 63
개념학습법 63
개념획득 65
건강한 생활 195
게임 185, 249
게임활동 168, 224, 274
게젤 발달검사 178
견학활동 199, 225
계약 184
계획 65
공동주제망 85
과제 185

과제분석 101
과학 영역 120
과학적 교수학습활동 293
관찰법 187
관찰학습과정 39
관찰학습모델 53
교수 15, 217
교수학습 15
구성주의 41
구성주의 프로그램 141
귀인이론 52
극놀이 248, 249
극놀이활동 199, 224, 250, 274
기본 운동능력 217
기본생활습관 193

다른 사람과의 관계를 이해 243
단기기억 46
대안적 평가 183
덴버 검사 178
독립심 242
동기이론 53
동화 41
듣기 지도 266, 272
또래집단 246

말하기 영역 270
말하기 지도 267, 272
먹기 194
면담 184
모델 보이기 96
문자언어 지도 267
문제해결학습법 74, 75
민주시민 242

바른 생활 195
바인랜드 적응행동척도 179
반복성 142
베일리 영아발달척도 178
보상 38
보육환경 107, 111, 112
부호화전략 50
분리된 존재 242
브레인스토밍 71
비계설정하기 98

사건표집법 180
사전 평가 176
사회관계 교수학습활동 241, 244
사회성발달 116, 121
사회적 관계 형성 245
사회적 지식의 이해 245
사회현상 244
사회환경 241
산출과정 38
선행조직자 62
설명법 61
성취과제 분담 80
성취동기 52
성취동기이론 51
수시 평가 176
수용적 언어 22

수학적 교수학습활동 292
수행평가 183, 185
수활동 170
스탠퍼드-비네 지능검사 178
시간표집법 180
시범 보이기 99
시청각매체활동 201
신체놀이 221
신체운동 교수학습활동 217, 218, 220
신체운동발달 116, 119
신체조절 217
신체조절 및 기본 운동 220, 221
신체활동 222
신체활동 참여 220, 221
신행동주의자 36
실내환경 109, 119
실외놀이 122
실외환경 124
심미적 탐색 316

안내 72
안전성 114
안전한 생활 195
어깨동무학습 81
언어 영역 121
언어발달 121
언어적 유인 101
역할놀이 166
연계성 143
영양 섭취 197
영유아 발달 평가 175
영유아의 자기 존중 245
예방접종 197
예비주제망 84
예술감상 316
예술경험 교수학습활동 315
예술적 표현 316
올바른 식사습관 197
요리활동 172, 199, 200
웩슬러 유아 초등학생 지능검사 179
유아 언어척도 179
음률동작 249
음률동작활동 168, 199, 224, 250
의사소통 교수학습활동 265
의사소통 및 상징적 178
의역하여 반영하기 102
이야기 나누기 165, 249
이야기나누기활동 199, 223, 249, 273
인식 242
인정하기 96
인지발달 116, 120
일반화 73
일화기록법 180
읽기 영역 270
읽기와 쓰기 지도 272
입기 194

자가평가법 188
자기존중감 242
자신감 242
자신과 타인의 정서를 이해 243
자아 242

자연탐구 교수학습활동 291
자연탐구 보육과정 293
잠자기 194
장기기억 46
저장전략 50
전문가 면담 86
전시회 88
전이활동 165
전형 64
정보처리 47
정보처리이론 44
정서인식과 조절 245
정신분석학 51
정의 72
조작활동 171, 249, 251
조절 41
조형 249
조형활동 169, 200, 248, 250, 275
주의집중 38
주제 접근법 140
중간 평가 177
증거 제시 73
지시하기 99
지원하기 97
직접교수 프로그램 139
직접교수모델 61
직접교수법 42
직접적 교수방법 38
질문하기 104
집단조사학습 80
집단활동 246

참평가 183
처벌 38
청결 194, 197
촉진자 74
촉진하기 97
칭찬 39, 103

탐구 291
탐구적 태도 292
탐구학습법 68, 69, 70, 71
탐구학습법의 개념 68
탐색활동 72
통합성 143
특질 64

파지과정 38
퍼스트 스텝 검사 179
평정척도 181
평정척도법 188
평형화 41
포트폴리오 182, 185
표준보육과정 270
표준화 검사 177
표현적 언어 22
프로젝트 185
피드백 246

학기 초 평가 176
학년 말 평가 177
학습 16, 217
학습환경 108, 111, 113

한국 웩슬러 아동지능검사 177
한국판 아동용 성격검사 177
한국판 카우프만 아동용 지능검사 177
함께 구성하기 99
행동 반영 102
행동 체크리스트 181
행동주의 35
행동주의자 16
행동척도 178
현장견학활동 86
현장학습 173, 249, 275
현장학습활동 251
협동학습법 78
환경 구성 110, 111
홍미 영역 109, 112, 119

저자 소개

이순형
서울대학교 대학원 아동학박사
서울대학교 생활과학대학어린이집 원장
현 서울대학교 아동가족학과 교수

이혜승
미국 시러큐스대학교(Syracuse University) 아동학박사
체육진흥공단어린이집 원장
현 서울대학교 아동가족학과 강사

이성옥
서울대학교 대학원 아동학 박사과정
울산시보육정보센터 소장
현 서울 강남구 보육정보센터 소장

황혜신
미국 위스콘신대학교(The University of Wisconsin-Madison) 아동학박사
서울대학교 생활과학대학어린이집 부원장
현 상명대학교 가족복지학과 교수

이영미
서울대학교 대학원 아동학박사
과천시립문원어린이집 원장
현 백석대학교 사회복지학부 조교수

정윤주
미국 펜실베이니아주립대학교(The Pennsylvania State University) 아동학박사
서울법원어린이집 원장
현 인천대학교 소비자아동학과 교수

한유진
서울대학교 대학원 아동학박사
나사렛대학교 아동학과 교수
현 명지대학교 아동학과 교수

성미영
서울대학교 대학원 아동학박사
서울법원어린이집 원장
현 서경대학교 아동학과 교수

권기남
서울대학교 대학원 아동학박사
서울대학교 생활과학대학 어린이집 부원장
현 서울사이버대학교 유아교육과 교수

김지현
서울대학교 대학원 아동학 박사과정
하이닉스 어린이집 원장
현 한국방송통신대학교 가정학과 강사

영유아 교수방법

2007년 2월 10일 1판 1쇄 발행
2017년 4월 20일 1판 8쇄 발행

지은이 • 이 순 형 외
펴낸이 • 김 진 환
펴낸곳 • (주) 학지사
04031 서울특별시 마포구 양화로 15길 20 마인드월드빌딩 5층
대표전화 • 02) 330-5114 팩스 • 02) 324-2345
등록번호 • 제313-2006-000265호
홈페이지 • http://www.hakjisa.co.kr
페이스북 • https://www.facebook.com/hakjisabook

ISBN 978-89-5891-418-1 93370

정가 **16,000**원